엄빠는 '낀' 세대, 자녀는 '깬' 세대

양애경 최종철 김주섭 송영선

세상은 변하는데 우리 아이 잘 살 수 있을까?

4차 산업혁명 시대, 내 자녀를 어떻게 키울 것인가? 고민하는 부모들을 위한 안내서

KNOWLEDGE COMMUNITY 공동체

미래 신인류를 위한 부모교육 내비게이션

이 책의 제목에서 엄마, 아빠, 즉 엄빠를 '낀 세대', 자녀를 '깬 세대'로 표현했다. 부모는 부정적, 자녀는 긍정적인 이미지로 묘사하고자 하는 의도는 아니다. 현재 많은 부모들은 우리에게 다가오는 사회변화의 커다란 존재가 있다는 것을 인식하지만 그 실체를 몰라 우왕좌왕한다. '낀 세대'는 자녀세대와 살아온 방식이 다르고 사회의 변화가 다른 어떤 세대보다 빨라 어떻게 살아가야 하는지도 잘 모르는 부모의 입장을 대변한 용어이다. 반면에 자녀는 유튜버가 꿈이고, SNS에서 함축적인 언어로 소통하고, 다가오는 미래사회를 자연스럽게 받아들이는, 즉 현실에 자연스럽게 적응해 나가는 '깬 세대'로 표현하였다. '낀 세대'와 '깬 세대'는 그 어느 세대보다 부모 자녀 간에 세대 차이를 많이 느끼고 살아가는 이 시대를 표현한 용어이다.

인공지능, 로봇과 공존해서 살아가야 하는 미래사회에 적응하기 위해서는 지금까지와는 전혀 다른 새로운 패러다임의 가치관과 교육이 필요하다는 논의가 봇물을 이루고 있다. 예루살렘히브리대학교 역사학 교수, '유발 하라리'는 "아이들이 지금 학교에서 배우는 지식의 대부분은 이들이 40살이 되었을 때 필요 없는 지식이 될 가능성이 크다"고 경고하면서 "변화하는 세상에서 완전히 다른 방식의 교육이 필요하다"고 강조한다. 과거에는 의문 나는 것을 백과사전을 찾아보면 정답을 알 수 있었다. 그러나 현재는 궁금한 내용을 인터넷에서 검색하면 많은 답이 올라와 있다. 그 많은 답 중에서 무엇이 옳고 그른지, 어떤 것이 진실인지 아닌지는 스스로 결정해야 하는 시대이다. 스스로 결정해야 하는 시대, 이처럼 미래사회에서는 개인의 주도성, 즉 내 삶의 선택의 결정이나 문제해결력 등이 매우 중요하게 될 것이라고 예견한다. OECD 미래교육 2030 회의에서는 미래교육의 방향을 학생주도성으로 설정하고 '다른 사람이 대신 결정해 주는 것이 아닌 스스로 결정하는 것', '누군가의 지시에 따라 행동하는 것이 아닌 능동적으로 행동하는 것', '자신의 미래를 만들어 갈 것'을 강조하고 있다.

알파고 사건 이후 이제 더 이상 기존의 교육방식으로는 미래사회를 살아갈 수 없다고 말하는 사람들이 많아지고 있으며, 미래사회는 공감능력, 협업능력, 꾸준한 학습능력 등 기존과는 다른 역량이 요구된다. 그럼에도 불구하고 현실은 이러한 것들을 받아들기에 아직도 괴리감이 크다. 당장 2022학년도 대입 개편안에서 학생부종합전형 선발과 정시선발 비율을 조정하자는 데 대한 찬반 의견이 팽팽하게 맞서고 있다. 이러한 상황들은 성적이나 평가에 연연하지 않고 나름 편안하고 행복하게 아이를 키우겠다는 소신을 가진 엄마들조차 혹시 이렇게 키우다가 행여 내가 잘못 키워 아이의 인생을 망치지나 않을까 하는 걱정 속에 경제적 부담에도 불구하고 지금 논의되고 있는 미래 핵심역량과는 상관없이 입시를 위한 사교육에 많은 비용을 지출한다. 창의융합, 문제해결력, 주체성, 공공성, 소통 · 협력 · 공감 같은 공동체 역량이 미래사회에 필요하다는 것은 익히 들어서 알고 있지만 자녀들이 돈 걱정 없이 편안히 살 수 있는 재력에 더 관심을 가진다. 이러한 것들이 강조되는 가정에서의 자녀는 성공강박에 힘들어하고 있다. 그래서 명문대 입학은 대한민국 청소년들을 괴롭히는 강박이며, 특히 가정이 그 주범 역할을 하고 있다. 학생을 성적순으로 서열화하는 경쟁 속에서 친구들 간에 강의 노트조차 빌리기 어려운 것이 현실이다. 인간의 품성이나 희망이 학교 성적보다 중요하다는 말은 경쟁을 강요받으며 성적에 따른 선발이 있는 현재의 사회구조에서 청소년들의 공감을 얻기는 어렵다.

이러한 상황에서 먼 미래를 예측할 수 있는 능력의 소유자가 아닌 부모의 입장에서는 미래사회의 변화에 맞게 자녀의 양육방식을 바꿀 수 있는 용기를 가지지 못한다. 현재를 살아가는 불안한 부모는 근시안적으로 자녀를 유아기부터 취업준비생 때까지 주변 아이들보다 더 좋은 환경에서 키우기 위해 많은 비용을 지출한다. 이로 인해 사회적으로도 많은 문제를 야기한다. 그 결과 부모 자신들의 미래도 불안해지고 있으며, 실제로 노인빈곤 문제에 대해 갈수록 우려의 목소리가 커지고 있다. 또한 자녀양육에 드는 비용 증가는 저출산으로도 이어진다. 1명의 자녀를 양육하는 데 드는 많은 비용 부담 때문에 요즘 젊은 부부들은 아이를 낳지 않는다. 이는 앞으로 우리나라에 전방위적으로 영향을 미쳐 학령인구 감소, 국방력 약화, 사회보장 비용 증가, 재정수지 악화, 노동력 부족 등 미래 우리 자녀세대가 겪어야 할 심각한 상황을 가져올 수 있다고 경고한다.

옛날에 비해 오늘날이 모든 면에서 풍요로워 행복해야 할 텐데 도리어 학생과 학부모를 대상으로 조사한 행복지수는 OECD 국가 중 하위권을 벗어나지 못하고 있다. 자녀와 부모 모두 행복하고 국가도 암울한 미래를 극복할 수 있는 혜안을 고민해야 한다. 미국의 교육개혁가였던 존 듀이는 "오늘의 학생을 어제의 방법으로 가르치는 것은 그들의 미래를 빼앗는 것이다"라고 했다.

최근 전 세계적으로 폭발적인 인기를 얻고 있는 방탄소년단(BTS)의 성공 스토리는 시대의 변화 흐름을 잘 읽고 대처한다는 것이 얼마나 중요한지 시사점을 주고 있다. 이들의 활약상을 잠깐 소개하면 최근(2019. 4. 12) 발표한 신곡은 우리나라뿐 아니라 미국과 영국 등 전 세계적으로 음원차트 1위를 기록하고 있으며, 국내 최대 음원사이트에는 접속자가 몰리면서 한동안 서버가 마비되기도 하였다. 또한 미국 빌보드 뮤직에서도 한국 가수 최초로 2개 부문에서 동시 수상하는 영광을 누렸다. 대형기획사의 수많은 인기 K팝 그룹들이 오랜 시간 동안 세계에서 많은 활동을 하고 있지만, 미국 시장에서의 성공은 '하늘의 별따기'였던 터라 이들이 만든 성공 스토리가 남다르게 느껴진다. 이들이 소속되어 있는 기획사는 시작부터 대형기획사와는 달리 성공이 아닌 의미에 목표를 두었고, 규제 대신 자유를 주었으며, 좋은 곡을 돈으로 쉽게 사는 익숙한 제작 관습대로 하지 않았다. 멤버의 대부분이 원래 랩 전문가이지만, 지금 이 멤버들 모두 랩 · 보컬 · 작사 · 작곡 분야를 섭렵하고 있다. 래퍼는 보컬에게 랩을 가르치고, 프로듀서는 보컬에게 노래를 배우는 방식이다. 이는 우리의 전통인 '품앗이'라는 생산 방식으로, 서로의 협력과 소통, 공감을 만들어 성공신화를 만들었다. 더욱 중요한 것은 남의 이야기가 아니라 자신들의 생각과 경험을 솔직하게 담아낸 가사가 또래들의 공감을 이끌어 내고 있다는 것이다. SNS를 이용하는 방식도 남다른데, 단순한 음악활동 이야기부터 숨겨진 자신의 생활과 성격까지 모두를 공개하며 팬들과 '수평적 연대'를 만들어 간다. 자율성,

소통, 협력과 같은 시대의 변화를 반영하여 기획하였던지, 아니면 대표의 리더십이 새로운 시대의 요구상과 잘 맞아떨어졌는지 알 수 없지만 이들의 스토리는 인생에서 성공하려면 변화의 흐름을 인식하여 변화에 적응해 나가는 역량이 매우 중요하다는 시사점을 주고 있다.

이러한 관점에서 필자들은 이 책이 낀 세대 부모가 깬 세대 자녀의 미래를 잘 준비할 수 있도록 현명하게 양육하기 위한 안내자의 역할을 하는 데 도움이 되기를 바라는 마음을 담았다.

1

깬 세대를 위해 당신은 준비된 부모인가?

새로운 기술이 등장하고 대중화가 되면 사람들 삶의 모습과 형태가 변화된다. 이는 다시 사람들의 사고방식을 변화시키고, 그런 사고방식을 가진 사람들이 모이게 되면 사회의 문화가 바뀐다. 예로 최근 음악 서비스의 경우 귀한 음반을 살 목적이 아니라면 자신의 스마트폰에 음원을 저장하지 않고 스트리밍 서비스를 이용해 보다 풍성하고 다양한 음악을 손쉽고 값싸게 즐긴다. 그 변화의 흐름은 고가 자동차 산업 분야에서도 나타나는데, 수천만 원에서 많게는 억대를 투자한 자동차가 평일에도 상당수 주차장에 방치되어 있고 유지관리 비용도 부담해야 한다. 이런 상황에 대한 반작용으로 자동차를 소유하지 않고 필요할 때마다 돈을 내고 이용하는 서비스가 점차 확대되고 있다. 기술의 발달이 내 것에 집착하지 않는, 즉 소유를 고집할 필요가 없는 세상으로 변화시키고 있는 것이다. 인공지능(AI), 사물인터넷(IoT), 빅데이터, SNS 등 정보기술 발달로 변화의 속도가 다른 변화의 시기와는 다르게 인간이 따라갈 수 없을 정도로 빨라 많은 부모들은 내 아이가 변화하는 사회에 잘 적응할 수 있을지에 대해 불안을 가지고 있다. 특히 지금 봇물처럼 회자되고 있는 4차 산업혁명 시대에 대해 딱히 잡히는 것도, 또 무엇을 해야 하는지도 모르는 막막함이 있다.

교육은 사회의 변화 흐름에 대해 적응하는 방향, 즉 거대한 역사와 문명의 흐름을 예측하며 그 흐름에 적응할 수 있는 인재를 길러내도록 해야 한다. 다른 측면에서는 예상되는 도전요인에 대해 능동적으로 대응하며, 우리가 꿈꾸는 바람직한 미래를 만들 수 있는 주체적 인재를 길러낼 수 있어야 한다. 이런 관점에서 미래사회에 잘 적응하며 살아갈 수 있는 자녀를 양육하기 위해서는 부모가 먼저 4차 산업혁명 시대의 사회변화와 요구되는 역량, 그리고 교육의 방향에 대해 통찰할 수 있는 능력을 가질 때 미래 행복한 자녀의 삶에 도움을 줄 수 있을 것으로 기대된다.

새로운 세상이 오고 있다

우리나라 부모들의 자식에 대한 애정은 남다르다. 그래서 자녀의 밝은 미래를 위해 사활을 건다. 과거 기기문명이 발달하지 않았던 시대에도 미래를 예측하여 자녀의 진로를 결정하는 것이 쉬운 일은 아니었다. 최근 인공지능과 로봇산업의 성장으로 현재 초등학교 학생들이 직업을 가질 즈음에는 직업의 70%가 사라져 실업자로 전락한다는 암울한 예측이 봇물을 이루고 있다. 여기에 더하여 인구절벽, 고령화 사회, 기후와 환경의 악재 등으로 자녀의 진로를 위해 고려해야 할 변수가 너무 많이 생겼다. 이러한 암울한 미래에 대한 예측은 자녀에 대한 애정이 남다른 우리나라 부모를 매우 불안하게 만들고 있다. 더욱 불안감을 증폭시키는 원인은, 미래에 대한 논의는 많으나 그 실체를 도대체 알 수가 없다는 점이다.

부모는 자녀를 양육함에 있어 거대한 역사와 문명의 흐름을 예견하여 우리가 꿈꾸는 바람직한 미래를 만들 수 있는 주도적 인재로 길러내고 싶어 한다. 따라서 변화에 대비하여 미래를 현명하게 준비하는 역량 있는 부모가 되기 위해서는 이러한 변화의 실체가 무엇이고 자녀 양육방법에서는 무엇이 어떻게 달라져야 하는가를 생각하고 대응할 수 있어야 한다.

4차 산업혁명이 어떻다는 거지?

2016년 3월 인공지능 알파고와 이세돌 기사와의 바둑대결을 계기로 차원이 다른 인공지능의 실체에 모두가 놀라워했으며, 강력한 파급력이 우리 사회 곳곳에 영향을 미치고 있다. 알파고는 사람이 평생에 할 수 없는 빅데이터 학습량을 5주 만에 익혔고 딥러닝(deep learning)이라는 머신러닝 알고리즘으로 바둑 고수들의 기보를 3주 만에 3억 4천만 번 실행하며 스스로 학습했다고 한다. 이 사건을 계기로 우리나라에서도 4차 산업혁명 시대에 대한 논의가 활발하게 이루어지고 있다. 산업계 종사자들은 물론이고, 정치인도 주요 선거에서 공약으로 내세우는 것 중의 하나가 제4차 산업혁명에 대한 대응이다.

4차 산업혁명은 독일에서 미래사회를 선도해 나가는 데 행정부를 중심으로 기업, 노동조합, 대학 제휴(coalition)의 필요성을 강조하기 위해 처음으로 제안된 용어이며, 2016년 세계경제포럼(World Economic Forum)에서 클라우스 슈밥(Klaus Schwab) 회장이 지금까지 인류가 경험해 보지 못한 또 다른 혁명적인 변화로서 '4차 산업혁명'을 언급하면서 정치, 경제, 문화 등 사회 전반의 중요한 화두가 되고 있다.

구글 트렌드 분석에 의하면 4차 산업혁명의 연관어는 빈도순으로 인공지능, 빅데이터, 사물인터넷이다. '인공지능'이란 인간이 만든 프로그램을 기초로 인간의 의식, 판단, 추론, 문제해결 및 그 결과로 언어나 행동지령, 더 나아가 학습능력과 같은 인간의 두뇌작용을 컴퓨터를 통해 구현하는 기술을 말한다. '빅데이터'란 디지털 상에서 발생하는 다양한 정보들을 필요한 정보만 수집하고 분석해서 가치 있는 정보로 만들어 내는 것이다. 알파고는 제4차 산업혁명을 가능케 한 핵심기술이 바로 인공지능이라는 것을 전 세계인에게 강하게 각인시켰으며 인공지능이 우리 삶의 방식을 근본적으로 바꿀 것을 예고하는 계기가 되었다. '사물인터넷(Internet of Things)'은 세상에 존재하는 유형 혹은 무형의 객체들이 다양한 방식으로 서로 연결되어 개별 객체들이 제공하지 못했던 새로운 서비스를 제공하는 것을 말한다. 기존의 인터넷이 컴퓨터나 무선 인터넷이 가능했던 휴대전화들이 서로 연결되어 구성되었던 것과는 달리, 사물인터넷은 책상, 자동차, 가방, 나무, 애완견 등 세상에 존재하는 모든 사물이 연결되어 구성된 인터넷이라 할 수 있다(네이버 지식백과).

새로운 기술의 등장과 대중화는 사람들의 삶의 모습과 형태를 변화시키며, 그것은 다시 사람들의 사고방식을 변화시키고, 그러한 사고방식을 가진 사람들이 모이게 되면 사회의 문화가 바뀐다. 4차 산업혁명 시대의 새로운 기술 발달이 가져올 사회변화를 예측해 보면 다음과 같다.

첫째, 빠르게 진행되는 변화의 속도에 따른 사고방식의 차이이다. 김봉섭 외(2017)는 삶의 형태, 사고방식, 문화가 변화되는 속도가 과거처럼 느리게 진행되는 경우는 할아버지부터 어린아이까지 모든 세대가 같은 기술, 생활형태, 사고방식과 문화를 공유한다고 설명한다. 그러나 최근 이러한 순환 주기가 점점 짧아지면서 새로운 기술의 수용 여부에 따라 세대 간 사고방식과 문화의 차이가 생기게 되었다. 이러한 사고방식의 차이는 기존 질서와의 갈등을 불러일으키게 되며, 새로운 윤리적 기준이 요구되고 그에 따른 새로운 사회적 합의가 만들어져 나가야 한다는 것을 의미한다. 지금 우리는 같은 시간 같은 공간에 다른 사고방식, 생활방식, 윤리적 기준을 가진 사람들이 함께 살게 된 인류 역사상 최초의 세대이며 그 변화의 속도와 다양성은 점점 더 빠르게 진행되고 있다. 따라서 같은 사고방식을 합의하려는 노력도 중요하지만 다른 방식과 사고를 상호 인정하고 공존해 나가는 공동체로서의 역할이 필요한 시기이다.

둘째, '정보력의 이동'이다. 정보화 사회의 초기 또는 그 이전에는 많은 정보를 가진 사람이 박식하고 능력 있는 사람으로 인식되었다. 그러나 지능정보화 사회로의 본격적인 진입과 함께 스마트폰 이용자의 증가와 무선인터넷 서비스의 확장, 소셜네트워킹 서비스의 이용자 급증 등으로 정보의 홍수 시대가 도래하였다. 따라서 정보력은 소수의 리더 집단인 상층부로부터 다수의 조직원이 위치하고 있는 하층부로 빠르게 이동하고 있다. 현재 지구에 피부를 입히듯 스마트 더스트(smart dust)를 구축하는 연구가 시작되었는데, 이것이 완성되면 지구는 하나의 네트워크로 연결될 것이며, 정보력의 이동 현상은 더욱 빨라질 것이다(양애경 외, 2018).

셋째, '권력의 이동'이다. 현대사회에서는 정보의 광범위한 공유로 인하여 다양한 분야에서 권력의 이동이 급격하게 진행되고 있다. 지능정보화 사회로의 진입은 권력의 이동을 더욱 급속하게 진행시키고 있다. 기존의 소수 권력자, 즉 경영자, 정치가, 생산자, 영업자, 교사 또는 전문직 종사자들이 장악하던 정보를 일반 대다수의 비 권력자들인 회사의 조직원, 일반시민, 소비자 등이 손쉽게 접하게 되면서 권력의 지각변동이 일어나기 시작한 것이다. 예를 들어, 어떤 제품을 생산하는 데 있어 생산자만 알고 있던 정보를 소비자도 알게 됨으로써 권력은 생산자에서 소비자에게로 이동하게 된다는 것이다. 요즈음의 소비자는 사소한 문제점을 인지하거나 문제가 발생하면 즉각적인 항의 또는 인터넷, SNS 등을 통해 생산자를 압박하는 일종의 힘을 과시하는 것을 우리는 종종 볼 수 있다. 또한 각 국가에서도 정부가 매너리즘에 빠지게 되면서 다양한 단체들이 문제에 대응하였고 시민사회 역시 대안을 제시하게 된다. 세계적으로 영향력을 미치는 오피니언 리더들이 생겨나면서 이들이 부상하는 중산층을 이끌어 거대한 압력단체를 형성하는 것이다. 그리고 이들은 정부 차원에서 해결할 수 없는 범세계적 문제들, 즉 환경오염, 반부패, 법치, 세계평화 등을 다루고 있다(양애경 외, 2018).

넷째, 4차 산업혁명은 경제와 산업, 그리고 자본주의뿐만 아니라 한국 사회의 민주주의에 대하여도 강한 영향력을 미치고 있다. 조영달 외(2017)는 오늘날 한국 사회가 당면한 갈등과 소통의 문제를 말하며 압축적 근대화의 결과에 따른 문제들, 세대 간, 계층 간, 집단 간, 지역 간에 존재하는 중첩적인 갈등들, 그리고 복합사회로의 변화의 흐름 등은 모두 우리 사회의 연대의식과 공동체적 기반을 흔들 수 있는 위험요소로 작용하고 있음을 강조하였다. 이러한 갈등상황에서 중요한 역할을 담당하는 것이 집단 간 의사소통이라 할 수 있다. 조영달 외(2017)는 SNS나 소셜미디어 등을 중심으로 하는 정치적 소통 도구들의 혁신적 성장은 의사소통을 증진시키고 있지만 집단을 자기들만의 섬에 더욱 분리시킬 경향을 가져올 수 있다고 경고하고 있다.

다섯째, 기계와 인간의 공존, 그리고 협업체계이다. 기존의 공동체는 인간들로만 이루어져 있었으며, 인간들 간의 상호작용과 관계, 공감과 배려만이 존재하였다면 이제 새로운 공동체는 인간과 로봇, 지능형 소프트웨어, 그리고 데이터가 독립된 구성원으로 존재하며 더 복잡한 관계가 형성될 것이다. 이전보다 더욱 개방 · 공유되고 협업해야 하는 사회 · 산업구조에서, 새로운 윤리와 도덕, 그리고 '새로운 시민성'을 다시 고민하고 정의해야 할 시점이다. 인간-로봇의 공동체에서는 로봇을 우리의 조력 파트너로 인정하고 그들과의 관계를 설정하며 협력체계에 대한 사회적 합의를 이루어내야 할 필요성이 있다.

여섯째, 많은 미래예언가나 학자들은 4차 산업혁명의 결과로서 긍정적인 변화상과 더불어 심각한 환경 문제, 자연 재해, 실업, 정치적 불안, 자원 감소 등의 여러 문제가 발생할 수 있음을 예고하고 있다. 제4차 산업혁명은 자본과 재능 그리고 최신 지식을 가진 자들에게 유리하여 중산층의 붕괴로 이어질 가능성이 있다고 경고한다. 또한 금융 불황 이후에 미국과 영국에서 자기고용, 단시간 고용계약, 계절제 작업과 시간제 고용이 보편화되고 있으며, 특히 제4차 산업혁명으로 인한 로봇과 디지털화는 생산비 절감으로 이어져 세수가 줄어들어 연금과 복지도 감소하게 되며 노년층의 의료보험에도 타격을 주게 될 것이라 경고하고 있다. 특히 노동시장과 교육분야에서 현재에 머무르려는 제3차 산업혁명 시대의 승자는 제4차 산업혁명 시대에서 가장 큰 피해자가 될 것이라 경고하고 있다. 더불어 인공지능에 의한 컴퓨터와 로봇 중심의 제4차 산업혁명은 인간중심의 기본 철학에서 산업중심으로 변하기 때문에 비인간화(dehumanization)에 대하여 우려하고 있다.

4차 산업혁명 시대의 기술 발달로, 삶의 질은 높아질 수 있지만 잘못된 판단, 오용, 무책임 등은 인류의 재앙을 가져올 수 있고, 경제적 격차와 비인간화로 인한 중산층 붕괴, 그로 인한 인간사회의 질서 위협으로 이어질 수 있다.

기술보다 더 무서운 인구절벽의 시대가 오고 있다

요즈음 '3대 절벽'이 사회의 키워드가 되고 있다. 3대 절벽이란 취업절벽, 소비절벽, 인구절벽을 가리키는 말이다. 먼저 취업절벽은 취업과 절벽이 합쳐진 말로 취업이 안 되어 실업자가 많다는 것이고, 소비절벽은 경기 불황으로 소비를 하지 않는 현상을 뜻하며, 인구절벽은 생산연령 인구는 감소하고 고령인구가 늘어나는 것을 말한다. 이 중에서도 크게 문제가 되고 있는 것이 인구절벽이다. 인구절벽은 3대 절벽을 다 포함하는 가장 큰 요인이 되고, 우리의 앞날을 좌우할 절체절명의 과제가 되고 있기 때문이다. '인구절벽'이라는 말은 미국의 경제학자 해리 덴트(H. Dent)가 『The Demographic Cliff』에서 인구 문제를 설명하기 위하여 제시한 것으로, 생산인구는 줄어들고 고령인구가 늘어나는 현상을 의미한다. 해리 덴트의 인구절벽이라는 용어의 첫 번째 적용 국가가 불행하게도 우리나라가 되었다고 한다. 통계청이 발표한 자료에 의하면 해가 갈수록 태어나는 아이는 줄어드는데 수명은 늘어나고 있음을 알 수 있고, 이는 우리 자신이 현실에서도 느낄 수 있다. 저출산 · 고령화 현상이 나타나고 있는 것이다. 물론 선진 각국들도 저출산 · 고령화 문제를 겪고 있다는 공통점이 있지만 우리의 경우는 이러한 현상이 더욱 빠르게 진행되고 있다. 유럽의 경우는 합계 출산율 4.0명이 1.6명으로 하락하는 데 100년이 소요되었는 데 비해 우리나라는 17년이 소요되어 거의 6배 빠르게 진행되고 있으며, 우리보다 먼저 저출산 · 고령화로 인해 어려움을 겪고 있는 일본의 24년보다도 빠르게 진행되고 있다.

통계청은 2018년 5월 출생아 수가 2만 7,900명이라고 발표했다. 이 수치는 2017년 5월보다 출생아 수가 2,400명(7.9%) 감소한 것이다. 출생아 수가 3만 명 아래로 내려간 것은 이때가 처음이며 통계 작성을 시작한 1981년 이후 5월을 기준으로 가장 적고, 2015년 12월부터 현재까지 연속으로 감소하고 있다. 2018년 1~5월 누적 출생아 수는 14만 5,300명이었다. 역시 사상 최저치다. 2017년 1~5월과 비교해 8.8% 줄어든 수치이다. 반면 사망자 수는 2만 3,900명으로 전년 동월 대비 0.4% 증가하였다. 통계청에서 2016년 12월 발표한 '장래인구추계(2015~2065)'를 보면 2018년에 37만 6,000명~44만 7,000명의 아이가 태어날 것으로 예상했다. 그러나 실제로는 하한선인 37만 명보다 출생아 수가 더 적었다. 이런 추세라면 한국의 총인구가 2028년부터 줄어들 것이라고 예상했지만 실제로는 인구 감소 시기가 앞당겨질 가능성이 크다고 본다. 특히 2017년 11월 1일 기준 생산연령인구는 3,619만 6,000명으로, 2016년에 비해 0.3%

줄었고 65세 이상 고령인구는 711만 5,000명 으로 전체 인구 대비 14.2%를 기록해 우리나라가 '고령 사회'에 진입하였음을 알 수 있다.[1] 지난 2000년 '고령화 사회'에 진입한 지 17년 만으로 세계적으로 유례를 찾기 어려울 만큼 빠른 추세다. 2018년 합계출산율 0.98이 이를 증명하고 있다.

생산연령인구가 감소하고 고령인구가 급속하게 늘어나는 현상이 국가에 미칠 영향은 매우 심각하다. 학령인구의 감소, 병역자원 부족, 사회보장 부담 증가, 재정수지 악화, 생산과 소비의 감소로 인한 투자위축 및 잠재성장률 하락 등의 문제가 발생하여 삶의 질이 떨어지게 된다. 산업연구원에 의하면 생산연령인구 비율이 연간 0.1% 감소하면 연평균 투자는 0.96%, 노동 0.22%, 총 요소 생산성에서 0.07%가 각각 감소해 국내총생산이 0.3% 줄어든다고 한다. 보고서를 토대로 산술적으로 계산해 보면 2017년 생산연령 인구가 2016년에 비해 0.3% 감소했으므로 2017년 GDP는 0.9% 감소했다고 볼 수 있다. 이러한 현상은 사회복지비용의 부족으로 국민의 삶의 질이 낮아지는 현상을 초래하게 된다. 세금을 납부할 인구는 줄어드는데 수혜자는 늘어나기 때문이다. 경제 활력이 둔화함에 따라 재정 수입이 그만큼 줄어드는 것도 문제다. 저출산 · 고령화는 국가채무를 증가시키고 미래세대가 질 부담도 커지게 한다. 2018년 0~14세 인구는 663만 2,000명(전체 인구 대비 13.3%)으로 2017년 65세 이상 고령인구 수보다 적은 수치를 나타낸 후 격차가 약 50만 명으로 벌어졌다. 노령화 지수(유소년의 수와 고령인구의 수를 비교한 비

1) 총인구대비 65세 이상 인구가 7% 이상이면 고령화 사회, 14% 이상이면 고령 사회, 20% 이상이면 초고령 사회라고 함

율)는 107.3으로 2017년 100.1보다 7.2% 늘어났다. 또한 노인 부양비(생산가능인구가 부양해야 할 65세 이상의 인구)는 19.7로 2017년보다 1.0% 증가하였다.

학령인구도 감소하여 2018년 입학생이 한 명도 없는 초등학교가 55교, 입학생이 1명인 학교가 59교이며 전체 학생이 60명 미만인 학교도 1,800여 개교에 이르러 앞으로 폐교될 학교가 늘어날 수밖에 없는 상황에 처해 있다. 초 · 중 · 고등학교는 국가의 지원을 받아 교육이 이루어지고 있기 때문에 그래도 나은 편이나 학생들의 등록금을 받아 교육하는 대학의 경우에는 학생 수 감소로 학교재정이 어려워지고 이로 인한 교육격차가 더 크게 나타나고 있으며 폐교할 학교가 늘어나고 있다. 2019년 5월 20일 국회교육위원회 자료집에 의하면 2021년까지 최대 38개교가 폐교될 수 있다고 한다. 학교가 폐교되면 당장 학교에 종사하던 사람들이 실업자가 되고 대학 소재 지역의 경기가 불황에 빠지고 인구 이동이 일어나는 등 다양한 사회적 문제가 발생하게 된다.

또 남북으로 분단된 우리의 현실에서 병역자원은 대단히 중요하다. 그러나 저출산은 병역자원의 부족으로도 이어져 국방의 불안을 초래할 수 있다.

우리나라 총인구는 현재 5,170만 명 정도로 앞으로 5년, 늦어도 8년 안에 정점을 찍은 후 점점 줄어들 것이라는 전망이다. 또한 한국고용정보원이 내놓은 2018「한국의 지방소멸」보고서에 의하면 앞으로 전국 시 · 군 · 구의 40%가량이 30년 뒤 사라질 수도 있다고 예측하였다. 따라서 이러한 위험에서 벗어나기 위해서는 인구 감소로 나타날 위험을 막을 단기적 · 장기적 대책이 필요하다. 특히 저출산 문제는 여러 가지 원인이 복합되어 나타나는 현상이기 때문에 즉효약이 있을 수 없다. 인구 문제는 대책을 수립하여 추진한다고 하여도 바로 효과가 나타나지 않기 때문에 장기적인 관점에서 체계적인 정책을 수립해야 한다. 젊은이들이 왜 결혼과 출산을 기피하는지를 다양한 영역에서 검토해 보고 해법을 찾아야 한다. 이와 더불어 인구 감소로 나타날 노동력 부족, 노인층의 빈곤 해소를 위한 고령 인력 활용 방안도 적극적으로 찾아야 한다. 요즈음 정부에서도 인구 문제로 파생될 문제를 여러 가지로 검토하고 이에 대한 대책을 마련하고는 있지만 쉽게 해결되기는 어려운 과제이다. 따라서 이를 해결하기 위해서는 국민 각자가 이기심을 버리고 인구 문제를 해결하기 위해 모두 나서서 해결방안을 찾아야 앞으로 우리 모두가 행복한 삶을 살 수 있을 것이다.

100세 시대를 준비하라

우리나라의 고령화는 세계에서 가장 빠르게 진행되고 있다. 2025년 초고령 사회의 진입을 앞둔 현실에서 볼 때 어려운 나라 살림에 부담이 되고 있는 노인 연령기준은 국가 정책상 복지정책과 직접적으로 관련되기에 정치적 · 사회적 문제로 대두됨은 당연한 일이라 하겠다. 저출산, 고령화의 심화는 현재 노인 인구의 70% 이상이 독거노인 아니면 노인 부부만이 사는 새로운 가족형태를 초래했다. 또 전체 노인 인구의 절반 이상이 노후대책이 없어 국가의 복지정책만 바라보고 있는 실정이다. 이런 영향은 OECD 국가 중에서 우리나라 노인이 가장 가난하고 자살률도 가장 높은 1등국이라는 불명예를 초래했다.

농경사회에서 산업사회, 정보화 사회로의 변화와 함께 개인주의화 되어가는 시대변화는 결국 연명치료의 요양병원이 마지막 삶의 보금자리가 되어가도록 만들고 있다. 이러한 시대 상황은 삶의 질 향상과는 무관하게 대책 없이 오래 살기만 한다는 것은 축복이라기보다 재앙일 수도 있다는 생각이 든다. 또한 많은 노인들이 가난, 질병, 외로움, 즉 3고(3苦)의 고통을 벗어나지 못하고 있는 실정이다. 젊을 때 안 먹고, 안 입고, 안 쓰고, 안 놀고, 오직 모으기만 하며 가족을 위해 희생하다가 이제 기력이 쇠진하여 은퇴하면서 모은 재산을 자식들에게 물려주고 남은 찌꺼기가 본인의 노후대책이 되고 보니 노인 인구 절반 이상이 남의 도움이나 국가 복지정책에 의지할 수밖에 없는 것이 현실이다.

우리 자녀는 낀 세대인 부모와는 좀 다르게 살아갈 필요가 있다. 고령화로 인해 오래 사는 것이 재앙이 아닌 축복이 될 수 있으려면 수명 연장과 함께 삶의 질을 높일 수 있는 노후대책을 마련하여야 한다.

얼마 전 한 TV 예능 프로그램에서 20대 초반 출연자가 목돈 예치를 위해 금융상품 상담차 은행에 방문하는 모습이 나왔는데, 출연자가 금융상식이라고 생각했던 예금과 적금의 차이를 묻는 장면이 있었다. 그러나 불행하게도 20대 출연자는 예금과 적금을 제대로 구분하지 못했다. 사회초년생을 포함한 20대들이 재테크를 본인이 직접 하지 않고 부모님이 알아서 해주었기 때문에 나타난 현상이라고 할 수 있다. 한국의 부모들은 한글도 모르는 아이까지 영어

유치원을 보내는 등 선행학습에는 적극적이지만 경제교육에는 관심도 없고 나중에 스스로 잘 할 것으로 믿는다. 최근 드라마 'SKY캐슬' 열풍에서도 볼 수 있듯이 오직 명문대 진학이 부의 지위를 확보하는 길이라고 인식하고 있다. 한국 부모들의 사교육 열풍은 자녀들이 경제적 부족함 없이 잘 살길 바라는 믿음에서 비롯된 것이다. 그러나 결과는 종종 믿음을 배신한다. 우리가 바라는 결과에 적합한 과정을 수행하지 않았기 때문이다. 20대가 되어서도 적금과 예금을 구분하지 못하거나 금융이해력이 평균보다 못 미치는 것이 이를 증명하고 있다. 경제관념을 배우지 못한 아이가 사회생활을 한다고 이를 저절로 터득할 수 있다는 것은 착각이다. 일생 동안 어렵게 모은 재산을 자녀에게 고스란히 물려주는 것보다 그 부를 관리할 수 있는 능력을 가르치는 것이 중요하다. 부를 관리하는 능력을 기르는 것은 숫자에만 밝아지는 것이 아니라 돈의 소중함을 배우는 일련의 과정에서 책임감, 통찰력, 자신감을 배우게 되는 것이다.

100세 시대를 살아갈 자녀가 고기를 얻기 바란다면, 고기를 잡아서 먹여주지 말고 직접 고기 잡는 방법을 가르쳐야 한다. 우리가 100세를 사는 동안 자녀들 세대에는 100세보다 삶이 얼마나 더 연장될지 아무도 모른다. 고기를 스스로 잡을 수 있는 능력을 키워주기 위해서 시작은 어릴수록 좋고 부모의 생각이 빨리 바뀌어야 자녀의 삶도 달라진다.

미래사회 핵심역량

4차 산업혁명이 본격화되는 미래사회는 기계가 많은 부분에 걸쳐 사람을 대신한다고 예측한다. 따라서 미래사회에는 기계가 사람을 대체할 수 없는 새로운 지식과 경험을 끊임없이 학습하고 이를 활용하여 새로운 부가가치를 창출해 낼 수 있는 창의·융합형 인재가 요구된다. 그동안은 산업사회에서 인정받기 위해서 쉽게 정량화할 수 있는, 이른바 스펙이 필요했다. 말 그대로 좋은 학벌과 스펙은 산업사회 성공의 핵심 요소였다. 하지만 새로운 가치를 만들어 낼 수 있는 창의성이 경쟁력이 되는 4차 산업혁명 시대에는 좋은 대학과 스펙의 기존 틀은 그다지 중요하지 않게 되었다. 미래사회에서 살아가기 위해서는 기계 또는 아무나 할 수 있는 일이 아닌 나만이 할 수 있는 일을 창조해 낼 수 있어야 한다. 하지만 학교나 가정에서의 교육방식은 여전히 과거 역량의 인재를 기르는 것에 집중하고 있는 경우가 많다. 우리의 교육은 이제 4차 산업혁명 시대에 대응할 수 있는 새로운 교육 패러다임의 혁신을 해야 할 시점에 놓여 있다. 과거에는 백과사전을 찾아야 정답을 알 수 있었으나 오늘날에는 인터넷을 검색하면 수만 개의 답이 올라와 있다. 무엇이 옳고 그른지, 어떤 게 진실인지 아닌지 스스로 결정해야 하는 시대이다. 더 이상 인간 고유의 영역으로 여기던 지식 습득 활동만으로 미래를 보장할 수 없는 시대가 오고 있는 것이다.

4차 산업혁명으로 인하여 과학기술, 산업, 사회, 문화, 가치관이 변화하고 이에 대응할 수 있는 인재의 역량 또한 변화하고 있다. 이에 따라 미래교육의 비전은 세계 일류의 4차 산업혁명 시대를 주도

할 미래창의혁신 인재를 양성하는 것이고, 이를 기반으로 목표는 글로벌 경쟁력을 갖춘 미래창의혁신 인재를 양성하는 교육, 개인의 창의성과 다양성이 존중되고 행복한 삶과 건강한 사회의 지속 발전에 기여하는 교육을 실현하는 것이어야 한다.

OECD의 DeSeCo에서 정의하고 있는 인재의 핵심역량은 크게 3가지 영역에서 9가지 역량으로 나누고 있다. 개인 역량으로 "큰 맥락에서의 행동, 인생 계획과 과업 구상 및 실행, 자신의 권리 · 관심 · 한계 · 필요를 옹호하고 주장"하는 역량, 대인관계 역량으로 "타인과의 관계 설정, 협동, 갈등관리" 역량, 기술적 역량으로 "언어 · 상징 텍스트의 상호적 활용, 지식과 정보의 상호적 활용, 새로운 기술 활용" 역량이다. 또 ATC21S(Assessment and Teaching of 21st Century Skills)는 21세기에 필요한 핵심역량을 4개의 영역에서 12가지 역량으로 제시하고 있다. 첫째, 생각하는 방식은 "창의성과 혁신, 비판적 사고, 문제해결력, 의사결정 능력, 학습역량 · 상위 인지 능력"이다. 둘째, 일하는 방식은 "의사소통 능력, 협업능력"이다. 셋째, 일하는 도구의 활용으로 "정보 리터러시, ICT 리터러시"이다. 넷째, 생활방식으로 "시민의식, 삶과 경력 관리, 개인적 · 사회적 책무성(문화적 인식과 역량 포함)" 등이다.

교육부가 고시한 2015 개정 교육과정에는 4개의 인간상을 제시하고 있는데 "전인적 성장을 바탕으로 자아정체성을 확립하고 자신의 진로와 삶을 개척하는 자주적인 사람", "기초 능력의 바탕 위에서 다양한 발상과 도전으로 새로운 것을 창출하는 창의적인 사람", "문화적 소양과 다원적 가치에 대한 이해를 바탕으로 인류문화를 향유하고 발전시키는 교양 있는 사람", "공동체 의식을 가지고 세계와 소통하는 민주시민으로 배려와 나눔을 실천하는 더불어 사는 사람"이다. 여기에 더하여 6가지 핵심역량을 제시하고 있는데, "자기관리 역량, 지식정보처리 역량, 창의적 사고 역량, 심미적 감성 역량, 의사소통 역량, 공동체 역량"이다(교육부, 2015).

2017년 5월, 포르투갈에서 열린 OECD 교육 포럼에서는 미래교육의 나침반으로 학생주도성을 강조하였다. 학생주도성이란 주체적으로 자신이 나아가야 할 목표를 결정하고, 스스로 실행할 수 있도록 만드는 능력이다.

안종배(2017)는 4차 산업혁명 시대에 대비할 수 있도록 미래 핵심역량을 갖추고 변화하는 전문 역량을 익혀 지속가능한 미래 공동체를 위해 함께하는 인성과 시민의식을 갖춘 미래인재를 양성하는 방향으로 변화를 제시하였다. 그는 4차 산업혁명 시대에 필요한 분야별 전문 역량 인재상으로 4대 핵심 기반역량을 "창의로운 인지 역량, 인성을 갖춘 정서 역량, 협력하는 사회 역량, 생애주기 학습 역량"을 제시하였다. 창의로운 인지 역량은 "창의성, 문제해결력, 미래도전력, 인문학적 소양", 인성을 갖춘 정서 역량으로는 "인성 윤리의식, 문화예술 소양, 자아 긍정 관리, 협업 리더십", 협력하는 사회 역량으로는 "소통과 협력 능력, 사회적 자본 이해, 글로벌 시민의식, 스포츠 체력", 생애주기 학습 역량으로는 "자기주도 학습 능력, 과학기술 변화 이해, New ICT 활용 능력, 평생학습 능력"을 포함하여 제시하였다.

서울신문에서 "당신은 우리 아이들이 학교 교육을 통해 어떤 능력을 키우길 바랍니까?"라는 주제로 2018년 7월 학부모와 교사, 교수 등 교육 관계자 20명에게 질문을 던졌다. 응답자들은 세부적으로 각기 다른 인재상을 제시했지만 “미래사회 부작용을 막을 능력을 길러주는 교육을 해야 한다”면서 “새로운 학력 개념을 확립할 필요가 있다”는 데 공감했다. 교육 개혁의 방향도 이러한 문제의식에 맞춰져야 한다. 다음 그림은 서울신문에서 인터뷰를 통해 미래사회의 전망과 인재상을 유형별로 정리한 내용이다.

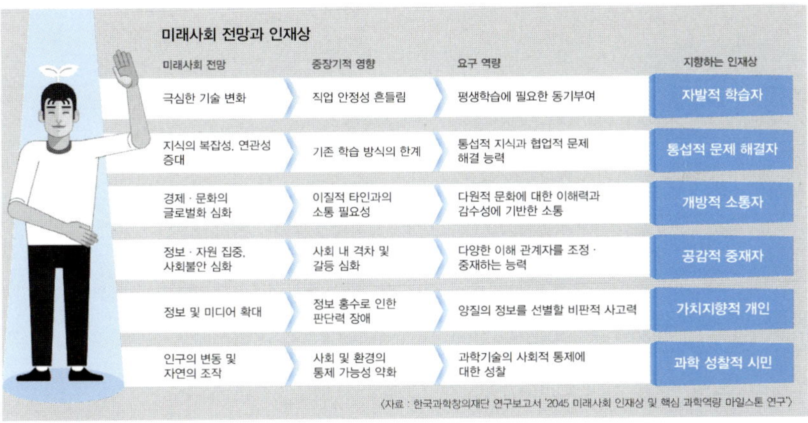
미래사회 전망과 인재상

미래사회 전망	중장기적 영향	요구 역량	지향하는 인재상
극심한 기술 변화	직업 안정성 흔들림	평생학습에 필요한 동기부여	자발적 학습자
지식의 복잡성, 연관성 증대	기존 학습 방식의 한계	통섭적 지식과 협업적 문제 해결 능력	통섭적 문제 해결자
경제 · 문화의 글로벌화 심화	이질적 타인과의 소통 필요성	다원적 문화에 대한 이해력과 감수성에 기반한 소통	개방적 소통자
정보 · 자원 집중, 사회불안 심화	사회 내 격차 및 갈등 심화	다양한 이해 관계자를 조정 · 중재하는 능력	공감적 중재자
정보 및 미디어 확대	정보 홍수로 인한 판단력 장애	양질의 정보를 선별할 비판적 사고력	가치지향적 개인
인구의 변동 및 자연의 조작	사회 및 환경의 통제 가능성 약화	과학기술의 사회적 통제에 대한 성찰	과학 성찰적 시민

〈자료 : 한국과학창의재단 연구보고서 '2045 미래사회 인재상 및 핵심 과학역량 마일스톤 연구'〉

출처 : 서울신문 기사 자료(2018. 7. 9).

이제 세상 돌아가는 일에 무관심한 사람들조차도 우리가 알지 못하는 사이에 엄청난 변화가 전 세계 사회, 경제, 산업계에 일어나고 있다는 것을 알고 있다. 이 거대한 흐름을 부인할 수도 외면할 수도 없다. 문제는 이러한 변화에도 불구하고, 학부모들이 자녀를 양육하는 태도나 학교의 교육방식이 크게 달라진 게 없다는 것은 매우 안타까운 현실이다. 여기에는 입시 위주, 경쟁, 서열화 같은 교육제도의 영향이 크다. 앞에서 제시했던 대로 창의융합, 창의성, 소통, 협력, 문제해결력, 주체성 등이 강조되는 미래사회를 준비하면서 여전히 우리는 수능확대, 학생부종합전형 축소 등 2차 산업혁명 시대의 교육 담론을 가지고 논쟁을 이어가고 있다. 교육학자 존 듀이(J. Dewey)의 말처럼 오늘의 학생을 어제의 방식으로 가르쳐 그들의 내일을 빼앗는 일이 있어서는 안 된다. 미래를 살아갈 자녀에게 필요한 역량이 무엇인지에 대한 통찰력 있는 부모가 되기 위한 노력이 필요한 시점이라고 할 수 있다.

낀 세대 엄빠는
어떤 역량을 갖추어야 할까?

부모라면 하나같이 자녀가 사람다운 사람이 되고 성공하기를 바라며 모든 것을 바쳐 뒷바라지를 한다. 특히 우리나라 부모들의 자녀 사랑은 세계 어느 나라 부모들이 흉내 낼 수 없을 만큼, 자녀를 위해 자신의 모든 것을 희생한다. 그러나 이러한 무조건적인 희생이 자녀의 인생을 오히려 힘들게 할 수도 있다. 이유는 부모는 자녀 인생의 결정자가 아닌 후원자여야 하는데 자녀의 적성과 흥미 그리고 능력을 무시하고 부모 나름대로 자녀에 대한 목표를 세우고 자녀에게 따르기를 강요하고 있기 때문이다. 자녀 삶의 결정자가 되고 있는 것이다. 이런 결과는 부모와 자녀의 갈등을 유발하고 자녀를 방황하게 만든다.

어느 평범한 가정에서 자란 사람의 이야기이다. 부모의 이야기라면 무조건 수용하는, 부모에게는 정말로 훌륭한 모범생 딸이었다. 부모는 딸에게 내가 운명 철학자에게 너의 사주를 보니 "너는 세계를 돌아다닐 팔자니 외교관이 돼라"라고 했다고 한다. 그래서 외국어고등학교를 졸업하고 국내 유명 사립대학을 졸업한 후 외교관이 되려고 했으나 외교관 대신 정부 부처에서 일을 하게 되었다. 5년 동안 정부 부처에서 일을 하다 보니 너무 힘이 들고 본인이 생각한 삶의 목표와 맞지 않는 것 같아 사표를 내고 외국에서 자신이 하고 싶은 일을 하다 보니 너무 만족한다는 것이다.

그러나 자신의 동생은 자신의 생각대로 행동하고 즐겁게 대학 생활도 보냈으며 자기가 결정한 직장도 즐겁게 다닌다는 것이다. 이탈리아에서 만난 가이드의 이야기이다. 이 예에서 보듯이 우리 부모들은 자녀의 능력보다는 자신의 생각에 합당한 목표를 정하고 자녀의 삶을 컨트롤하면서 자녀의 인생에 큰 영향을 끼치고 있다. 그러나 세상은 하루가 다르게 변하고 있다. 시대의 변화를 읽지 못하고 자신의 경험과 지식으로 자녀의 삶을 결정하기에는 매우 위험한 시대가 되었다. 부모 자신이 미처 생각하지 못한 사회로 가고 있으며 직업도 하루가 다르게 사라지고, 또 생겨나고 있다. 아는 만큼 보인다고 했다. 모르면 그냥 두는 것이 오히려 자녀를 행복하게 할 수 있다. 부모는 자녀가 잘되기를 바라면서 하는 행동이겠지만 진정한 삶에 도움을 주고자 하는 부모라면 자녀 삶에 결정자보다는 곁에서 지켜보며 도와주는 후원자가 되어야 한다.

부모는 자녀의 삶에 결정자이기보다 후원자가 되어야 한다

동서양을 막론하고 인류에 큰 업적을 남겨 많은 사람들의 롤 모델(role model)이 된 사람 뒤에는 하나같이 훌륭한 부모가 있다. 철학자 맹자, 영화감독 스필버그, 물리학자 아인슈타인, 발명왕 에디슨을 비롯하여 많은 사람들이 부모의 가정교육 덕택에 훌륭한 학자 또는 그 분야의 일인자로 성장하여 인류에 공헌했다. 이렇게 자녀를 훌륭하게 키운 부모들의 특징 가운데 가장 중요한 요소는 자녀가 하고자 하는 일을 간섭하기보다는 잘 할 수 있는 것을 할 수 있도록 후원자 역할을 했지 결정자는 아니었다는 것이다. 부모 자신이 자녀가 진학할 학교와 취업할 직장도 정하고 자녀는 무조건 부모의 의견에 따르게 하는 요즈음의 일부 부모와는 교육 방법에서 큰 차이가 있다.

우리가 잘 아는 '맹모삼천지교'는 부모가 어떠한 환경에서 어떤 방법으로 자녀를 양육하느냐에 따라 자녀가 변하게 된다는 것을 보여주는 좋은 사례이다. 맹자의 어머니는 맹자를 위하여 이사를 세 번 했다. 요즈음 정부의 요직에 나가려는 사람들이 청문회에 나와서 자녀를 좋은 학군에 보내기 위해 위장 전입한 것과는 전혀 다르다. 맹자가 처음에 산 곳은 공동묘지 근처였다. 그러다 보니 상여와 곡성뿐이라 흉내 내는 것도 이와 관련된 행동만을 하는 것을 본 맹자의 어머니는 이곳은 교육할 곳이 아니라 생각하여 두 번째 이사를 하게 된다. 그곳은 시장 근처였다. 여기서는 물건 파는 일만 보다 보니 장사치 흉내만 내는 것이다. 이를 보고 여기도 아이를 교육할 곳이 안 된다고 생각하여 세 번째 이사를 하게 된다. 세 번째 이

사한 곳은 서당 근처였다. 여기서는 주위에서 보는 것이 글 읽는 것이다 보니 흉내 내는 것도 글 읽는 흉내를 내는 것을 보고 자녀를 교육하기에 합당한 곳이라고 생각하고 그곳에 정착하여 맹자를 교육하여 훌륭한 철학자가 되게 하였다는 이야기이다. 맹자는 교육의 본질을 잘 알고 실천에 옮긴 어머니의 덕택에 오늘날에도 많은 사람의 본보기가 되어 다른 사람에게 영향을 끼치는 인물이 되었다.

요즈음에는 '맹모삼천지교'를 달리 해석하기도 한다. 맹자는 공동묘지 근처에 살게 됨으로써 인간의 생로병사 이치를 깨닫게 됐고, 시장터에서 물건이 거래되는 것을 통하여 경제를 공부하였으며, 서당 근처에 살게 됨으로써 학문에 열중할 수 있었던 것이라고 해석하는 사람도 있다. 어떻게 해석을 하든 맹자는 교육에 대한 관심과 이해도가 높았던 어머니 덕택에 훌륭한 학자가 되었으며, 맹자의 어머니는 자녀를 훌륭하게 키운 훌륭한 교육자로 추앙받고 있다.

세계에서 노벨상을 가장 많이 받은 민족이 유대인이다. 그러면 유대인들은 어떤 교육을 하기에 우리나라는 아직 한 명도 없는 노벨상(평화상은 제외)을 제일 많이 받았을까? 유대인 어머니들의 교육 방법을 살펴보면 그에 대한 답을 찾을 수 있다. 유대인 어머니들은 누구나 '교육의 어머니'라고 한다. 우리나라 어머니들도 교육에 관한 한 누구나 '교육학 박사'인 것처럼 자부하고 그렇게 행동한다. 유대인이나 우리나라 어머니들이나 교육에 대하여 큰 관심을 가지고 있다는 공통점이 있다. 그러나 양국 어머니들의 자녀 교육 방법은 매우 다르다. 우리 부모들은 이웃집 아이가 어떤 것을 하면 우리 아이도 해야 함은 물론이고 이웃집 아이보다 뛰어나야 직성이 풀리는 분들이다. 아이가 성적표를 받아오면 이웃집 아이의 성적을 물어보고 그보다 더 높은 점수를 받아야 한다고 생각하는 부모들이다. 모든 일에 남보다 뛰어나야 하고 남과 경쟁해서 이겨야 하며 일류 대학에 들어가 대기업에 취직하는 것을 자랑으로 여기는 것이 우리 부모들이다. 이에 반하여 유대인 부모들은 이웃집 아이가 어떤 일을 하거나 어떤 학원을 다닌다고 해서 자신의 자녀에게도 똑같은 행동을 하도록 강요하지 않는다. 또 자녀에게 이웃집 아이나 다른 아이보다 잘해라, 앞장서라는 등의 경쟁을 부채질하기보다는 하고 싶은 일을 할 수 있도록 지원해 주고 안내해 줄 뿐이다. 상대성 이론으로 유명한 아인슈타인을 훌륭한 물리학자로 길러낸 어머니의 교육 방법을 통해 우리 교육 방법과 다른 점을 찾을 수 있다.

아인슈타인은 8세까지 열등아였다고 한다. 말도 늦게 배워 4세까지는 부모도 저능아라고 믿었다고 한다. 학교에 들어가서는 동료들과 어울리지 못하고 학업이 뒤떨어졌기 때문에 1학년 담임선생님은 "이 아이에게서는 아무것도 기대할 수 없다"고 생활기록부에 기록하였다. 여기에 더하여 "다른 아이에게 방해가 되니 학교에 보내지 않았으면 좋겠다"고 했다고 한다. 우리나라 어머니들 같으면 어떠했을까? 학교에 찾아와 난리를 치지 않았을까? 그러나 아인슈타인의 어머니는 그렇게 하지 않았다. 아인슈타인을 앉혀 놓고 "얘야, 너는 다른 사람과 다르고 특별한 능력을 가지고 있기 때문에 성공할 수 있고 훌륭한 사람이 될 수 있다"고 격려하였다고 한다. 물론 어머니도 아인슈타인의 부족함을 알고 있었지만 이와 같이 격려한 것이다. 자녀를 믿고 신뢰하며 끝까지 격려한 어머니의 교육방법이 아인슈타인을 훌륭한 물리학자로 만들어 냈다. 만약 아인슈타인의 어머니가 자녀를 다른 아이들과 똑같이 되기를 강요당했다면 그가 가지고 있는 재능은 꽃피우지 못했을는지도 모른다. 교육은 가르치는 것이 아닌 평생 배우는 것, 잘 노는 아이로 키우는 것이라는 유대인의 교육 방법은 사교육으로 몸살을 앓고 있는 우리가 본보기로 삼을 만하다.

부모는 자녀 삶의 방향을 스스로 정하여 따르게 하는 것보다는 자녀에 대하여 잘 알아야 함은 물론이고 자녀를 믿고 격려하며 더불어 살아가는 법을 알게 하는 교육을 할 수 있어야 한다. 유명 영화감독 스티븐 스필버그의 어머니도 처음에는 영화에 남달리 관심을 보인 스필버그를 유별난 아이로 생각하여 방관하였으나 세상의 잣대로 아이의 기를 꺾지 않기 위하여 본인 스스로 중심을 잡았으며 그를 적극 지원하여 세계적으로 유명한 영화감독이 될 수 있도록 하였다. 우리나라에도 4남 2녀를 미국의 유명 대학에 보내 자녀를 잘 키운 부모로 알려진 전혜성 박사가 있다. 이분은 "자녀교육에는 정답이 없으며 상황에 따라 다르고 아이마다 다르기 때문에 자녀에 맞는 정답을 찾기 위해 노력해야 한다"고 했다. 획일적으로 시키는 교육이 아니라 자녀의 특성을 찾아주고 목적을 뚜렷하게 하며 열정을 갖도록 하는 것이 중요하다는 말이다. 이 외에도 훌륭한 부모의 영향으로 뛰어난 업적을 남긴 사람의 예는 수없이 많다. 다만, 이들의 공통점은 부모가 자녀의 삶을 결정하는 사람이 아니고 자녀가 하고 싶은 일을 할 수 있도록 적극 지원하는 역할을 했다는 것이다.

알아야 면장을 하지

이 말은 어떤 일을 하려면 그 일에 대한 지식과 실력을 갖추어야 함을 비유적으로 표현할 때 쓰는 말이다. 부모가 자녀의 삶을 지원하기 위해서는 급하게 변화하는 세상의 모습을 알아야 하고 그에 대처하기 위해 어떻게 해야 하는지에 대한 지식도 있어야 한다. 자신이 알고 있는 기존의 지식과 경험만으로 새로운 세상을 살아갈 아이를 바르게 교육한다는 것은 어불성설이다. 책 한 권 읽지 않고, 신문도 보지 않으며, 자신이 가지고 있는 지식과 경험으로 자녀의 진로를 지도한다는 것은 자녀에게 도움을 주기는커녕 오히려 자녀의 삶을 불행하게 할 뿐이다. 그러다 보니 자녀의 적성과 성적은 고려하지 않고 일류대학 입학과 대기업 취직 그리고 현재 유망한 직업에 맞추어 무조건 공부하도록 학원으로 자녀를 내몰고 있는 것이 우리 교육의 현실이다.

그러나 새 시대는 지식을 암기하여 몇 개의 보기 중에서 하나나 둘을 잘 골라 점수를 높게 받았다고 새 시대에 적합한 인재로 대접받지 못한다. 왜냐하면 4차 산업혁명 사회는 창의성과 문제해결력, 융통성 그리고 바른 인성이 담보되어야 하기 때문이다.

4차 산업혁명은 AI, loT, 빅데이터, 모바일 등의 정보기술을 기존의 경제, 사회 전반에 융합하여 지금까지 알지 못했던 것을 새롭게 창조하는 것이다. 또한 4차 산업혁명은 초연결, 초지능을 특징으로 하기 때문에 우리가 상상하는 이상으로 빠른 속도로 변하며 우리 생활 전 영역에 영향을 끼치게 된다. 특히 2019년부터 상용화되는 5G(5세대 이동 통신) 세대는 가상현실과 증강현실로 다양한 콘텐츠를 즐길 수 있다. 자율주행차 등장이 대표적인 예가 될 수 있다. 이것이 가능한 것은 5G의 특징인 초고속, 초저지연, 초연결 때문이다. 5G의 속도는 4G(LTE 광대역 모바일) 세대보다 20배 정도 빠르게 데이터를 제공하게 된다. 응답속도는 4G에 비하여 1/10 줄어들어 정보를 즉각 처리할 수 있어 각종 상황에 조금도 지연함이 없이 지능적으로 바로 상황에 대처한다. 또한 기계와 기계, 사람까지 모든 것이 네트워크로 연결되는 서비스는 엄청난 양의 정보를 클라우드 플랫폼에 담을 수 있어 새로운 서비스가 활성화된다. 이러한 변화는 직업의 구조를 바꿀 뿐만 아니라 삶의 방식도 바꾸게 될 것이다.

세계경제포럼(다보스포럼)은 2016년 보고서에서 4차 산업혁명으로 2020년까지 일자리 717만 개가 사라지고 210만 개가 생겨 약 507만 개의 일자리가 사라진다고 보고하고 있다. 사라지는 일자리의 종류를 살펴보면 우리 젊은이들이나 부모들이 선망하는 직업인 사무 · 행정이 479만 개로 가장 많으며, 생산직에서 160만 개, 건설 산업에서 49만 개, 예술 · 환경 · 스포츠 · 미디어 분야에서 15만 개, 법률 영역에서 10만 개, 시설과 정비 영역에서 4만 개 등이다. 새로 생겨날 것으로 예상되는 일자리는 금융과 경영에서 49만 개, 관리직에서 41만 개, 컴퓨터 · 수학 분야에서 40만 개, 건축 · 공학 분야에서 33만 개, 판매 서비스에서 30만 개 등이다.

이와 같이 세상은 급하게 변하고 있는데 우리 부모들은 자녀 교육에 자신의 생각과 방식을 고집하고 있다. 급하게 변화하는 세상에 대하여 알지 못하는 부모가 자신의 생각을 고집하며 자녀를 지도한다는 것은 앞을 못 보는 사람이 정상인에게 길을 안내하는 것과 다름 없다. 자녀를 훌륭하게 키운다고 사교육에 내몰아 자기만족을 하기보다는 자신이 먼저 공부하면서 자녀에게 좋은 모습을 보여야 한다. 각종 서적과 매스컴을 통하여 변화하는 시대에 맞는 정보를 입수하여 자녀가 행복한 삶을 영위할 수 있도록 도움을 주는 부모의 역할이 더 필요한 시대이다. 자녀와 함께 각종 서적과 매스컴을 통하여 교양도 쌓고 세상의 변화하는 모습에 대해 정보를 공유하는 과정에서 자녀와 부모의 사이도 좋아져 가정이 행복해진다. 자녀는 사교육으로부터 해방되고 가정의 경제도 나아질 것이다. 우리가 매일 보는 일간신문에 들어 있는 정보의 양이 책 한 권 분량이라는 사실을 알고 있는가? 매일 신문만 잘 읽어도 1년에 365권의 책을 읽는 것과 동일한 결과를 얻으며 정보가 돈인 세상을 한 발 앞서 나갈 수 있다. 따라서 이러한 부모 밑에서 자라는 자녀는 행복할 것이고 세상을 이끄는 리더가 될 수 있다.

시험 성적 타령은 이제 그만!

길을 오가는 사람에게 인성과 성적 중 어느 것이 중요하냐고 묻는다면 10명 중 8명 내지 9명은 인성이 먼저라고 대답한다. 말은 그렇게 하지만 실제는 그렇지 않을 수도 있다. 필자 역시도 아니라는 데 동조하고 싶다. 생활 주변에서 살펴본 결과가 그렇다는 것이다. 잘못된 행동은 그 자리에서 고쳐주어야 한다. 행동수정의 원칙이다. 잘못된 행동을 눈감아 주는 사이에 그 자녀는 서서히 불행의 길로 접어들게 된다. 분명히 고쳐야 하는 행동도 시험 점수가 100점이면 다음에는 그러지 말라고 다독이며 잘못이 용서되는 것이 우리의 현실이다. 잘못된 자녀의 행동이 시험 점수 100점에 함몰된 경우이다. 시험 점수가 자녀의 잘못된 행동에 대한 용서 도구가 된다면 나쁜 행동을 바로잡을 기회를 잃어 평생 후회하게 될 수 있다. 100점의 굴레에 빠져 부모가 잘못 판단하면 자녀는 서서히 불행의 길로 가는 것이다.

인성이 얼마나 중요한지에 대해 조 벽 교수는 글로벌 사회에서 인재에게 필요한 요소로 '창의성', '전문성', '인성'을 들고, 그중에서도 인성이 가장 중요한 요소라고 했다. 바른 인성이 바탕이 되지 않으면 아무리 많은 재능을 가졌다 하더라도 그것을 꽃 피울 수 없기 때문이다. 성경에서도 "마땅히 행할 길을 아이에게 가르치라. 그리하면 늙어서도 그것을 떠나지 아니하리라"라고 했다. 그러나 요즈음 아이들 행태를 종합해 보면 버릇없는 아이, 멋없는 아이, 뻔 때없는 아이가 늘어가는 현실이 안타깝다.

이와 같은 일이 나타나고 있는 것은 성적 위주에 매몰된 가정교육과 더불어 우리의 전통예절이 사라지고 있는 것이 원인이다. 혹자는 전통예절은 지금의 시대에 맞지 않는데 무슨 소리냐고 할 수 있다. 그러나 근본은 변하지 않는다. 전통예절이 시대에 맞지 않는 면이 있다고 무시하기보다는 시대 상황에 맞게 고쳐 나가면 된다. 『역사의 연구』로 유명한 토인비(Toynbee)에게 우리나라에서 꼭 한 가지만 가져가라고 한다면 당신은 무엇을 가져가겠느냐고 했더니 "한국의 가족제도를 가져가고 싶다"고 했다고 한다. 그러나 현실은 우리의 전통적인 가족제도는 무너지고 있고, 집안에서는 나이 많은 어른 대신에 아이가 가장 중요한 자리를 차지하고 있다. 물론 저출산 사회에서 아이는 대단히 중요하다. 하지만 자녀를 귀엽게만 보지 말고 잘못을 지적하여 제대로 행하고 판단할 줄 아는 사람으로 자랄 수 있게 해야 한다. 가정은 학교나 사회에서 기르기 힘든 인성을 길러주는 곳이다. 불행하게도 우리 속담에 "모로 가도 서울만 가면 된다"는 말이 있다. 인성이야 어떠하든지 결과만 좋으면 된다는 것이다. 그 결과는 자녀의 장래를 불행하게 만든다. 부모의 잘못된 교육 방법이 자녀를 암흑의 길로 보내는 것이다.

요즈음은 세상이 급하게 변하여 1년 앞도 내다보지 못하는 상황에서 우리 아이들의 미래를 예측하고 그에 맞는 교육을 실시하여 본인이 원하는 직업인으로 키운다는 것은 거의 불가능에 가까운 일이다. 그러나 이런 상황에서도 분명한 것은 어떤 시대가 어떻게 오든지 건강한 몸과 어려움을 참고 견디어 낼 수 있는 인내심, 그리고 세상의 어떠한 유혹도 이겨낼 수 있는 절제력, 또한 실패나 좌절에도 다시 일어설 수 있는 오뚝이와 같은 정신, 모든 사람과 잘 지낼 수 있는 친화력, 어떤 상황에서도 넉넉함을 발휘할 수 있는 융통성이 있으면 된다. 이렇게 할 수 있는 힘은 자기조절력에서 나온다. 바른 인성은 곧 자기조절력이다. 그러나 자기조절력은 하루아침에 길러지는 것이 아니다. 갓난아이부터 시작하여 성인에 이르기까지 계속해서 완성해 나가야 한다. 평생을 좌우하는 힘이기 때문이다.

요즘 애들 어떻게 가르쳐야 하지?

부모는 자녀가 바르게 성장하도록 보호하며 지도하는 사람으로 부모와 자녀가 상호작용하며 바람직한 사람으로 성장하도록 도와주어야 한다. 부모는 자녀의 신체적 · 정신적 성장을 돕기 위하여 의식주를 제공하며 교육을 통하여 그들이 자신의 삶을 스스로 가꾸어 나갈 수 있도록 노력하고 있다. 그러나 세상은 급하게 변하고 자녀들의 생각과 가치관은 부모의 세대와 다르기 때문에 자녀와 관계형성을 잘하기 위해서는 부모가 교육과 훈련을 받으면서 자녀를 신뢰하고 이해하려고 해야 한다.

사회가 변함에 따라 부모가 해야 할 일도 달라지겠으나 아무리 세상이 변해도 부모라면 꼭 해야 할 역할이 있다. 첫째, 자녀가 신체적 · 정신적으로 건전하게 성장할 수 있도록 도와야 한다. 둘째, 바른 인성을 지닌 사람으로 자랄 수 있도록 해야 한다. 셋째, 사회나 학교교육을 통해 지도가 어려운 것은 가정교육을 통해서 가르쳐야 하고 부모는 가정에서 교사 역할을 해야 한다. 넷째, 자녀가 맨 처음 선택하는 모델이 부모이고, 부모를 자신과 동일시하는 경향이 있으므로 행동에 각별히 유념해야 한다. 다섯째, 자녀의 어려움을 상담하여 주고 친구와 같은 역할을 해주어야 한다.

과거로 돌아가 보면 대가족제도 안에서 이러한 교육이 자연스럽게 이루어졌다. 그러나 요즈음은 핵가족, 한부모가족, 맞벌이 부모, 조손가족 등의 영향으로 가정교육은 소홀해지는 대신에 가정 밖 교육에 매달리고 있다. 이와 같이 아이들이 부모와 같이 지내는 시간보다 가정 밖에서 지내는 시간이 많다 보니 가정에서 가르쳐야 할 것을 제대로 가르치지 못하여 성장한 후에 행동을 고치려다 보니 어려움을 겪고 있다. 따라서 자녀의 삶에서 크게 도움이 되지도 않을 교육을 위해 사교육 시장으로 자녀를 내몰기보다는 집에서 예절을 가르치고 독서와 체험학습을 통한 교육에 더 매진해야 한다. 우리가 잘 아는 애플사의 창업자 스티브 잡스도 대학을 중퇴했으며 게임업계에 잘 알려진 넷마블 이사회 의장도 고등학교를 중퇴했다. 이들은 자신이 하고 싶은 일을 하기 위해 학업을 중단하였고 부모가 그것을 인정하고 받아들여 성공한 경우이다. 4차 산업혁명 사회는 암기하여 얻어진 지식은 의미가 없다. 기존의 지식으로 성공하는 사회가 아니다. 사람들의 입에 오르내리는 일류대학을 나왔다고 특혜를 받는 시대도 지났다. 창의력을 바탕으로 새로운 것을 산출해 낼 수 있는 인재가 대접받는 사회이다.

나는 자녀의 삶에 긍정적 영향을 끼치는 엄빠인가?

역량의 사전적 의미는 어떤 일을 해낼 수 있는 힘이다. 부모의 역량이란 자녀를 둔 부모로서 자녀를 바르게 자랄 수 있도록 도와줄 수 있는 능력이다. 그러나 요즈음 부모들은 아이들을 어떻게 지도해야 할지 어려워하고 있다. 부모의 세대와 삶의 방식이 다르기 때문이다. 요즈음 세대를 우리는 신인류 세대라 칭한다.

신인류의 사전적 의미는 경제적인 어려움을 모르고 자라서 소비 성향과 자기주장이 강하며 기성의 가치와 질서를 부정하고, 현실의 즐거움에 높은 가치를 부여하는 젊은 세대를 일컫는 말이다. 이러한 신인류 세대의 가치와 생각은 부족한 가운데도 참고 견디며 주어진 일을 묵묵히 수행하며 살아온 부모들과 갈등을 일으키는 원인이 되고 있다. 갈등을 겪는 부모와 자녀는 서로가 이해되지 않는다고 한다. 변화의 속도가 지금보다 느린 시대를 살았던 부모들은 그래도 열심히 노력하면 뭔가 달라질 수 있다는 생각을 하였고 지금도 이를 바탕으로 자녀들을 지도한다. 그러나 지금은 하루 먼저 태어난 아이와 하루 늦게 태어난 아이 간에도 세대 차이를 느낀다고 할 정도로 빠르게 변화하고 있다. 1년 아니 며칠 앞도 내다보기 힘든 세상이 되었다. 이러한 상황에서 부모들이 자녀가 앞으로 어떠한 삶을 살 것인가를 예측한다는 것은 거의 불가능하다. 더군다나 부모가 지금 발전적인 직업이라고 생각하고 있는 직업을 가지고 자녀가 살아주기를 고집한다는 것은 자녀나 부모 모두에게 의미가 없고 갈등을 야기하는 원인만 될 뿐이다.

어떻게 하면 자녀를 잘 양육할 수 있을까? 부모의 자녀 양육에 관한 많은 이론과 의견이 있지만 대중적으로 알려진 다이아나 바움린드(Diana Baumrind)의 애정과 통제라는 차원에서 부모의 양육 유형을 살펴보면 다음과 같다.

첫째, 권위 있는(민주적) 부모로 이 유형은 자녀에 대한 애정과 통제가 모두 높다. 이 유형의 부모는 애정과 통제를 동시에 갖춘 분들로 온화하며 온정적인 태도로 자녀와 대화를 즐긴다. 반면에 자녀의 일탈된 행동에 대해서는 철저하게 통제하며 보다 바른 행동을 하도록 하는 데는 단호하다. 또한 자녀의 감정과 생각을 잘 이해하고 필요한 부분에 대해서는 강하게 통제하면서, 그것을 합리적으로 설명하고 이해시킨다. 이 유형의 부모 밑에서 성장한 자녀는 책임감이 강하고 감성지능이 높으며, 학업 수행 능력이 뛰어난 것으로 나타났다. 동시에 자기조절력도 강한 자녀로 성장한다고 한다.

둘째, 권위주의적 부모로 이 유형은 일방적으로 규칙을 정하고, 규칙에 대한 자녀의 이해도 없이 이를 철저하게 지킬 것을 강요하는 애정은 낮고 통제가 높은 유형이다. 이 유형의 부모는 칭찬에는 인색하고 무조건 부모의 의견에 따르도록 강요한다. 자녀가 원하는 것에 대해서 상당히 인색하여 자녀가 의견을 제기하는 것도 허락하지 않으며 잘못한 일에는 반드시 처벌이 따라야 한다고 생각한다. 이런 부모 밑에서 자란 자녀는 사회에서 일할 때 자신감이 없고 지나치게 복종적이다. 사회적 관계에서도 순종적이고 자아존중감이 떨어져 자기 죄책감이나 자기 비하가 많으며 매우 불안해한다. 또한 우울감과 스트레스에 취약하며 때로는 자살도 생각한다. 이러한 환경에서 자란 자녀는 목표 달성에 대한 의지가 약하고, 사소한 일에도 화를 내거나 공격적인 성향을 나타내는 일이 많고, 소수의 경우는 공격성을 그대로 드러내기보다는 남의 눈에 띄지 않는 수동적인 방식으로 공격적 성향을 나타낸다고도 한다. 요즈음 학교에서 문제를 일으키는 아이들의 대부분이 이 유형의 학부모 밑에서 자란 아이들이다.

셋째, 허용적 부모로 애정은 높지만 통제가 낮은 유형이다. 이 유형의 부모는 자녀의 요구를 다 들어주고 자녀를 단호하게 훈육하지 못하고 양보한다. 말은 엄격하게 하나 행동으로 보여주지 못하며 벌을 주는 것은 잘못이라고 생각한다. 때로는 분노를 폭발시키거나 벌을 주고 스스로 죄책감을 느낀다. 이러한 부모 밑에서 자란 아이는 자신감이 부족하고 책임을 회피한다. 또한 쉽게 좌절하며 버릇

이 없고 충동적인 모습을 나타낸다. 낯선 환경에 잘 적응하지 못하고 어린아이 같은 특성을 보인다. 요즈음 부모들이 가장 바람직한 양육 스타일로 오해하는 유형이다. 특히 요즘처럼 바빠서 자녀의 욕구를 채워주지 못한다고 느끼는 부모가 이를 물질적으로 보상하려고 하거나, 다른 집 자녀에게 뒤떨어지지 않게 키우겠다는 욕심으로 자녀가 요구하는 모든 것을 무조건 들어주는 데서 문제가 시작된다. 이처럼 절제와 제한이 없는 허용적인 부모 밑에서 자라면 대체로 충동적인 행동 모습을 보이며, 새로운 환경에 잘 적응하지 못하고 책임감도 낮게 나타난다고 한다.

넷째, 무관심한(방임) 부모 유형으로 애정과 통제가 모두 낮은 태도이다. 부모로서 제일 심각한 유형으로 칭찬도 벌도 주지 않고 비난만 하며 자녀에 무관심하고 자녀를 믿지 못하는 부모의 유형이다. 자녀에 대한 애정도 없고 기본적인 사회적 규범과 규칙에 대한 제약도 하지 않음으로써 자녀는 심리적 혼란과 미움만 갖게 된다. 이 유형의 부모는 정서적으로 문제를 가지고 있거나 너무 바쁘고 여유가 없어 자녀를 일관성 있게 양육하지 못한다. 이런 가정에서 자란 아이는 반사회적인 성격으로 무질서하고 적대감이 많다. 또한 쉽게 좌절하며 세상 및 타인에 대한 불신감도 많다. 가장 심각하게 발달적 문제를 야기할 수 있는 양육 스타일이므로 부모교육을 통하여 대책이 마련되어야 문제를 지닌 아이 발생을 막을 수 있다.

페스탈로치는 "가정은 도덕성을 기르는 학교이다"라고 했다. 부모마다 자녀 사랑을 표현하는 방법에는 차이가 있을 수 있지만, 자녀가 올바르게 성장하기를 바라는 마음은 모두 같을 것이다. 자녀의 올바른 성장을 돕기 위해서는 자녀가 자신이 원하는 대로 자라주기를 바라기보다는 자녀에게 어떤 부모가 되어야 할 것인가를 먼저 고민하고, 부모로서 나는 위의 양육유형 중 어떤 유형에 속하는가를 찾아 단점을 보완하고 장점은 이어가는 적절한 양육태도를 가져야 한다.

사이몬(Symond, 1949)은 바람직한 부모의 양육태도란 자녀를 사랑으로 키우는 것이라고 주장하면서, ① 아동을 진실하게 대한다. ② 아동에게 발달 수준 이상을 기대해서는 안 된다. ③ 아동의 입장에서 생각한다. ④ 차분한 감정으로 대한다. ⑤ 적대시하거나 심한 벌을 주는 등 과장된 행동을 보이지 않는다. ⑥ 정서적으로 안정된 반응을 보인다. ⑦ 양육방법 및 태도에 일관성이 있어야 한다. ⑧ 가정 이외의 외부적 사회 환경과 접촉할 수 있는 기회를 마련해 주어야 한다고 하였다.

깬 세대를 위한 낀 세대 부모 역량

깬 세대를 위해 낀 세대의 부모는 어떠한 역량을 가져야 할까?

첫째, 자녀의 발달 단계를 알아야 한다. 부모는 자녀의 발달단계에 따른 변화와 이에 맞추어 자녀를 지도할 수 있는 역량을 갖추어야 한다. 자녀의 발달단계를 알지 못하면 단계에 맞는 역할을 제대로 하지 못하여 자녀가 어려서부터 좌절을 느끼게 하거나 너무나 과잉보호를 하여 자신의 일을 제대로 못하는 경우가 생길 수 있다. 따라서 자녀의 바람직한 성장을 돕기 위한 다양한 경험을 제공하여야 한다. 이를 위해서는 자녀의 발달에 관한 정보를 입수하고 관련

연수에 적극 참여하며 독서 등을 통해 배움을 게을리하지 말아야 한다.

둘째, 자녀가 주어진 역할을 할 수 있도록 건강하고 안전한 삶을 도와야 한다. 부모는 자녀가 정신적 · 신체적으로 건강하게 자랄 수 있도록 해야 한다. 건강하게 자랄 수 있도록 영양을 고려한 식사를 제공하고 건강한 생활이 이루어질 수 있도록 주변 환경을 정리하며 바른 생각을 할 수 있도록 관심을 가져야 한다. 또한 가정을 떠나서 이루어지는 여러 범죄로부터 자녀를 보호해야 한다.

셋째, 행복한 부모의 모습을 보여줄 수 있어야 한다. 부모는 자녀의 첫 번째 모델이 된다. 다투는 가정에서 자란 아이는 잘 다투고 화목한 가정에서 태어나 자란 자녀는 자존감이 강한 아이가 된다. 부모가 가정에서 행복한 모습을 보여야 그 가정에서 자라는 자녀도 행복하고 자존감을 기를 수 있다. 자녀의 성장 발달에 부모가 미치는 영향이 큼을 알고 부모와 자녀 관계를 긍정적으로 유지하기 위해 노력해야 한다. 자녀의 일에 지나치게 간섭하지 않으며 자녀의 자존감을 해치는 말이나 행동은 하지 않는다. 또한 자녀의 말에 성의 있게 대답하며 자녀를 형제자매 및 다른 사람과 비교하지 않아야 한다. 그리고 항상 그 아이만의 능력을 존중하려고 노력해야 한다.

넷째, 자녀가 자라는 물리적 · 물질적 환경을 자녀의 바른 행동 형성에 도움이 되도록 개선해야 한다. 하지만 아이의 물질적 욕구에 대한 과다한 허용은 아이에게 해가 될 수 있다. 따라서 아이의 욕구를 때로는 거부하여 자녀가 너무 많은 것을 요구하지 않도록 해야 한다. 특히 요즈음 아이들의 정신적 건강에 큰 영향을 미치는

TV, 스마트폰, 컴퓨터의 사용을 조절할 수 있도록 해야 한다. 아이의 창의력과 사회성 그리고 인성을 길러줄 수 있는 교육을 가정에서 철저히 시키고 다른 부모나 또래와의 경쟁심을 이유로 사교육을 시키지 않아야 한다.

다섯째, 다른 아이들과 잘 놀 수 있게 해주어야 한다. 자녀의 발달에 꼭 필요한 다양한 놀이를 통해 전인적 인간으로 자랄 수 있도록 여건을 제공해야 한다. 놀이는 아이 신체적 · 정신적 발달에 매우 중요하다. 놀이를 통하여 인내심, 문제해결력, 협동심, 창의력 등의 다양한 능력을 기를 수 있기 때문이다.

여섯째, 바른 행동은 어려서부터 체득되도록 해야 한다. 미래사회 인재로 성장하는 데 가장 중요한 것이 바른 인성을 갖는 것이다. 기본생활습관(식습관, 정리정돈, 질서 등) 형성은 학교나 사회보다 가정이 매우 중요한 구실을 한다. 특히 공공장소에서 다른 사람에게 피해를 주는 일이 없도록, 문제행동을 방치하지 말고 지도해야 한다. 시대가 아무리 변하여도 가장 중요한 것은 인성이기 때문이다.

ABC

2

4차 산업혁명 시대, 우리 아이 뭘 해먹고 살지?

세상은 하루가 다르게 변하고 있으며, 변화 속도는 점점 더 빨라지고 있다. 이런 변화는 직업세계에도 다양한 변화를 예고하고 있다. 즉, 새로운 직업이 나타나기도 하고 기존의 유망 직업을 사라지게 하기도 한다. 부모들에게 자녀들의 진로를 고민하게 만들고 진로지도의 필요성을 요구하는 원인이 되기도 한다. 대부분의 부모들은 자녀의 진로선택 기준을 고소득이며 안정적이고 편하게 할 수 있는 직업에 맞추고 있다. 이로 인해 자녀들의 흥미, 적성, 취미 등에 관계없이 부모의 경험과 생각에 맞추어 자녀의 진로를 결정하고 부족한 것은 사교육에 의존하여 해결하려고 하다 보니 사교육 천국이 되어 버렸다. 교육비가 많이 드는 원인이 되었고, 교육비의 과다로 자녀를 적게 낳다 보니 저출산 국가가 되는 원인도 되었다. 그러나 사회의 변화를 미리 예측하는 학자들은 앞으로 지금의 직업 중에 70%는 사라진다고 한다. 70%의 사라질 직업은 부모들이 자녀의 직업으로 적합하다고 생각하는 직업이 대부분이다. 부모들은 아직도 사(士, 師) 자가 붙은 직업과 공무원을 선호하며 자녀들을 채근하고 있다. 얼마 전에 종영된 'SKY캐슬'이라는 드라마가 사람들의 관심을 모은 것이 이를 증명하고 있다.

그러나 자신의 적성과 특기, 흥미를 고려하여 자신이 가장 잘할 수 있는 직업을 가져야 자신만의 가치를 추구하며 행복한 삶을 살아갈 수 있다. 이러한 직업 중에는 아직까지 우리가 경험하지 못한 직업도 많을 것이기 때문에 부모는 자신의 가치와 경험을 바탕으로 자녀의 진로를 결정하는 결정자이기보다는 삶의 주인공인 자녀가 자신이 잘할 수 있는 일을 찾아서 할 수 있도록 도와주는 안내자 또는 후원자가 되어야 한다. 불안한 마음을 참고 견디며 자녀가 잘하는 것을 찾는 데 도움을 주는 것이 4차 산업혁명 시대 최고의 부모라고 본다. 요즈음 아이들은 태풍이 부럽다고 하는데 그 이유는 태풍은 진로가 정해져 있기 때문이란다. 물론 요즈음과 같이 급하게 변하는 세상에서 자신의 진로를 확실하게 정한다는 것은 어려운 일이지만 잘하는 것을 찾으려고 서로 노력하다 보면 분명히 후회하지 않는 길이 열릴 것이다.

요즘 아이들, 태풍이 부럽다는데...

태풍이 불어올 때면 기상 예보관들은 태풍의 진로를 예상하여 사고를 미연에 막을 수 있게 해준다. 그러나 우리 자녀들은 당장 내일 어떤 변화가 있을지 알 수 없어 불안하게 살아가고 있다. 그런데 10년 후의 일을 내다보고 준비한다는 것은 절대로 쉬운 일이 아니다. 따라서 아이들은 진로가 거의 정확한 태풍이 부럽다는 이야기를 한다고 한다. 특히 우리나라와 같이 모든 아이들의 꿈이 공부 잘하는 것, 100점과 1등이 꿈인 상황에서 10년 후에 자신이 어느 직업에 종사할 수 있을지를 알고 준비한다는 것은 여러 가지 상황을 살펴보아도 어렵다. 특히 우리의 현실은 자녀들 진로에 관하여 거의 결정적인 권한을 가진 부모들이 앞으로 변할 사회가 어떻게 될지 모르는 상황에서 자녀의 진로를 결정하고, 그런 부모 말에 자녀들은 그대로 따라야 하는 상황이다. 자녀의 귀중한 삶의 방향을 정하기 위해 모르면 전문가를 찾아가 배우고 새로운 정보를 입수하기보다는 자신의 경험과 이웃집 아이와 비교하여 자신이 의견을 정당화하고 부모 자신이 원하는 방향으로 아이를 키우려고 한다. 그러나 지금 초등학교에 다니는 아이들이 직업을 가질 즈음에는 70%가 다른 직업에 종사할 것이라고 보고되고 있다. 예측대로라면 10년 뒤 산업의 변화는 직업변화뿐만 아니라 일하는 방식과 모습에도 큰 영향을 미칠 것이다. 이런 상황이 불안한 부모들은 자녀가 앞으로 자신이 하고 싶은 일을 하면서 행복하게 살기를 바라면서도 공부가 제일 중요하다는 것을 강조하며 다양한 사교육에 자녀를 내몰고 있다. 그러면 어떻게 해야 10년 후를 내다보며 자녀를 올바르게 지원할 수 있을까?

부모도 모르는데 하물며 자녀가 알 수 있을까?

사람은 자신이 하고자 하는 일을 하며 행복하게 살기를 원한다. 그러나 조사결과를 보면 자신의 삶에 만족을 느끼며 행복하게 사는 사람은 많지 않은 것 같다. 이런 사실은 새해가 시작되면 많은 사람들이 점(占)집을 찾는 것에서 알 수 있다. 취업포털 잡코리아와 세계일보가 직장인 394명을 대상으로 운세를 본 적이 있는지 물었더니 그렇다는 응답자가 88.3%나 되었다고 한다. 물론 대부분이 재미로 보았다지만 그 내면을 보면 자신의 앞날이 어떻게 될지 궁금하기도 하고 잘못되면 어떡하나 하는 불안감도 있기 때문이라고 본다. 재미로 보아도 운세가 좋게 나오면 사람들은 잠시나마 세상을 다 얻은 것 같이 행복감에 취하기도 한다. 그러나 앞날을 정확하게 예측하거나 알 수 있는 방법은 아직 없다. 그렇다는 것을 알면서도 혹시나 하는 마음으로 점집을 찾는다. 불확실성의 시대를 살아가는 우리의 모습이다.

아마 자신의 앞날을 정확히 알 수 있다면 더 큰 혼란과 문제가 야기될 것이다. 미래에 모든 것이 잘된다면 열심히 일하는 사람도 있겠지만 운세만 믿고 노력하지 않아 어려움을 당하는 사람도 생겨날 것이다. 속담에 "감나무 밑에서 입 벌리고 감이 떨어지기를 기다린다"는 말과 같이 아무 일도 하지 않으면서 무언가 얻기를 바라는 것과 다를 것이 없다고 본다. 반면에 앞날이 불행할 것이라고 하면 자포자기하거나 자신에게 일어나는 모든 것을 운명으로 여기며 어렵게 살아가거나 스스로 목숨을 버리는 일도 생길 것이다. 그래서 창조주는 우리에게 앞날에 일어날 일을 알지 못하게 하고 누구나 열심히 노력하면 잘 될 수 있다는 믿음을 가지고 노력하며 살라고 한 것 같다.

이러한 믿음이 있기에 사람은 주어진 여건에서 최선을 다하여 노력하고 있으며 부모 또한 자녀들이 행복한 삶을 살 수 있도록 다양한 노력을 기울인다. 특히 우리나라 부모들은 자녀의 성공을 위해서라면 자신이 가지고 있는 거의 모든 것을 투자한다. 부모의 투자로 자녀가 목표를 이루면 다행이지만, 반대로 실패하면 부모는 모든 것을 쏟아부었기 때문에 힘들고 자녀는 실패로 인한 무기력함으로 부모와 자녀 모두 어렵게 살아간다. 요즈음 사회문제로 나타난 노인들의 빈곤은 저출산 문제와 무관하지 않다. 그렇다고 실패가 두려워 아무것도 안 하면 더 불안하기 때문에 다른 사람이 하는 말이 귀에 솔깃하게 들려 자녀들의 능력을 살펴보지도 않고 다양한 활동을 강요하고 있다. 미래에 일어날 일을 모르는 상황에서 자녀가 취업할 즈음 사회변화로 나타날 직업을 파악하고 자녀를 교육시키기는 어렵다. 그러다 보니 이웃집 아이와 비교하여 공부 선수 만들기와 점수 경쟁에 모든 것을 투입하고 있는 것이다.

그러나 「다보스포럼 보고서」는 현재 7세 이하 어린이의 70%는 앞으로 기존에 없는 새로운 직업을 갖게 될 것이라고 전망했다. 2020년까지 700여만 개의 일자리가 사라지고 200여만 개의 일자리가 생겨 500여만 개의 일자리가 사라질 것으로 예측되기 때문이다. 부모들의 대부분은 3차 산업혁명 사회에서 공부하였고 직장생활을 하고 있어 앞으로 전개될 4차 산업혁명 사회의 모습을 알지 못해 자녀의 적성과 취미, 능력에 맞는 진로 지도를 하기에 어려움을 겪고 있다. 따라서 부모들은 어떻게 전개될지 모르는 10년 후의 일보다는 현재의 상황을 바탕으로 자녀들의 진로를 재단하고 이에 맞추도록 자녀들을 채근하고 있다. 즉, 좋은 대학을 졸업하여 대기업에 취직하는 것을 성공의 최고선으로 생각하고 사교육 시장으로 아이들을 매몰차게 내몰고 있다. 그러나 부모들의 생각과는 달리 자녀들이 살아갈 사회는 평생 직업은 사라지고 평생직장만 있을 것이다.

현재는 3~4번 정도 직업을 바꾸게 된다면, 앞으로는 그 이상으로 직업을 바꾸어야 하는 시대가 도래한다. 부모 입장에서 본 유망한 직업이 자녀들 세대에도 그대로 유지되면 좋겠지만 4차 산업혁명 사회는 부모의 뜻과는 다른 방향으로 진행되고 있다. 앨빈 토플러가 "한국 학생들은 앞으로 중요하지 않을 지식과 직업을 위해 시간을 허비하고 있다"고 한 말을 상기해 볼 필요가 있다. 특히 정보통신기술의 발달로 세계는 하나의 지구촌이 되어 가고 있다. 이런 시대가 서서히 도래하고 있는 것을 청년 실업에서 느낄 수 있다. 많은 청년들이 대학을 졸업하고도 일자리를 찾지 못하여 현재 100여만 명이 실업 상태로 지내고 있다. 통계청 자료에 의하면 2018년 8월 대학 졸업자가 정규직으로 취직하는 수는 10명 중 1명이라고 한다. 앞으로 일자리가 더 줄어들 것이라는 증거이다. 박영숙은 앞으로 일자리가 점점 사라져 미래사회는 지금처럼 돈을 많이 가진 사람이 아니라 일자리가 있는 사람이 성공한 사람으로 대접받는 사회가 되어 일자리만 있어도 사람들의 부러움을 살 것이라고 하였다. 그리고 2025년에서 2030년이면 우리 사회에서 평생 직업은 사라진다고 하였다(박영숙의 당신의 성공을 위한 미래 뉴스).

10년 후 유망한 직업은 뭘까?

앞으로 유망한 직업에 관하여 많은 사람들은 자신의 경험과 지식을 동원하여 각자의 논리로 주장하고 있다. 시대의 상황에 맞게 서점에 가면 저자 나름의 지식을 바탕으로 쓴, 앞으로 도래할 직업에 대하여 참고할 수 있는 다양한 책이 나와 있다. 이러한 책들을 통하여 시대의 흐름을 읽는 데 큰 도움을 받을 수 있을 것이다. 물론 새로운 시대가 아직 도래하지 않았기 때문에 그들이 생각하는 것과 같이 시대가 변하여 갈지 아니면 더 빠르게 다른 방향으로 갈지는 모르나 시대가 흘러가는 것을 보면 그들의 주장에도 의미가 있음을 알 수 있다.

미래의 직업에 관하여 미국의 최고 취업사이트 커리어캐스트는 앞으로 10대 유망직업 순위를 통계 전문가, 의료서비스관리자, 공정분석 전문가, 정보보안 분석가, 데이터 과학자, 대학교수, 수학자, 소프트웨어 엔지니어, 직업치료사, 언어치료사로 선정하였다. 우리 부모들이 선호하는 직업이 판검사, 의사, 공무원인 것에 비교해 보면 많이 다름을 알 수 있다. 영국 옥스퍼드 대학 마이클 오스본 칼 프레이 교수는 20년 안에 사무직 절반이 로봇으로 대체될 것이라고 예측했다. 우리나라 청소년과 부모들이 가장 선호하는 사무직이 대부분 로봇으로 대체된다는 것이다. 그러나 아직도 우리나라 청년들은 시대의 흐름을 읽지 못하고 미래가 불확실함에 따라 아직도 사무직의 꽃이라고 생각하는 공무원을 최우선으로 생각하고 공무원 시험 준비에 수십만의 수험생들이 매달리고 있다. 외국의 투자자 짐 로저스는 공무원이 되기 위해 노량진 학원가에 줄을 선 청년들의 모습을 보고 공무원이 선호되는 나라는 발전이 없다고 했다. 2017년 교육부에서 초 · 중 · 고 학생들을 대상으로 선호하는 직업을 조사한 결과는 교사, 경찰, 운동선수, 요리사, 간호사 순이라고 한다. 아직도 시대의 흐름을 알지 못하고 현재 안정된 직업을 선호하고 있음을 알 수 있다.

2017년 대학 졸업반 학생과 환경 관련 자격 취득을 위해 연수를 받으며 학생은 부모님이 하는 일에 종사할 수 있어 취업이 보장되는데 왜 이러한 연수에 왔냐고 물었더니 '아버지 말씀이 자신이 하는 일은 육체적으로 힘이 드니까 사무직을 선택하라고 해서 연수를 받으러 왔다'고 했다. 얼마나 사무직을 선호하는지를 알 수 있는 사례이다. 어쩌면 이런 대답은 이 학생에 경우에만 국한되지 않고 우리 부모들 모두의 공통된 생각인지도 모른다. 그러나 불행하게도 부모들과 학생들이 선호하는 사무직 일자리는 앞으로 사라질 첫 번째 직업이다. LG경제연구원이 발표한 인공지능(AI)에 의한 일자리 위험 진단보고서에 의하면 우리나라 전체 일자리 43%가 AI로 대체될 가능성이 높은데 사무직, 판매직, 기계조직을 3대 고위험 직업군으로 들었으며, 이들 직업이 고위험군의 70%라고 했다. 서울산업진흥원에서 현장의 CEO 및 기업 임원 654명을 대상으로 미래 유망 직업을 조사한 결과 1위 의료 및 복지 헬스케어 관련직, 2위 IT/SW 관련직, 3위 AI 관련직, 4위 전문서비스직, 5위 빅데이터 관련직을 꼽아 현재의 직업과 미래의 유망 직업이 달라질 것은 확실하다. 그러면 향후 유망한 직업은 무엇일까? 대부분의 학자나 기업에서 분석한 직업은 지금까지는 생소한 직업으로 여겨지는 로봇 전문가, 생명 · 의료 정보 분석가, 닥터 셰프 등이 손꼽힌다. 이 외에도 AI, 가상현실(VR) 사물인터넷(IoT) 분야도 떠오르는 유망 직종이다. 한국직업능력개발원은 4차 산업사회에서 유망한 직업 10가지로 사물인터넷 전문가, 인공지능 전문가, 빅데이터 전문가, 가상현실 전문가, 3D프린팅 전문가, 드론 전문가, 생명공학자, 정보보호 전문가, 응용소프트웨어 전문가, 로봇공학자를 들고 있다. 또 2015년 BBC방송은 영국에서 로봇으로 대체될 가능성이 높은 직업으로 텔레마케터(99%), 컴퓨터 입력 요원(98.5%), 법률 비서(98%), 경리(97.6%) 등을 꼽으며 대체 확률이 100%에 육박한다고 하였다.

이와 같이 급변하는 사회 변화를 읽고 부모부터 변해야 하는데 우리의 경우는 좋은 대학에 가서 대기업에 취업하는 것을 최고로 여기고 사교육을 통해 해결하려고 하는 부모로 인하여 가계에서 지출하는 사교육비만 올라가는 현상을 초래하고 있다. 2019년 3월 12일

통계청과 교육부가 공통으로 조사한 2018년 사교육비 총액은 19조 5천억 원으로 2017년보다 4.4% 증가했으며 1인당 사교육비는 월 29만 1천 원으로 전년 대비 7.0% 증가하였다고 한다. 자연적인 증가와 더불어 학생들의 수는 줄어들고 있는데 총금액은 많아지는 것은 자녀에게 지출하는 사교육비가 7.0%보다 더 늘어났다는 증거이다.

현장에서 부모들과 사교육에 대해 간담회를 하면서 나눈 대화이다. 자녀를 이것저것 종합세트로 학원에 보내기보다는 아이의 특기와 적성을 살릴 수 있는 소수의 과목에 한하여 사교육을 시키거나 자기주도학습을 할 수 있도록 하는 것이 좋다고 했다. 그랬더니 학부모 한 사람이 자신은 자녀가 무엇을 잘하는지 모르기 때문에 잘하는 것을 찾아보기 위해 사교육 시장을 기웃거릴 수밖에 없다는 것이다. 그러나 요즈음은 사교육에 의존하지 않고도 자녀의 특성을 알아볼 수 있는 기관과 자료가 다양하다. 노력만 하면 얼마든지 자녀에게 도움을 줄 수 있는 자료와 방법을 찾을 수 있다. 참고로 고용부 워크넷(www.work.go.kr)에 들어가면 직업심리검사, 직업정보, 학과정보, 진로상담, 취업에 대한 지도나 다양한 정보를 얻을 수 있다.

몇 년 전만 해도 대부분의 아이들은 피아노 학원을 다녔다. 대부분의 아이들은 바이엘을 끝내고 체르니까지 쳐야 학원을 그만두었다. 일이 년 이상의 시간과 비용을 들였다. 자녀가 음악에 흥미와 특기를 가지고 있는 것과는 무관하게 피아노 학원을 보내고 이웃집 아이와 비교하여 몇 번을 치는가에만 관심을 두었으며 아이는 부모의 의사에 따라 학원을 다녔다. 그렇게 많은 시간과 비용을 투자한 교육이 자녀의 삶에 얼마나 도움이 되었을까? 이와 같이 낭비되는 사교육 대신에 아이의 적성과 흥미, 특기 등을 고려하여 잘하는 것을 할 수 있도록 한다면 얼마나 좋을까?

직장에서 성공하는 사람은 자신의 일을 열심히 하는 사람이다. 그러나 노력하는 사람은 일을 좋아하는 사람을 이길 수 없고, 일을 좋아하는 사람은 일을 즐기는 사람을 이길 수 없다고 한다. 아이도 자신이 즐길 수 있는 일을 할 수 있도록 해야 한다. 자신이 좋아하는 일을 하다 보면 10년, 20년 후의 변화에도 쉽게 적응하여 성공할 수 있을 것이다. 카네기(A. Carnegie)는 "자기 일에 미치지 않은 사람이 성공하는 것을 보지 못했다"고 했다. 발레리나 강수진, 피겨스케이트의 김연아, 리듬체조의 손연재, 축구의 손흥민, 수영의 박태환, 골프의 박세리 등 예체능계에서 두각을 나타낸 사람을 보자. 이들은 여러 가지 사교육을 받지 않았다. 부모가 자녀의 소질을 발견하고 그에 맞는 한 가지만 꾸준히 연습할 수 있도록 했기 때문에 성공한 것이다. 물론 자신이 좋아했기 때문에 가능한 일이기도 하다. 박세리가 LPGA 골프 대회에서 우승했다는 소식이 전해지자 우리나라 부모들은 자녀들에게 골프를 가르치겠다고 너도나도 골프채를 사다 보니 골프채가 품절되었다는 보도를 본 적이 있다. 누가 성공했다고 자녀의 능력은 무시하고 무조건 따르기보다는 자녀의 능력을 잘 관찰하여 어떻게 하는 것이 좋을까를 연구하고 부족한 것은 전문가의 도움을 받아 자녀의 진로에 도움을 주는 부모가 되면 자녀 · 부모가 동시에 행복한 삶을 꾸려 나갈 수 있을 것이다. 사교육보다는 많은 독서를 하도록 하자. 마더말러는 이야기했다. "우리는 우리가 읽는 것으로 만들어진다." 그가 지금 무슨 책을 읽고 있는지를 보면 그의 앞날을 알 수 있다. 3년 후 10년 후 어떤 사람이 될지는 어떤 책을 읽느냐가 중요하다는 것이다.

아직도 자녀가 사(士, 師) 자 직업을 갖기 원하십니까?

그동안 안방을 사로잡고 있다가 종영한 드라마로 'SKY캐슬'이 있다. 대부분 알겠지만 SKY는 S대, K대, Y대를 합하여 일컫는 말이다. 많은 사람의 관심을 차지한 드라마로 주인공이 부모의 강요에 의해 S대 의대를 입학하여 졸업하기까지의 과정을 표현한 것이 어쩌면 우리 자신의 모습을 보는 것 같았기에 사람들의 관심을 끌었다고 본다. 부모들이 선호하는 대학은 매년 치러지는 대학 시험을 통해서 볼 수 있다. 문과에서 우수한 사람은 S대 법대로, 이과에서 우수한 사람은 S대 의대로 진학하는 것이 우리 현실이다. 자녀의 특기, 흥미, 적성은 거의 무시되고 오직 부모는 결정하고 자녀는 따르는 것이 현실이다. 아직도 공부 잘하는 아이의 부모가 꿈꾸는 것은 판검사나 의사인 나라이다. 부모들은 오직 이 목표 도달을 위해 자녀들이 공부 기계가 되도록 사교육 시장에 보내고 다양한 방법으로 자녀들을 채근한다. 드라마에서 주인공은 네 살 이후에 한 번도 맘 편히 놀아본 적이 없다고 울먹인다. 세상은 변하는데 아직도 우리 부모들은 자신의 꿈이 자녀의 꿈인 것으로 착각하고, 그 꿈을 이루려는 목적으로 자녀들을 사교육시장으로 내몬다. 이렇게 채근하는 과정에서 부모와 자녀 간에 갈등을 야기하여 돌아올 수 없는 지경에 빠지기도 한다. 그러나 미래를 살아갈 주인공은 부모가 아니라 자녀이다. 그렇다면 부모는 자녀가 스스로 진로를 결정하도록 도와주는 사람이어야 한다. 세상에는 부모들이 원하는 직업보다 자녀들의 꿈을 키우고 행복한 삶을 줄 수 있는 직업이 더 많다. 특히 10년 후, 아니 현재도 부모들이 생각하는 사 자가 붙은 직업보다 나은 다양한 직업이 생기고 있다. 이렇게 사회가 변하는데도 자녀가 사 자 붙은 직업을 갖도록 고집하겠는가?

떠오르는 직업에는 이유가 있다

부모는 자녀를 누구보다 뛰어난 사람으로 키우기를 원한다. 그 일을 위해 가장 먼저 시도하는 것이 공부를 잘하는 아이로 만드는 것이다. 좋은 대학을 들어가서 졸업 후 좋은 직장에 취직하면 자녀의 삶이 행복할 것이라고 믿기 때문이다. 이러한 생각 때문에 자녀가 공부하는 최고의 목적을 좋은 대학에 입학하는 것으로 삼는다. 수능시험에서 우수한 성적을 거두어 S대학에 입학하면 부모의 도리를 다한 것으로 알고 이를 위해 자녀들을 사교육 시장으로 내보내고 있다. 사회적 분위기가 그렇게 만드는 것도 원인이다. 물론 소수의 자녀들은 사교육 없이 공교육의 힘만으로 자신이 원하는 대학에 진학하기도 한다. 그러나 대부분 그렇지 않기 때문에 우리나라는 사교육 공화국이라고 불린다.

왜 부모들은 우수한 성적을 받은 자녀를 법대와 의대에 보내려고 고집할까? 아직도 사 자가 붙은 직업군이 자신의 소질이나 특기보다는 권력과 부를 얻을 수 있는 직업이기 때문이다. 그래서 문과에서 우수한 아이는 판검사, 이과에서 우수한 아이는 의사가 되는 것이 꿈인 나라이다. 얼마 전까지만 해도 사법고시에 합격하면 권력과 직장이 보장되었기 때문에 가난한 사람들이 가장 확실하게 신분상승과 부를 얻을 수 있는 길이었다. 그래서 공부를 조금 한다 하는 사람이라면 법대에 들어가 사법고시 합격에 인생을 걸고 합격할 때까지 공부에만 매진하며 젊음을 다 보내는 경우도 있었다. 아직도 사 자 직업을 많은 사람들이 선호하고 있기는 하나 조금씩 변화가 나타나고 있으며, 앞으로 몇 년 후에는 전혀 다른 직업이 우리 사회를 지배할 것으로 본다.

의사들도 편한 진료과목을 선호하고 사법고시는 없어졌다. 요즈음은 변호사가 계약직 공무원으로 들어가기도 하고 의사가 창업보다는 큰 병원에 고용되어 근무하는 경우도 많아지고 있다. AI나 로봇, 그리고 빅데이터를 쉽게 활용할 수 있는 사회가 오면 더 많은 변화가 있을 것이다. 따라서 미래를 살아갈 자녀들이 직업을 선택하는 과정에서 주의해야 할 것은 사회의 변화를 감안하여 최소 몇 년이라도 앞을 내다볼 수 있는 안목을 가져야 한다는 것이다. 지금까지는 그래도 배운 내용을 잘 암기하고 기억하여 시험을 잘 보면 좋은 대학을 가고 좋은 곳에 취직할 수 있었다. 그러나 4차 산업혁명이 주도하는 사회에서는 단순한 지식의 암기와 기억력으로 일하는 직업은 거의 사라질 것으로 예상되기 때문에 이에 대비한 교육이 필요하다. 즉, 지금까지는 사람의 힘에 의존하던 일도 로봇이나 AI에 의해 대체될 가능성이 많기 때문에 공부하는 방법이나 과정도 지금과는 달라져야 한다.

그러면 앞으로 떠오르는 직업은 어떤 것이 있을까? 첫째, 로봇이나 AI와 같은 것으로 대체가 불가능한 직업이어야 한다. 로봇이 인간의 일을 대신하게 되면 그만큼 일자리가 줄어들게 되기 때문에 다른 일자리를 찾아야 하고 그렇지 못하면 일자리를 잃게 되기 때문이다. 둘째, 로봇과 AI를 이용하여 할 수 있는 작업이다. 로봇이나 AI를 이용하면 인건비도 절약하고 반복되는 작업은 성실하게 수행할 수 있기 때문이다. 따라서 로봇 관련 직업이나 AI를 이용할 수 있는 능력의 소유자가 인정받는 사회로 갈 것이다.

셋째, 한 가지 전문적인 지식을 가지고는 미래사회를 살아갈 수 없다. 문과 · 이과로 구분하여 한 분야만 잘해서는 미래사회를 살아가는 데 어려움이 예상된다. 스티브 잡스가 강의를 할 때 그 앞에 기술학과 인문학을 나타내는 안내판이 돌고 있었는데, 이는 문과와 이과의 만남을 통한 창의적인 사고가 필요함을 간접적으로 나타냈다고 볼 수 있다. 한 가지 물건이 만들어지기 위해서는 여러 가지 분야가 합쳐져야 하듯이, 앞으로의 직업은 융합에서 시작하여 융합으로 끝날 것이다.

인공지능(AI)과 새로운 발명품에 밀려 사라지는 직업들

AI는 Artificial Intelligence의 약자이다. 사전적인 의미는 인간이 가지는 학습, 추론, 적응, 논증 따위의 기능을 갖춘 컴퓨터 시스템으로 인간의 뇌와 비슷한 과정을 거쳐 컴퓨터가 인간의 두뇌가 하는 일을 할 수 있도록 하는 것이다(표준국어대사전). 즉, 기계가 지능을 갖춘 인간과 같이 행동하도록 한다는 것이다. 우리나라에서 인공지능에 관심을 갖게 된 것은 이세돌과 알파고(구글 딥마인드가 개발한 인공지능 프로그램)의 바둑대결이 계기가 되었다. 앞으로 인공지능은 인간의 삶을 변화시키는 데 큰 역할을 할 것이고 인간을 과거보다는 한 단계 진화된 세상에서 살 수 있도록 할 것이다. 현재는 걸음마 단계여서 일반인들이 자연스럽게 상용하는 단계에 이르지는 못하고 전문가들에 의해 여러 가지를 조합하는 수준이다. 하지만 일부 분야에서는 인간이 하는 일을 대체하게 되어 인간의 직업을 위협하는 수준에 이르게 되었다. 앞으로 AI나 로봇이 인간과 같이 창의력과 상상력을 발휘한다면 매우 무서운 사회 변화와 함께 지금보다 더 다양한 사회가 전개됨은 물론 일자리를 많이 빼앗겨 질에 관계없이 일자리를 가진 사람이 부러움을 받는 사회가 될 것이다.

그러면 인공지능과 로봇의 가장 큰 차이점은 무엇일까? 인공지능은 미리 정해진 규칙과 조건을 바탕으로 스스로 생각하고 결정하여, 행동에 의해 발생한 결과를 더 나은 방향으로 수정해 나갈 수 있다. 반면 로봇은 주어진 작업을 확실하게 해내는 것을 가장 큰 목적으로 하고 있으며, 스스로 생각하고 결정하는 것은 없다. 그러나 관리자에게 의외의 행동을 일으키는 경우는 적기 때문에, 인공지능보다 컨트롤하기 쉬운 존재라고 할 수 있다.

그러면 인공지능으로 인해 사라질 직업은 어떤 것이 있을까? 가장 먼저 사라질 직업으로 떠오르는 것은 단순 노동과 관련된 직업이다. 로봇의 힘으로 대체할 수 있는 것이 대부분이지만 건축공사장의 인부, 공장근로자, 버스운전사, 경비원, 교통감시요원 등이 대상이다. 물론 이러한 직업이 전부 사라진다는 것은 아니고 대부분 대체될 것이다. 이 외에도 앱을 깔기만 하면 출입이 자동적으로 체크되고 계산이 되기 때문에 편의점 알바도 사라질 것으로 보고 있다. 요즈음 최저 임금 인상의 여파로 인하여 이러한 시스템을 설치하는 편의점이 생겼다는 보도가 나오고 있으며, 다른 나라에서는 실제로 무인 편의점이 운영되고 있다. 이런 추세라면 앞으로 이 무인 판매대는 더 많이 등장할 것이다. 요즈음 각광을 받고 있는 네일 아티스트도 사라질 직업으로 대두되고 있다. 그러나 사람이 디자인을 고르면 3D가 해결하지만 섬세한 작업은 사람이 해야 하기 때문에 고도의 기술을 소유한 사람은 자리를 유지할 수 있다. 은행원은 인터넷으로 모든 것을 해결할 수 있기 때문에 사라질 직업이고, 스포츠 심판도 로봇이 대체할 수 있기 때문에 사라질 직업으로 꼽히고 있다. 2020년 도쿄 올림픽에서는 로봇이 심판을 대신한다고 한다. 약사도 처방전만 있으면 조제는 로봇이 할 수 있기 때문에 사라질 직업으로 보이고 기자도 로봇이 기사를 작성할 수 있는 세상이 오기 때문에 사라질 직업에 속한다. 현재 독자가 6억 명인 진르터우타오라는 신문은 다른 신문과는 달리 기자, 편집자, 사설이 없는 3무 신문이라고 한다. 요리사도 없어질 직업에 속하는데 유명한 셰프가 요리하는 과정을 인공지능 로봇에게 입력하면 되기 때문이다. 그러나 그중에서도 창의력을 발휘할 수 있는 유명한 셰프는 사라지지 않고 존속할 것이다. 이 외에도 모델이나 통역사 등도 사라질 직업에 속한다. 물론 앞에서 예시한 직업에 종사하는 사람이 다 없어지는 것은 아니고 같은 업종이라도 인간의 대면을 통해서만 이루어지는 업종은 종속할 직업에 속한다.

삶의 주인공은 자녀이다

우리나라는 교육의 최종 목표가 대학 입시에 맞추어져 있고, 모든 학생의 꿈이 100점을 맞아 1등이 되는 것을 목표로 하는 나라이다. 교육의 본질을 추구하기보다는 대학 진학에 초점을 맞추다 보니 고등학교까지는 학업에 열중하고, 실제 공부를 해야 하는 대학에 진학해서야 그동안 해보지 못한 일을 하다가 졸업을 앞둔 시점에 임박하여 진로를 찾기 위해 갈팡질팡한다. 이로 인해 4년이면 마쳐야 하는 대학을 5~6년을 다니다가 졸업하는 학생이 늘어나는 추세라고 한다. 자신의 흥미, 적성, 특기, 지능 등을 고려하여 자신의 진로를 설정하고 대학을 선택하여야 하는데 대학을 입학하고 난 후에 진로를 결정하다 보니 나타나는 현상이다. 독일의 경우는 초등학교 4학년이 되면 직업교육을 받을까 대학을 갈까 진로를 결정한다는데 우리는 대학을 진학한 후에야 무엇을 할까 갈팡질팡하고 있으니 자신이 하고자 하는 직업에 대한 준비도 안 되어 있을 뿐만 아니라 교육비만 증가시키는 원인도 되고 있다. 특히 우리나라는 자녀의 진로에 대하여 부모가 많은 부분의 결정권을 행사하다 보니 대학에 진학한 후에도 부모와 자녀 간에 갈등을 겪는 경우가 많다. 이때 부모가 하는 이야기는 한결같이 모두 너를 위한 것이었다고 항변한다. SKY캐슬 드라마에서 의과대학 지도교수가 제자에게 "너 뭐 하러 의과대학에 왔어?"라고 하니까 학생 왈 "어머니가 가라고 해서 왔다"고 대답하는 것을 보았다. 자신보다 부모가 원하는 직업을 선택하기 위하여 대학에 진학한 학생이 공부에 신이 나겠는가? 따라서 부모는 자녀의 대학이나 직업 선택에 결정권자가 아닌 후원자가 되어야 한다. 부모는 자녀가 진로를 잘 결정하여 자기가 좋아하는 일을 할 수 있도록 후원해 주어야 한다. 학과공부나 예체능 분야에서 두각을 나타낸 사람들을 보면 대부분 부모는 후원자였다. 후원을 잘하기 위해서는 경제적인 뒷받침도 필요하지만 이와 관련된 공부도 해야 한다. 자신에게 필요한 공부는 등한시한 채 자녀의 삶을 위한다는 명목으로 자녀의 직업을 미리 정해두고, 이에 맞추어 사교육 시장에 내몰다 보면 자녀 · 부모 모두 고통을 받게 된다. 자녀가 살아갈 4차 산업혁명 사회는 부모가 살았던 사회와는 다른 사회이고, 또 현재와는 다른 사회로 변할 것이기 때문에 이러한 사회적인 변화에 맞추어 꿈을 키워나갈 수 있도록 해야 한다.

목적과 동기가 분명하면 공부의 질이 달라진다

진로지도의 목표는 자신이 잘하는 것을 할 수 있도록 도와주는 것인데 우리의 경우는 일률적으로 좋은 대학 진학에 맞추어져 있다. 자녀가 무엇을 잘할 수 있는지, 흥미, 적성, 지능 같은 것은 중요하게 생각하지 않고 공부는 1등 해야 하고 좋은 대학에 진학하는 데 맞춘 진로교육이다. 이로 인해 자녀는 자신의 흥미, 적성, 특기, 열정보다는 부모의 말에 순종하는 공부 기계가 되어야 한다. 자신이 스스로 꿈을 세우고 즐겁게 일이나 공부를 해야 하는데 부모의 강요에 의하여 자유시간 없이 사교육 시장으로 내몰리다 보니 대학에 입학하자마자 책은 멀리 등지고 놀이에 몰두하거나 아르바이트를 하며 지내다 졸업이 가까워져서야 무엇을 할 것인지 고민한다. 우선은 좋은 대학을 진학하고 보자는 생각이 앞서 자신의 진로에 대하여 고민하지 않았고 그 후는 어떻게 되겠지 하고 미루다 보니 자신도 모르는 사이에 대학교 5학년, 6학년생이 되는 경우가 생기게 되는 것이다.

자신의 진로에 대해 확고한 목표를 가지고 자신이 원하는 대학과 학과를 선택했다면 대학생활을 즐기면서도 자신의 꿈을 이루어 가기 쉬울 것이다. 자신의 꿈을 어떻게 실현할 것인가를 스스로 계획하여 실천하는 것이 필요하다. 그러나 자녀의 진로결정에 부모의 영향력이 커 많은 학생들은 부모의 뜻에 따라 대학과 학과를 결정하여 진학한다. 부모가 자녀의 진로에 대해 영향력을 행사하기 위해서는 앞으로 변하게 될 사회에 대하여 알아야 한다. 자녀가 직업을 선택하거나 성인이 되었을 때 어떠한 직업이 생기고 사라질 것인가에 대한 안목이 있어야 한다. 그리고 그 일에 종사하기 위해서는 어떠한 역량을 갖추어야 하는지, 자녀가 그 일에 흥미와 적성 등이 맞는지 등을 고려하여 스스로 진로를 결정하는 데 도움을 주어야 한다.

세계에서 자녀 교육에 최고의 관심을 보이는 선진국 부모들에 비해 한국 부모들은 자녀의 장래에 관심은 더 많으나 진로에 대한 안목이 부족한 상태에서 자녀를 자신이 원하는 직업에 맞추려다 보니 다른 아이와 비교하고 오직 공부에만 매달리도록 한다. 이로 인해 자녀들은 경제적으로 부모에게 의존하는 기간이 길어지고 독립 시기가 늦어지고 있다. 특히 요즈음은 자녀를 적게 낳으면서 자녀에 대한 관심과 영향력은 더 커져 자녀 교육에 자신의 모든 것을 투자해 노후가 어려워지는 원인이 되고 있다. 진로교육의 가장 쉬운 방법은 다른 집 아이와 비교하면서 사교육에 내몰기보다는 자녀가 잘할 수 있는 것을 찾아 지원하는 것이다.

사교육에 대하여 이야기가 나오면 부모들은 자녀가 잘하는 것을 모르고 무엇을 시켜야 할지 모르기 때문에 공부에 매달리게 한다고 한다. 모르면 알고 나서 지도해야 하지 않을까? 구름이 잔뜩 낀 하늘에도 태양이 사라진 것은 아니고 구름이 사라지면 태양의 밝은 빛이 비치듯이, 자녀가 잘하는 것이 없어 보여도 자세히 관찰하면 다른 아이에게 없는 재능을 발견할 수 있다. 자녀의 재능을 발견하지 못하는 가장 큰 원인은 공부를 못하면 모든 것을 못할 것이라는 선입견에 사로잡혀 있기 때문이다. 그러나 창조주는 누구에게나 잘할 수 있는 것을 한 가지 이상 주었다고 한다. 재능이 없는 사람은 한 사람도 없다. 누구나가 잘할 수 있는 것이 있는데 그것을 발견하지 못할 뿐이다. 자녀와 소통하며 관찰하다 보면 잘하고 즐거워하는 것을 발견할 수 있으며 그것을 잘할 수 있도록 해주는 것이 부모의 역할이지 무조건 학원으로 보내는 것이 능사는 아니다. 사람들은 어른이나 아이 할 것 없이 자기가 잘할 수 있는 것을 할 때 신이 나고 더욱 열심히 한다.

아이들은 다듬어지지 않은 원석이다. 원석은 어떻게 다듬느냐에 따라 집의 기둥이나 주춧돌이 되기도 하고 아름다운 조각상이 되기도 한다. 이와 같이 부모가 자녀에 대해 자세히 알고, 잘할 수 있는 일을 지원해 줄 때 좋은 결과가 나타난다. 평범한 사람은 열심히 하는 사람을 이길 수 없고, 열심히 하는 사람은 즐기는 사람을 이길 수 없다고 한다. 따라서 자녀가 행복한 삶을 살기를 바라는 부모라면 자녀가 잘할 수 있는 일을 찾기 위해 같이 노력하고 적극 지원하여야 한다. 자녀의 진로에 커다란 영향력을 행사하는 부모에게 우리나라 대학에 몇 개의 학과가 있는지를 물어보면 대답하는 학과가 몇 안 된다. 먼저 자신의 한계를 인정하고 자신의 경험을 바탕으로 자녀의 진로를 결정하기보다는 현재 대학이 나아가는 방향과 학과가 융합하거나 세분화되어 가고 있는 상황을 면밀하게 검토한 후 진로지도나 대학과 학과를 선택하도록 해야 한다.

왜 진로교육이어야 하는가?

한국 학생들은 IQ, 학업성취도, 대학진학률 그리고 사교육비와 공부시간 등은 OECD 국가 중 최고를 달리고 있는 반면, 학습에 대한 흥미도와 주관적 행복지수는 꼴찌를 달리고 있다.

미국 하버드대학교에서 한국 학생들이 대학을 끝까지 마치지 못하고 중도 탈락하는 경우가 많아 그 이유를 찾아보기 위하여 대학 진학 이유를 물어 분석해 보니, 한국 학생은 꿈과 장기적인 목표를 가지고 대학을 입학한 것이 아니라 대학교 자체가 목표였기 때문이었다고 한다. 공부가 목표가 아니고 대학의 간판을 보고 입학했으니 공부가 재미있을 리가 없다는 것은 자명한 이치이다. 한 일간지가 대학생들에게 전공하는 학과에 만족하는지를 물었더니 87%가 전공을 바꾸고 싶다고 했으며, 사회 초년생들을 대상으로 전공 학과와 직업의 일치도를 조사해 보니 불일치도가 78%나 되었다고 한다. 또 한국고용정보원의 「2013 진로교육 실태조사보고서」에 의하면 대학생 61.5%가 자신의 진로를 정하지 못하고 대학 생활을 하는 것으로 나타났다. 대학을 졸업하고도 취직을 못하여 실업자로 남거나 뒤늦게 진로를 변경하느라 귀중한 시간을 낭비하고 이중삼중으로 경비를 지불하는 원인이 되고 있다. 선진국은 대학을 입학하기 전에 사회로 진출할 것인가 아니면 대학에 진학할 것인가를 일찍 결정하여 그에 합당한 교육을 받는데, 우리의 경우는 많은 학생들이 자신의 꿈이 무엇인지 어떤 끼를 가지고 있는지조차 모르고 대학에 진학하는 경우가 많다. 이러한 고민 없이 시험점수에 맞추어 대학과 학과를 선택하다 보니 학과 선택부터 갈팡질팡하고 대학 졸업을 앞두고서야 자신의 진로를 고민하게 된다.

진로교육은 학생의 진로를 창의적으로 개발하고 지속적으로 발전시켜 성숙한 민주시민으로서 행복한 삶을 살아갈 수 있는 역량을 기르는 것이다. 개인의 성공과 실패를 가르는 것으로 그치는 것이 아니라 진로를 잘못 선택하면 개인은 물론 국가 · 사회적으로 많은 사회적 손실을 유발하게 되어 사회 불안 요소로 작용할 수도 있어 매우 중요하다.

매릴랜드(S. Marland)는 진로교육에 대해 첫째, 어느 교과나 교양 교육보다 직업교육이 더 강조되어야 하고, 둘째, 고등학교는 학생 스스로 진학 또는 취업을 할 수 있도록 해야 하며, 셋째, 다양한 전달체제를 통한 교육을 실시해야 하고, 넷째, 개인에게 자신의 진로를 선택할 수 있는 기회를 주어야 한다고 하였는데, 특히 그는 진로교육을 통해 본인과 조직 공동체의 일을 스스로 정하고 실천에 옮기는 주체적인 인간으로 육성하여야 한다고 하였다.

우리나라는 1993년부터 국가발전에 필요한 인력을 균형 있게 양성 · 공급하고 본인이 잘할 수 있는 일을 하도록 초 · 중 · 고등학교 학생들을 대상으로 진로교육을 실시하고 있다. 2015년에는 학생들에게 다양한 진로교육 기회를 제공하여 미래사회 직업 세계에 능동적으로 대처하고, 학생의 소질과 적성을 최대한 실현하여 행복한 삶과 경제 사회 발전에 기여함을 목적으로 하는 진로교육법을 제정하여 진로교육에 박차를 가하고 있다. 진로교육법에서는 국가 및 지방자치단체 등이 학생들을 대상으로 직업세계를 이해시키고 자신의 진로를 탐색 · 설계할 수 있도록 진로수업, 진로심리검사, 진로상담, 진로정보 제공, 진로체험, 취업지원 등을 제공하도록 하고 있다.

이러한 관점에서 왜 진로교육이 중요하고 필요한가를 개인, 부모, 국가 · 사회 측면에서 살펴보면 다음과 같다.

★ 개인적 측면에서

① 일과 직업세계에 관련된 상황에 대하여 자기 스스로 판단할 수 있는 능력이 필요하다.
② 사회 변화에 따라 달라지는 다양한 일과 직업의 종류에 대한 학생들의 이해가 필요하다.
③ 일과 직업에 대한 올바른 가치관과 태도, 그리고 직업윤리에 대한 교육이 필요하다.
④ 학력이나 부모의 요구보다 개인의 요구에 맞추어 일과 직업을 선택할 수 있다.
⑤ 자신이 하고 있는 일에 긍지를 느끼고 행복한 삶을 살 수 있도록 하는 데 도움이 된다.

★ 부모 측면에서

① 자녀가 선택한 직업을 통해 평생 행복한 삶을 영위할 수 있는 방법을 가르쳐 주기 위해서이다.
② 자녀의 심리적 특성, 흥미, 능력 등에 대해 보편적이고 정확한 이해를 가지고 진로지도를 하기 위해서이다.
③ 급변하는 사회에서 일과 직업에 대한 바른 이해와 가치관 정립을 위해서이다.
④ 자녀와 부모의 긍정적인 관계 형성을 위해서이다.

★ 국가 · 사회적 측면에서

① 국가 · 사회 발전에 필요한 인력을 균형 있게 육성할 수 있다.
② 입시 위주의 주입식 교육 문제 해결을 위한 단서를 제공받을 수 있다.
③ 직업의 귀천에 대한 의식을 제거하고 자신이 하고 싶은 일을 할 수 있도록 하며 적재적소에 알맞은 인재를 양성함으로써 국가 · 사회적 요구에 이바지할 수 있다.
④ 가치관 및 직업윤리 교육으로 원만한 직장생활과 성공적인 자아상을 정립하여 인생을 즐기며 국가 · 사회에 이바지할 수 있다.

진로교육이란 무엇인가

1960년대 미국 사회에서 학교 중퇴자나 졸업자의 사회적응에 필요한 소양 부족을 해소하기 위하여 실시된 것이 진로교육의 시초이다. '진로교육'이라는 말을 처음 사용한 사람은 제임스 앨렌(James Allen)이고, 확산시킨 사람은 시드니 매릴랜드(Sidney Marland)이다. 매릴랜드는 "모든 교육은 진로교육이어야 한다"고 하면서 이 단어를 사용하기 시작하였다.

베일리와 슈타트(Bailey & Stadt)는 진로교육을 "개인이 만족스럽고 생산적인 삶을 누릴 수 있도록 진로에 대해 목표를 세우고 선택하며, 준비하고 선택한 진로에 제공되는 일체의 경험"이라고 했다. 한국진로학회는 “생산적 · 사회적 구성원으로서 삶을 영위할 수 있도록 성장을 돕는 교육과정”이라고 했다. 호이트(Hoyt)는 “일 지향적인 사회 가치에 친숙하게 하여 이 가치들을 자신의 인성적인 가치체계 속에서 통합하여 일을 통해 보람과 만족을 느끼는 삶을 살도록 조력하는 공교육”이라고 하였다. 백과사전에서는 “학생 개개인이 인생 활동의 한 방향으로서 직업 및 그를 위한 준비로서의 적절한 교육기관을 선택하고 그것을 통해 사회적 자기실현을 수행해 나갈 수 있도록 원조하고 지도하는 일”이라고 했다(두산백과). 위의 내용을 종합해 보면 진로교육은 자신의 흥미와 적성, 능력에 따라 평생 직업에 종사할 수 있는 직업을 합리적으로 선택 · 결정할 수 있는 능력을 길러줌은 물론 한 개인의 행복한 삶을 지원하고 준비하는 모든 것을 포함하는 종합적인 교육활동이라 할 수 있다.

한국직업능력개발원에서 제시한 진로교육의 특징은 다음과 같다. 첫째, 일에 관심을 둔 교육이다. 둘째, 스스로에게 적합한 직업가치를 선택하도록 돕는 교육활동이다. 셋째, 개인이 선호하는 직업의 가치를 실현할 수 있도록 돕는 활동이다. 넷째, 평생 동안 지속적으로 실시되는 교육활동이다.

이제는 진로교육을 좋은 대학을 들어가서 좋은 직장에 취업하는 것이라는 생각에서 벗어나 한 인간의 행복한 삶이라는 의미에서 더욱 중요하게 생각해야 한다. 한번 직장에 취업하면 그곳에서 평생을 근무하는 평생직장의 세대를 살아온 부모세대에게는 맞지 않는 말일지 모른다. 하지만 사회의 급격한 변화로 직업의 변화가 심하고 평생직장의 의미가 사라지는 현실에서 보면 진로교육은 미래의 변화에 대비한 교육이어야 한다. 즉, 진로교육은 새로운 세상에서 인재에게 요구하는 역량을 갖추어 원하는 직업을 찾아 개인의 행복한 삶을 추구하는 것에 초점을 맞추어야 한다. 교육적인 측면에서 보면 현재까지의 교육이 객관식 시험에서 답을 잘 찾아내 높은 점수를 얻을 수 있도록 하는 교육이었다면, 이제는 융합교육, 삶과 학습의 통합을 통한 교육, 협력학습, 놀이를 통한 게임기반 학습이 이루어질 수 있도록 교수법과 교사의 역할도 변화시켜야 한다.

진로교육의 가장 좋은 방법은 스스로 생각하여 찾고 실패와 성공을 겪어보도록 하는 것이다. 이런 관점에서 보면 맹자 어머니의 자녀 교육 방법이 진로교육의 의미를 쉽게 설명하는 사례가 될 수도 있다고 본다. 그러나 우리 부모들의 교육에 대한 관심은 세계 어느 부모보다 높고 자녀를 진심으로 사랑하여 교육에 모든 것을 투자하지만 진로교육 의미에 견주어 보면 다음과 같은 문제점이 있다. 첫째, 부모가 자녀의 진로를 결정하여 자녀에게 강요하며 가계 소득의 많은 부분을 사교육비로 투자한다. 사교육비에 많은 비용을 투자할수록 노후 생활에 어려움을 초래한다.

둘째, 대학이나 직업 선택에 도움을 줄 수 있는 지도역량이 부족하다. 즉, 부모의 눈높이에서 생각하는 직업에 대해서 확신하고 있으나, 직업에 대한 탐색능력과 급변하는 환경에 대해 예측하는 능력이 부족하고 이런 활동을 도와줄 수 있는 정보와 자료도 부족하다.

셋째, 가장 큰 문제점은 한풀이 교육이다. 자신이 배우지 못했거나, 자신이 해보고 싶었지만 여러 가지 이유로 하지 못한 일을 자녀를 통해 이루어 보고 싶은 대리 만족의 욕심이 앞서 자녀의 능력을 과대평가하여 넘치는 요구를 한다. 자녀의 능력과 특기는 고려 대상에서 사라지고 부모가 결정하여 자녀에게 따르도록 하는 진로교육이다.

넷째, 미래사회를 살아갈 자녀를 지도할 수 있는 진로지도에 한계점이 노출되고 있다. 이런 이유로 인해 자녀의 가치관은 무시되며 자녀의 생애 설계도 없이 부모가 진로를 결정하고 자녀들에게 따르기를 강요하고 있는 것이다.

다섯째, 자녀의 특기나 적성, 흥미 등은 무시되며 돈을 잘 벌 수 있고 안정된 직업 또는 그러한 직장을 가도록 강요하는 데서 갈등이 야기되고 있다.

여섯째, 진로교육의 시작점이 될 수 있는 밥상머리교육이 사라지고 있다. 그동안 부모와 자녀 간의 대화를 가장 쉽게 연결해 주는 방법이 밥상머리교육이었는데, 요즈음은 서로가 바쁘다는 이유로 이러한 교육기회마저 줄어들고 있다. 특히 스마트폰의 영향으로 자신이 부모보다 더 많은 정보를 가지고 있다고 생각하는 자녀는 자신의 의견을 강하게 주장하는 경우가 많아져 마찰이 많아짐으로 가정마다 어려움을 겪고 있다. 이러한 불행을 막을 수 있는 가장 좋은 방법은 자녀가 부모를 신뢰할 수 있도록 충분한 역량을 갖추는 것이다. 즉, 자녀의 부족함을 채워줄 수 있는 필요한 정보는 무엇이며, 그것이 왜 필요하고, 어떻게 수집하는 것이 좋은지를 배우고 실천하는 노력이 있어야 한다.

진로교육! 어떻게 진로설계를 할까?

부모는 일단 자녀가 좋은 대학에 입학하여 좋은 직장에 취업하면 행복한 삶이 보장될 것이라고 믿는다. 부모의 입장에서 보면 합당한 생각인 것 같기도 하다. 그러나 자녀 중에는 이런 삶에 만족하지 못하고 입사와 퇴사를 반복하며 방황하는 경우가 발생하고 있다. 요즈음 자녀들은 부모세대보다 개성이 강하여 부모로서 자녀 지도에 한계를 느낄 때가 많다. 자신이 잘못된 것이 모두 부모 때문이라는 원망을 듣기도 한다. 다음 두 가지 경우를 비교해 보며 어느 것이 옳은지 생각해 보자.

하나는 자신의 선택보다는 부모의 의견에 따라 의과대학에 진학한 자녀가 적성에 맞지 않아 의과대학을 포기하고 식당 일을 하겠다고 하자 부모는 그를 자식으로 인정하지 않고 남과 같이 살다가 자녀가 그 일로 성공하자 그제야 자신의 생각이 부족했음을 인정하고 화목을 찾은 사례이다. 다른 하나는 영화감독 스필버그의 예로, 그는 부모의 적극적인 도움으로 방황하지 않고 자신이 좋아하는 일을 했으며 그 분야의 큰 인물로 성장하였다.

두 사례 모두 나름대로 성공했다. 그러나 앞의 사례는 부모와 자녀 간의 갈등도 겪었고 시간과 비용을 많이 소모한 후에 얻어진 결과이며, 뒤의 사례는 어려움 없이 자신이 하고 싶은 일을 하여 성공한 것이 대비가 된다. 이것이 곧 진로설계가 대단히 중요하다는 증거이고 진로설계를 잘 하면 시간, 경비, 갈등을 줄일 수 있음을 알 수 있게 해준다.

그러면 진로설계는 어떻게 하는 것이 좋을까?

첫째, 어려서부터 단계적으로 일과 직업세계에 대한 교육을 강화해야 한다. 초등학교에서는 진로인식, 중학교는 초등학교 과정을 발판으로 진로탐색, 고등학교는 진로를 준비하는 과정을 마련하고, 대학교와 졸업 이후에는 진로 전문화단계 과정을 마련하여 교육이 계열성 있게 이루어지도록 해야 한다. 이를 위해 자녀에게 진로에 관한 다양한 정보와 자료를 제공하고 맞춤형 교육이 이루어질 수 있도록 해야 한다.

둘째, 부모의 직업을 통해 일과 직업세계에 대한 이해 그리고 직업의 중요성을 알 수 있도록 해야 한다. 자녀가 직업세계를 가장 가까이서 볼 수 있는 것이 부모의 직업이기 때문이다. 자녀가 부모가 하고 있는 일을 보면서 직업의 가치를 배우는 동시에 이를 계승 발전시킬 수 있도록 해야 한다. 이런 활동이 가정에서 자연스럽게 이루어지도록 하기 위해서는 부모를 대상으로 한 진로교육 과정을 개발·운영하고, 다양한 온오프라인 매체를 통한 진로교육이 이루어져야 해야 한다.

셋째, 언제, 어디서, 누구나 손쉽게 배우고 실제로 해볼 수 있도록 해야 한다. 요즈음 거의 모든 학생들이 소유하고 있어 비용이 들지 않으면서도 파급효과가 큰 스마트폰을 이용하는 방법이다. 스마트폰을 이용해 직업 소개하기, 기업에서 요구하는 인재상 등을 SNS에 올려 소통하기, 인터넷을 이용하여 학교에서 배우기 어려운 공부 스스로 하기, OR코드[직업흥미 유형별 직업 동영상 자료, 간이 검사지, 커리어넷(career net)과 연동한 다양한 직업에 대한 자료를 제작] 등을 활용하도록 한다.

넷째, 직업의 종류와 비전에 대해 알아볼 수 있어야 한다. 4차 산업혁명 사회로의 진입으로 새로운 직업이 생겨나고 오랫동안 각광을 받던 직업 중 일부는 사라질 것이다. 지금까지 사회의 변화가 그렇게 진행되어 왔듯이 말이다. 따라서 자신의 관심 분야가 미래의 삶에 어떠한 영향을 줄지 알기 위해서는 자신이 꿈꾸는 직업에 종사하는 사람과 함께 생활하면서 체험하거나 그 분야에 성공한 사람의 자서전이나 그들의 작품을 통해 탐구해야 한다.

다섯째, 앞으로 나는 무엇을 하고 살 것인지 생각해 볼 수 있도록 기회를 제공해야 한다. 미래에 유망한 직업은 뭘까? 그중에서도 내가 잘할 수 있는 직업은 무엇일까를 조사하고 진로교육 담당자나 자료를 통해 방법을 찾아야 한다.

여섯째, 진로교육 대상과 체험교육을 확대해야 한다.

진로교육은 취업자만을 앞둔 젊은이만을 대상으로 하는 것이 아니라 초등학교에서부터 모든 사람을 대상으로 이루어져야 한다. 시대가 변함에 따라 평생직장의 의미는 사라지고 평생 직업이 대두되는 점을 감안하여 개개인의 맞춤형 진로교육이 이루어져야 한다.

일곱째, 자신의 경력을 계발하고 관리하는 교육을 실시해야 한다. 미래의 직업세계는 환경 변화에 유연하게 대처할 수 있는 카멜레온형 인재가 필요하다. 즉, 자신의 경력을 체계적으로 계획하고 관리할 수 있는 교육이 필요하다. 특히 인간 수명의 연장으로 나타날 경제활동 기회를 유지하기 위해서는 다양한 경력 계발 기회를 최대한 활용해야 한다.

여덟째, 일찍부터 창업교육이 병행되어야 한다. 어려서부터 직업교육이 이루어져야 그에 대한 역량이 길러지고 자신이 잘할 수 있는 새로운 일과 관련된 창업을 함은 물론 국가 · 사회에 이바지할 수 있는 사람이 될 수 있다. 세계적으로 유명한 창업자 중 커뮤니티를 세계적인 SNS로 발전시킨 마크 저커버그, 컴퓨터 MS의 빌게이츠, 아이폰, 아이패드, 맥북 등 혁신을 일으킨 애플의 스티브 잡스, 부모로부터 선물 받은 작은 카메라를 통해서 영화인으로 성장한 스티브 스필버그 등은 자신의 창조적인 생각을 바탕으로 창업에 성공한 예이다.

진로교육의 중요성을 인식한 교육부에서는 진로교육이 초등학교에서부터 대학교까지 일관성 있게 잘 이루어질 수 있도록 자유학기제와 연계해서 아이들에게 진로탐색의 기회를 제공하고, 체계적인 진로교육을 시행하기 위한 기본계획(2016~2020)을 다음 그림과 같이 제시하였다.

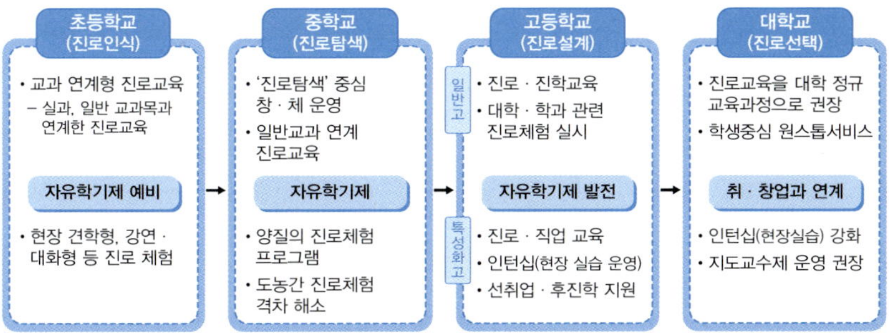

❖ 학교급별 진로교육 체계

출처 : 교육부(2016). 진로교육 5개년 기본계획 중 '학교급별 진로교육 체계'.

단계별 진로교육의 주요 내용을 살펴보면 진로교육 자아인식 단계에서는 자신의 가치관에 근거하여 삶의 목표를 인식하고, 자아탐색 단계에서는 적성, 흥미, 가치관, 가정환경 등 자신에 대한 이해가 이루어져야 한다. 직업세계 이해 단계에서는 직업의 종류, 정보, 미래사회에 대응할 직업 등에 관하여 이해하고, 진로탐색 단계에서는 부모님, 선생님, 전문가 등을 통해 객관적이고 전문적인 조언을 받아 상급학교 진학, 상급학교 입학 정보, 졸업 후 진로 방향 등에 대한 탐색이 이루어져야 한다.

이러한 일련의 과정을 ZUM 학습백과 사전에서는 다음과 같은 그림으로 제시하고 있다.

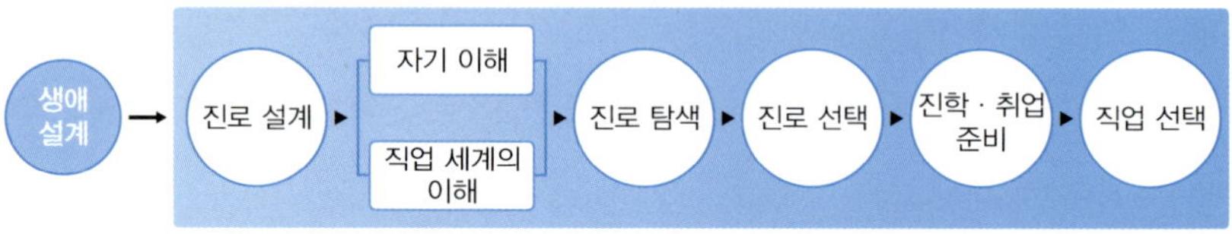

마지막으로 진로교육은 정보만 주는 것이 아니라, 스스로 정보를 찾을 수 있는 방법을 알려주고, 열정이 생길 수 있도록 자극하고 꿈을 심어주어야 한다. 수많은 정보 중에서 본인에게 중요한 정보를 걸러내는 힘, 그리고 정보가 본인에게 어떤 의미를 갖는지 판단하는 힘, 정보를 통해 정확히 선택하도록 결정하는 능력을 길러주어야 한다.

진로지도에서 부모의 자세

자녀의 진로지도를 하려면 부모는 직업에는 어떤 것이 있으며, 그런 직업에서 하는 일은 무엇이고 그런 직업을 갖기 위해서는 어떠한 역량이 필요한지, 그리고 그 직업의 전망은 어떤지에 대해 정확히 알아야 한다. 또 자녀를 올바르게 가르치려면 인내심과 지혜 그리고 많은 지원이 필요하다. 특히 아이들은 사춘기부터 일탈행동이 나타나 전통적 규범이나 가치관을 가지고 있는 부모를 혼란스럽게 하기도 한다. 경쟁 사회에서 자녀를 바르게 길러 직장에서 사회적 지위를 누리며 살기를 원하는 부모들은 어떻게 하는 것이 자녀에게 도움을 주는지에 대한 지식이 부족하여 자신의 생각과 판단에 근거하여 내린 결정으로 자녀와 갈등을 겪고 있다. 따라서 부모가 배우고 노력하지 않으면 자녀는 자녀대로 부모는 부모대로 심각한 스트레스를 받고 서로 간의 사이도 악화일로를 걷게 된다.

그러면 어떻게 하는 것이 부모로서의 역할을 잘 할 수 있는 것일까? 첫째, 자녀에 대해 자신이 기대하는 수준을 내려놓고 여유 있게 기다린다. 자녀가 목표한 일을 잘 이루어 가도록 동기를 유발해 주는 것은 좋으나 기대 수준에 도달하도록 채근하는 것은 부모와 자녀 관계를 나쁘게 할 뿐 바람직한 일은 아니다. 부모의 입장에서는 결과가 답답하고 원하는 만큼의 결과 성취 여부가 궁금하겠지만 인내심을 가지고 잘 할 수 있도록 지원하며 기다려 주는 것이 긍정적인 관계형성과 좋은 결과로 이어진다.

둘째, 자녀를 어떠한 방향으로 어떻게 키울 것인가에 대한 소신이 명확해야 한다. 부모도 사교육이 별로 효과가 없다는 것을 알고도 다른 집 아이들이 모두 하는데 우리 아이만 안 하면 성적이 떨어질까 봐 불안해서 사교육에 참여시키는 경우가 많다. 그러나 불안하게 생각하여 자녀를 괴롭히는 것보다는 자녀의 흥미, 적성, 성격, 특기, 가치관 등을 파악하여 어떠한 자녀로 키울 것인가를 결정하고 소신을 가지고 지원하다 보면 불안감도 해소되고 스트레스도 덜 받을 것으로 본다.

셋째, 이웃집 아이와 비교하여 경쟁 관계를 만들지 말고 잘 놀게 하자. 부모들은 자녀를 이웃집 아이와 비교하여 그보다 더 나은 아이가 되기를 바라며 다양한 교육을 위해 사교육 시장으로 내몬다. 이것은 부모와 자녀의 관계를 악화시킬 뿐이다. 이보다는 자녀와 대화 시간을 마련하고 긍정적인 관계를 갖도록 하는 것이 더 중요하다. 또한 또래 친구들과 자연스럽게 어울릴 수 있도록 놀이 활동에 참여하도록 해야 한다. 친구들과 놀이를 통하여 협동심, 질서, 양보, 상대방 존중 등의 다양한 인성이 길러지기 때문이다. 특히 요즈음 가정마다 아이가 하나나 둘인 상황에서 친구들 간의 놀이 활동은 대단히 중요하다.

넷째, 자녀를 대하는 과정에서 일관성을 유지해야 한다. 일관성은 자녀를 키우면서 가장 범하기 쉬운 실수이며 자녀가 심한 갈등을 겪는 원인이 된다. 똑같은 행동에 대하여 부모가 다르게 반응한다면 자녀는 어떻게 하는 것이 옳은지 갈등을 겪게 되고 나중에는 부모의 말을 등한시할 수도 있다. 가끔이기는 하겠지만 부모들은 자녀가 좋은 성적표를 받아오면 잘못된 행동도 관용을 베풀어 그냥 눈감아 주는 경향이 있다. 이것 또한 자녀가 이중적인 행동을 하도록 하는 계기가 될 수 있다.

다섯째, 자녀를 이해하고 자제력을 잃지 않도록 해야 한다. 부모들은 자녀의 모든 것을 알고 있다고 착각에 빠지는 경우가 많다. 그러나 그 반대일 경우도 있다. 자녀가 부적합한 행동을 저지르면 처음에는 우리 아이는 절대 그런 일을 하지 않았을 것이라고 항변한다. 부적합한 행동을 감싸기보다는 부적합한 행동이 나타나면 확실하게 밝혀, 주의를 환기시키지 않으면 안 된다. 요즘은 자녀의 수가 적기 때문에 자녀가 요구하는 모든 것을 수용해야만 자녀를 잘 키우는 것이라고 생각할 수도 있으나, 그것보다는 아이의 이야기를 경청하여 부모에게 무시받는다는 마음을 갖지 않도록 하는 것이 중요하다.

여섯째, 잘못된 행동을 부모가 지도하기 어려우면 전문가의 지도를 받아서 행동을 고쳐주어야 한다. 부모가 자녀의 행동에 대하여 이야기해도 변화가 없고 관계만 악화되면 자신에게 문제가 있음을 깨닫고 새로운 방법을 찾아 대책을 수립해야 한다.

진로지도를 잘하면 부모도 부자가 된다

1. 사교육비를 절약하면 노후에 도움이 될 수 있다

한 아이를 대학까지 졸업시키는 데 3억 원 이상의 비용이 들어간다고 한다. 많은 비용을 투자하고 자녀가 원하는 일을 하면서 행복해한다면 그래도 다행이다. 그러나 반대의 경우가 되면 부모와 자녀 모두 불행하게 된다. 자녀는 자신이 원하는 직업을 찾아 계속 방황하게 되고 부모는 자녀 교육에 자신의 노후 비용을 다 투자하였기 때문에 자신의 노후도 어렵게 되어 생활이 궁핍하고 절대빈곤층으로 떨어져 고생한다. 진로교육의 근본을 알고 자녀가 잘할 수 있는 교육에 교육비를 투자한다면 자녀도 행복하고 부모의 노후 생활도 한층 윤택해질 것이다.

2. 자녀들이 고생을 덜하고 부모와 자녀 간의 관계가 좋아진다

자신이 하고 싶은 것을 하게 되면 하지 말라고 해도 신이 나서 한다. 그러나 자녀가 하고 싶은 일보다는 공부 기계 만드는 데 올인

하고 있다. 부모들이 직업에 대하여 아는 것이 적기 때문이다. 조사에 의하면 대부분의 부모들이 좋아하는 직업은 판사, 검사, 의사, 교수, 한의사, 교사, 공무원 7가지 정도라고 한다. 부모들이 여기에 맞추어 자녀를 공부 기계로 만들려고 노력한다. 이것이 자녀들과의 갈등의 원인이 된다. 자녀가 다른 것을 하려고 하면 취직해서 하라면서 부모의 뜻을 관철하려고 한다. 미래를 살아갈 주인공은 부모가 아니고 자녀이다. 이웃집 아이와 비교하지 않고 일류대학 진학보다 자녀가 잘할 수 있는 일에 몰두할 수 있도록 해주면 어떨까?

3. 인구 절벽 현상을 해결하는 단초가 될 수도 있다

우리나라 2018년 합계출산율이 0.98이라고 한다. 부부가 평균 한 아이도 낳지 않는다. 이런 일이 발생하게 된 데는 여러 가지 원인이 있지만 그중에 교육비도 한 가지 원인으로 등장한다. 한 자녀의 교육비로 3억 원 정도의 비용이 든다고 하니 일리가 있는 말이다. 그러나 부모가 자녀의 진로를 미리 알고 그에 따른 역량을 길러주는 데 투자한다면 훨씬 비용을 절약할 수 있다. 이스라엘은 자녀가 대학을 졸업할 때 1억 원 정도를 준다고 한다. 부모가 자녀를 위해 모아놓은 돈이다. 자녀는 그 돈으로 대학원에 진학하여 공부를 더 하든지 창업을 하든지 본인이 결정하여 사용한다. 우리도 별로 중요하지도 않은 사교육에 들어가는 비용을 모아서 대학을 졸업한 후에 자신의 진로를 위해 쓰도록 하면 어떨까? 이제 우리나라는 대학입학 정원이 입학생보다 많아 원하면 누구나 대학을 갈 수 있는 나라이다. 대학 졸업장이 거의 유명무실한 상황이 되었다. 신문기사에 의하면 사교육비에 들어가는 돈을 주식에 투자하여 잘 모으면 4억

원 정도 된다고 한다. 그동안은 사교육비에 올인 했는데 생각을 바꾸어 볼 수 있는 기회가 왔다는 생각이 든다. 물론 실패할 수도 있겠지만 말이다.

4. 부모의 역량개발에도 도움이 된다

자녀 진로지도를 위해 공부를 하다 보면 부모도 세상의 변화를 읽을 수 있는 안목이 생기고 자신의 노후도 준비할 수 있는 기회를 얻을 수 있다. 평생직업 사회가 아니라 직업의 변화가 심하게 나타나는 현실을 직시하여 자신의 역량을 개발하다 보면 추후 큰 도움이 될 수 있다.

5. 하루의 삶이 행복하다

부모와 자녀의 꿈을 100점과 1등에 맞추어 두고는 행복할 수가 없다. 온갖 수단과 방법을 다 동원하여도 모두가 1등을 하기는 어렵기 때문이다. 그런데도 부모는 1% 미만의 확률에 희망을 가지고 자녀를 채근하고 있다. 성적이 1등이면 모든 과목이 1등이고 성적이 하위 그룹이면 모든 것이 하위 그룹인 것으로 생각하는 오류가 빚어낸 결과이다. 사람은 누구나 잘하는 것이 있다. 자녀 스스로 그것을 찾아서 하게 하자. 부모는 꼭 필요한 경우만 자녀에게 조언을 하고 지켜보기만 해보자. 그리고 잘 안 되어 고민할 때 나서서 함께 고민하면 관계가 좋아지고 자녀도 행복한 삶을 살 수 있을 것이다.

1등이면 다 잘하고 꼴등이면 다 못하냐?

1980년대에도 입시 위주의 교육보다는 몸과 마음이 건강한 전인교육을 강조하면서 교육의 본질을 추구하였다. 현재도 입시 위주의 암기식 교육을 지양하고 문제해결력, 바른 인성을 기르는 교육을 강조하고 있다. 이렇듯 어느 시대를 막론하고 지식의 암기보다는 창의적이고, 바른 인성을 갖추고 있는 학생들이 잘사는 세상을 만들겠다고 강조하면서 학교교육은 입시 위주의 교육을 탈피해야 한다고 끊임없이 이야기해 왔다. 그러나 실제로 입시 위주의 공부가 아니라 바른 인성을 키우고 생활 속의 문제해결력, 자신이 좋아하는 운동이나 예능을 열심히 한 학생들은 이 사회의 약속대로 잘 살고 있을까? 입시교육의 틀을 벗어나기 위해 도전한 많은 학생들의 삶을 보여주는 뉴스를 보면 경제적인 여유와 명예를 얻는 것이 성공의 척도인 개념에서는 적어도 그렇지 않은 것 같다.

지금 대한민국에는 미래교육의 광풍이 불고 있다. 알파고 사건 이후 이제 더 이상 기존의 교육방식으로는 미래사회를 살아갈 수 없다고 말한다. 미래사회는 공감능력, 협업능력, 꾸준한 학습능력 등 기존과는 다른 역량이 요구된다고 한다. 그러나 문제는 현실과의 괴리감이 크다는 데 있다. 당장 2022학년도 대입 개편안에서 학생부종합전형 선발과 정시선발 비율을 조정하자는 데 대한 찬반 의견이 팽팽하게 맞서고 있다. 이러한 상황들은 성적이나 평가에 연연하지 않고 나름 편안하고 행복하게 아이를 키우겠다는 소신을 가진 엄마들조차 혹시 이렇게 키우다가 우리 아이가 다른 아이들에게 비해서 뒤처지면 어떡하나, 잘 자라서 행복한 인생을 살았으면 좋겠는데 그렇지 못하면 어쩌나, 아이가 자신의 잠재력과 재능을 발휘하면서 살았으면 좋겠는데 행여 내가 잘못 키워 아이의 인생을 망치지는 않을까 하는 걱정 속에 경제적 부담에도 불구하고 많은 돈을 들여서 이를 해결하도록 하고 있다.

꿈이 사치가 된 아이들

2016년 교육부에서는 전국 초 · 중 · 고등학생 8만 2,883명을 대상으로 학생 건강검사를 실시하였는데, 고등학생의 43.91%가 하루 6시간도 자지 못하는 것으로 나타난 데 비해 같은 해에 발표된 성인 평균 수면시간은 6시간 24분이다. 이렇게 된 원인은 단연 과중한 학업 부담과 입시준비 때문이다. 이와 같은 상황에서 청소년들에게 미래를 꿈꾸라는 어른들의 주문은 사치에 가깝다.

세계일보 언론보도자료(2018. 2. 1)에서 소개한 청와대 국민청원 게시판에 올라온 고등학교 3학년 학생 글의 일부이다. 학생은 "중·고등학교 때부터 진로에 관한 수업을 추가로 듣고 자신의 진로를 생각해 보는 계기가 있었으면 좋겠다"는 희망을 밝혔다. 이어 "학교에서 진로 관련 수업이 생기면 돈이 없어 사교육을 못 받는 학생들도 불리하지 않게, 모두가 공평하게 같은 조건에서 꿈을 선택하는 세상이 되지 않을까"라고 썼다. 이 학생은 글에서 학교가 진로에 대한 진지한 고민을 나누는 곳이 아닌 명문대 진학을 위한 플랫폼에 그치고 있다고 비판한다.

'진로'보다는 '진학'에 초점을 맞춘 학교에서 옆자리의 친구가 경쟁자가 되고, 명문대에 진학하지 않으면 낙오자 취급을 받는다. 공부가 아닌 손재주, 운동기능, 문화예술 등에 재능을 보이는 학생들이 자신들이 좋아하는 일을 하면 행복해지기 힘들다는 게 일반적인 부모들의 걱정이다. 2018년 12월 31일 교육부와 한국직업능력개발원이 전국 초·중·고교 1,200곳의 학생·학부모·교사 등 51,494명을 대상으로 실시한 설문에 따르면, 10년째 부동의 1위를 차지한 선호직업은 '교사'이다. 학생들이 교사에 이어 공통적으로 선호한다고 밝힌 직업 역시 운동선수, 경찰, 간호사, 군인 등 전통적으로 선호하는 직업군에서 크게 벗어나지 않는다. 아직까지 우리나라 청소년의 꿈은 자신이 하고 싶은 일을 하기보다는 '안정'에 방점이 찍혀 있다고 볼 수 있다.

0세부터 뒤처질까 두려운 부모들

백화점이나 문화센터에서 0~3개월짜리 영아에게 하는 베이비 마사지 수업, 6개월 내외 영아들을 대상으로 하는 오감 자극 활동 등 놀이 형태를 띤 교육이 0세부터 시작되고 있다. 이처럼 이제는 사교육이 초 · 중 · 고 학생뿐 아니라 유아 시장도 장악해 가고 있다.

사회학자 오찬호는 "사교육의 효과는 부귀영화를 보장하는 것이 아니다. 평범하게 살아가기 위한 최소한의 투자"라고 말한다. "헬조선에서 '평균치'로 살아간다는 것은 대단히 어려우니 사교육을 멈출 수 없다. 모두가 멈추지 않으니 모두가 시작점을 앞당긴다"는 것이다. 은기수 서울대 국제대학원 교수는 "한국 부모들은 자녀에 대한 가치가 서양 사람들과 다르다"며 "아이가 하루하루 자라는 것만 봐도 행복하다고 생각하는 것이 아니라 이 귀한 자식을 얼마나 잘 가르쳐서 사회에서 성공시킬까를 생각한다"고 말했다. 자녀와 함께하는 기쁨보다는 자녀의 앞날, 일생을 고려하면서 출산을 결정하다 보니 아이 낳고 키우기가 점점 힘들어진다.

옛날에는 대학을 졸업하면 대부분 취업을 하였다. 그리고 스스로 내 집도 마련하고 결혼도 했다. 그러나 지금은 직장을 잡기도 어렵거니와 직장을 잡았다고 해도 끝이 아니다. 결혼하려면 주거할 곳이 있어야 하는데 자신의 힘만으로는 구하기 힘들다. 결국 부모의 도움만 바란다. 이것도 부모로서는 부담이다. 대학 졸업 후 취업하는 데까지 3년이 걸린다면 3년 동안 매달 용돈을 주고 학원비를 내줘야 한다. 이러한 것들이 부모의 허리를 휘게 하고 자녀는 부모와 같이 지내는 기간이 길어지게 된다. 학문의 전당 대학이 옛날에는 소를 팔아 학비를 댄다고 우골탑이라고 했는데 요즈음은 부모의 등골을 뺀다고 해서 등골탑이라 불리는 원인이다.

인성보다 출세를 강조하는 부모들

2018년 세계일보가 서울지역 6개 초 · 중 · 고교 학생 976명을 대상으로 '가정 내 의사소통 양식'을 조사한 결과 청소년 10명 중 6명 가량은 부모와 대화를 나눌 때 '성숙지향형' 대화보다는 '성취지향형' 대화를 훨씬 더 많이 나누는 것으로 조사되었다. 그 정도는 초등학생(55.4%)보다 중학생(62.2%), 고등학생(59.1%)이 더 심하게 나타났다. 세계일보 언론보도자료(2018. 2. 1)에 의하면 성취지향형 대화를 많이 나누는 가정일수록 시민성이 떨어지는 경향을 보이는 것으로 나타났다. 시민성 측정 항목은 '절차적 정의에 대한 중요성 인식', '학급 · 학교 · 지역 대표에 대한 관심', '공동으로 정한 규칙준수에 대한 필요성 인식 정도' 등 총 5가지 문항(25점 만점)으로 구성되었다. 조사 결과 우리나라 학생들의 시민성 수준은 초등학생(18.79점)과 중학생(17.61점), 고등학생(16.56점) 가릴 것 없이 10점대에 그쳤다.

자녀 성적에 대한 부모의 과도한 집착은 자녀의 성공 강박이나 열등감으로 이어질 수 있다. 자신이 다른 사람에 비해 부족하다는 생각으로 살아온 청소년들은 성년이 되면 타인에 대해 지나친 공격성과 경쟁심을 드러내거나 스스로 열등감에 빠져 심할 경우 자살충동을 느끼기도 한다. 이동귀 연세대 심리학과 교수는 "친구와 끊임없이 비교당하며 부모를 만족시키기 위해 학업에 전념한 학생들의 경우, 주변 사람들의 눈치를 보며 그들이 요구하는 기준에 부합하기 위해 발버둥치는 '사회부과 완벽주의(socially prescribed perfectionism)'에 시달릴 가능성이 높다"고 말했다. 또한 전상진 서강대 사회학과 교수는 "청소년기부터 친구들과 어울리는 것을 일종의 '인맥 관리 행위'로 생각하는 경향이 생겨나고 있다"며 "자기가 속한 사회적 준거집단을 어떻게든 높이려는 과정에서 자신보다 공부를 못하고 경제적 여건이 좋지 못한 친구를 자신과 대등하게 여기지 않으려는 경향을 보이게 되는데, 결국 이런 것들이 비뚤어진 특권의식과 일탈행위를 낳게 된다"고 말한다(세계일보 언론보도자료, 2018. 2. 1).

어렸을 때부터 심한 경쟁을 체험하며 자란 학생은 경쟁이 미덕이고, 학업성적이 높은 친구를 선망의 대상으로 여기는 경향성이 뚜렷해진다. 만약 그런 경향을 가지고 성장하는 자녀는 불평등한 사회적 시스템이나 부조리에 대해 문제의식을 갖기보다 이를 정당화하는 방향으로 생각하고 행동할 가능성이 있는데 이는 정의롭고 건강한 사회를 만드는 데 큰 걸림돌이 될 수 있다.

자녀들이 스스로 행복을 찾도록 도와주자

요즘 4년제 대학을 졸업하고도 직장을 구하지 못한 실업자의 기록이 사상 최대이다. 2018년 대학을 졸업했으나 가사, 육아, 취업준비, 구직포기 등으로 경제활동에 참여하지 않는 고학력 비경제활동 인구도 사상 최대를 기록했다. 비경제활동인구가 늘어난 만큼 경제 활동인구가 줄기 때문에 우리 경제에는 마이너스로 작용한다. 이처럼 대졸 실업자나 대졸 비경제활동인구가 늘어난 것은 학력 수준은 높아졌으나 마땅한 일자리를 찾지 못하거나 현실과의 괴리감에서 비롯된 것으로 분석된다. 따라서 이제 진학이 일자리를 보장할 수 없으며 좋은 대학에 들어가서 좋은 직장을 잡아야만 행복해질 수 있다는 생각을 버리지 못하면 더 불행해질 수 있다. 청소년들이 자살을 생각하는 이유는 과도한 경쟁 속에 성적 부진, 입시 고민 등 학업으로 인한 스트레스가 가장 크다.

청소년기는 학업 스트레스를 받는 것 자체는 어쩔 수 없지만, 지나치게 스트레스를 받는 것은 부모가 SKY 대학 등 좋은 대학을 나와야만 성공할 수 있다는 무언의 압박을 자녀에게 주기 때문이다. 따라서 엘리트 중심적 인식이 아니라 아이와 소통하고 협업해 문제를 풀어나가려는 노력을 할 때 자녀의 스트레스를 줄일 수 있다.

삶의 질과 삶의 만족 어느 것이 더 중요할까? 경제적 여건이 좋고 명예를 얻었다고 해서 모두 행복한 것은 아니다. 적어도 미래사회에서는 더욱 그렇다. 따라서 좋은 주거환경과 검사, 의사와 같은 좋은 직업을 추구하는 삶의 질도 중요하지만 미래사회 환경은 내가 원하고 행복할 수 있는 것을 찾아 만족하는 삶이 더욱 중요시된다.

이런 걸 집중적으로 가르쳐 보자

4차 산업혁명 사회에서 자녀를 어떻게 지원해 주어야 자신이 원하는 직업을 찾아 행복한 삶을 영위할 수 있을까? 어떤 지식이 필요하며 어떤 공부를 집중적으로 해야 할까? 고민하다 보면 해야 할 것이 많은 것 같은데도 찾아보면 무엇을 해야 할지 망설여진다. 특히 요즈음 같이 지식이 폭발적으로 늘어나 배워야 할 것도 많은데 어떻게 해야 할까? 그렇다고 지금과 같은 공부 방법으로 암기하여 활용한다는 것은 불가능하다. 이제는 그런 정보가 어디에 있는지를 알고 이를 이용하여 새로운 지식을 창조하는 학습이 필요하다. 이를 해결할 수 있는 학습 방법이 자기주도적 학습이다. 요즈음은 스마트폰이나 컴퓨터를 이용하여 스스로 세계 여러 나라 유명한 석학들의 강의를 다 들을 수 있다. 어떤 인도 학생은 상대국에 가지도 않고 컴퓨터로 온라인 강의를 수강하고 대기업에 취업했다고 한다. 또 몽골의 산골 소년이 무크를 통해 MIT 대학에 입학한 것과 같이 온라인 플랫폼으로 자신이 원하는 다양한 학습이 가능해지고 있다. 이런 변화는 대학의 기능을 점점 협소화시키고 있다.

4차 산업혁명의 여파가 우리 삶의 전반적인 모습을 변화시킬 것이라는 것은 누구도 부정하지 못할 것이다. 이제는 먹여주는 학습이 아니라 학습자 스스로가 학습의 시작에서부터 목표설정 및 교육 프로그램의 선정과 교육, 그리고 평가에 이르기까지 교육의 전 과정을 자발적으로 선택하는 자기주도적 학습이어야 한다. 이를 위해서는 인터넷을 잘 활용해야 하고 컴퓨터의 구성 원리와 기능도 잘 알아야 한다. 이러한 과제를 해결할 수 있도록 해주는 것이 코딩교육이다. 일찍 부터 세계 여러 나라는 코딩을 학교 교육과정에 포함시켜 지도하고 있다. 이에 뒤질세라 우리나라도 코딩교육에 관심이 높아지고 있으며, 교육부에서도 초 · 중 · 고등학교에서 코딩교육을 교육과정에 반영하여 지도하도록 하고 있다.

코딩교육

어느 순간부터 인터넷과 스마트폰이 우리 생활에 없어서는 안 될 필수 도구로 자리 잡고 있다. 특히 요즈음 학생들이 가장 중요시하는 것이 스마트폰이다. 정보와 자신이 필요한 자료의 검색 그리고 소통까지 거의 모든 분야에 활용하고 있기 때문이다. 이제는 스마트폰이 없으면 불안하여 좌불안석이 될 정도로 삶의 한 도구가 되었다. 나이가 많은 분이나 정보도구 사용이 불가능한 사람들도 있기는 하나 현재 우리 국민 거의 모두가 이용한다고 볼 수 있다. 이제 디지털 시대를 거부하는 삶을 살 수 없고, 변화에 슬기롭게 대응하지 못하면 미래도 없다. 요즈음 「나는 자연인이다」라는 TV 프로그램이 남성들에게 상당한 인기를 끌고 있는데, 이는 복잡한 현대사회에서 잠시 벗어나고자 하는 마음의 반영이라고 할 수 있다. 그러나 변하는 세상을 읽지 못하면 퇴보하거나 그 상태에 머무를 수밖에 없다. 4차 산업혁명 사회와 디지털은 바늘과 실의 관계이기 때문이다. 스마트폰이 없으면 당장 전화도 어렵고 자신이 원하는 곳을 찾아가는 데도 어려움이 있다. 지금까지는 만들어진 자료를 컴퓨터나 스마트폰으로 활용만 했다면 앞으로는 컴퓨터에 대한 이해가 있어야 우리의 실생활에 잘 활용하여 새로운 것을 창조할 수 있기 때문에 코딩교육이 필요하다. 코딩은 알고리즘을 컴퓨터가 이해할 수 있도록 명령어로 옮겨 적는 일이다. 사람은 머리에서 명령하는 대로 움직이듯이 코딩은 컴퓨터를 움직이는 머리와 같은 일을 한다. 컴퓨터를 이용하여 새로운 프로그램을 만들려고 하면 컴퓨터의 구성 원리와 제작기능을 알아야 한다. 이것을 해결하는 기능이 코딩교육이다. 코딩을 쉽게 정의하면 자기가 찾아가고자 하는 목적지를 다양한 방법으로 찾아가게 만드는 것이라고 할 수 있다.

코딩을 학교 교과과정에 반영하여 처음으로 지도한 나라는 스페인이다. 스페인은 1992년도부터 학교에서 코딩을 가르치고 있다. 그 뒤를 이어 영국, 핀란드, 스웨덴, 그리고 비록 일부 주에서만 실시하지만 미국 등 여러 나라에서 코딩교육이 이루어지고 있다. 우리의 인근 국가인 중국도 2001년부터 초등학교 3학년이 되면 연간 70시간의 소프트웨어 교육을 실시하고 있다. 이에 뒤질세라 우리나라도 코딩교육의 필요성을 인정하고 2018년부터 코딩교육을 정규교육과정 시간에 반영하여 지도하도록 하고 있다. 중 · 고등학교는 2018년부터 연간 34시간을 교육과정에 반영하여 기술교과 시간에 지도하도록 하였고, 초등학교는 2019년부터 5, 6학년을 대상으로 실과 시간에 연간 17시간을 지도하도록 했다. 이러한 발표가 있자마자 학부모들은 자녀가 학원에서 배워야 할 과정이 하나 더 늘었다고 하면서 자녀들을 코딩 학원에 등록시켜 교육을 받도록 하고 있어 지금 학원가는 코딩 열풍이 불고 있다. 이에 고기가 물을 만난 것 같이 우후죽순으로 코딩을 지도하는 학원이 문을 열고 있다. 아이들은 부모의 명에 순종하여 학원에 가서 코딩을 배우고 있다. 교육은 학원보다 학교에서 아이들에게 잘 시켜야 하는데 현재 초등학교에 이러한 교육을 담당할 교사가 마땅히 없는 상태에서 급하게 교육을 하도록 한 것이 사교육을 부추긴 점도 있다.

아직 준비도 덜 된 상태에서 교육부는 왜 코딩교육을 실시하도록 했을까? 코딩교육은 컴퓨터의 구조와 원리를 배우는 것도 중요하지만 코딩교육이 사고 및 창의력 신장에 도움이 되기 때문이다. 코딩교육은 프로그램을 짜기 위한 교육이기 때문에 프로그래머를 양성하는 것으로 생각하기 쉬우나 사실은 컴퓨터와 대화하고 컴퓨터에 명령하여 무엇인가를 시키기 위함이다. 싱가포르 리센룽 총리는 스마트네이션 국가가 되기 위해서는 학생들에게 코딩하는 법을 가르쳐야 한다고 하며 전산적 사고력의 중요성을 강조하고 다양한 기관과 협업으로 학생들을 지도하고 있다.

4차 산업혁명 사회는 창의적인 인재를 요구하고 있다. 코딩은 이러한 인재를 육성하는 데 크게 도움이 될 것이다. 사고력과 창의성을 기르는 좋은 방법이기 때문이다. 그러나 방법적인 면에서 코딩은 아이들을 기술적 전문가가 아닌 자신이 원하는 것을 창조적으로 만들어 낼 수 있는 교육이어야 한다. 인도는 코딩교육을 통해 기술적인 인재를 육성하여 많은 인력을 길러냈으나 미국은 이와는 다른 창의적인 인재를 육성하기 위한 코딩교육을 실시하고 있어 두 나라가 대비되기도 한다. 학자들에 의하면 코딩교육은 창의성을 기르는 교육이어야 하고 자기주도 학습이 가능한 사람에게 유의미해야 한다고 한다. 코딩의 핵심은 창의성이다. 컴퓨터의 대가 스티브 잡스는 코딩은 생각하는 법을 가르쳐 준다고 했으며, 빌 게이츠는 사고력과 문제해결 능력을 향상시킨다고 하였으며, 마크 주커버그는 읽기와 쓰기만큼 중요하다(매경이코노미, 2018. 4. 통권 1952호)고 했다. 모두 코딩의 중요성을 강조한 것이다. 이들은 초등학교 시절부터 코딩 개념을 배우고 프로그래밍을 직접 해본 사람들이다. 이와 같이 어려서부터 코딩교육을 접해보는 것은 매우 중요하며 디지털 세상을 살아가기 위한 기본 상식이 되고 있다.

근래에는 정부나 기업의 지원하에 컴퓨터, 스마트폰, 인터넷 등의 원리를 가르치기 위하여 코딩교육을 실시하고 있는 곳이 늘어나고 있다. 어려운 알고리즘을 위주로 한 교육보다는 스크래치를 이용하여 코딩의 원리를 이용한 보편적인 교육이 이루어지고 있다. 2003년부터 스크래치를 시작한 미치 레스닉은 코드 쓰기는 컴퓨터 신동만을 위한 것이 아니라 모두를 위한 것이라고 했다. 우리가 글쓰기를 배우는 것이 소설가나 저널리스트 그리고 작가가 되기 위한 것이 아니고 글쓰기를 통해 배우고 생각한 것을 표현하기 위함인 것처럼, 코딩을 배움으로써 컴퓨터 전문가를 만들려고 하는 것이 아닌 창의력과 논리적 사고를 기르는 시간이 되도록 하여야 한다.

참고로 세계 여러 나라에서 실시하는 코딩교육의 실태를 보면 다음과 같다.

❖ 해외코딩교육 사례

국가	내용
에스토니아	• 1992년부터 공교육과정에 코딩 포함 • 초등학교 1학년부터 코딩교육 실시
영국	• 2014년을 코드의 해로 정하고 5세부터 16세까지 공교육과정에 코딩 포함 • 정부가 나서서 MS, 구글, IBM 등과 함께 코딩교육교사 양성
핀란드	• 2016년 코딩교육 의무화 • 초등학교 1~2학년은 기초교육, 3~6학년은 코딩교육 본격화, 7~9학년은 스스로 알고리즘을 짤 수 있도록 프로그래밍 언어 1개 이상 마스터
스웨덴	• 2018년 가을 학기부터 코딩교육 의무화 • 초등학교 1학년부터 코딩교육 기존 과목인 수학과 기술에 코딩내용 포함
미국	• 플로리다, 아칸소, 캘리포니아 등에서 정규교육 과정에 코딩교육 포함 • 2016년 SW교육 지원 위해 40억 달러 규모 기금 조성 • 대학입학시험(SAT) 선수 과목(AP)에도 컴퓨터 프로그래밍 추가
중국	• 2001년 초등학교 3학년부터 연간 70시간 이상 SW 교육 실시 • 고등학교는 인공지능 수업 필수, 코딩 사교육 성행
인도	• 2010년부터 SW 교육을 초 · 중 · 고 필수 과목으로 지정 • 고등학교 때 C++, 자바 스크립트 등 주요 코딩 언어 학습, 코딩 사교육 성행

출처 : 웰스매니지먼트(2018. 8. www.wealthm.co.kr). 코딩 선진국들 교육은 어떻게 이루어지나?. Vol. 152.

변화하는 세계에서 성공의 지름길은 자기주도학습이 답이다

그동안 우리 교육은 암기 위주의 교육이고, 암기한 내용을 시험지에 얼마만큼 정확하게 옮길 수 있느냐가 대학 입시의 당락과 인생의 성공 여부를 좌우하는 관건이 되었다. 일류대학에 입학하여야 졸업하면 대기업에 취업할 수 있었기 때문이다. 그러나 인터넷의 발달로 세계 거의 모든 사람이 지식과 정보를 공유하고 정보의 확산 속도가 빨라져 암기한 것만으로 세상을 살아가기가 점점 어려워지고 있다. 이제는 이런 정보를 활용하여 어떻게 새로운 것을 만들 수 있느냐가 중요한 관심사가 되었다. 암기한 지식을 이용하여 정답을 찾는 구식의 공부 방식은 과감하게 버려야 한다. 내가 찾고자 하는 정보가 어디에 있는지 찾아내고, 그것을 잘 융합하여 새로운 것을 창조하는 시대가 되었고 이를 잘 할 수 있는 인재를 길러내는 것이 세계적인 추세이다.

2018년 사교육비 통계에서 볼 수 있듯이 부모들은 자녀들이 자신의 삶을 영위하는 가운데 부딪히는 문제를 스스로 해결해 보도록 기회를 주지 않고 학원으로 보내는 경우가 많은 것으로 나타나고 있다. 학원이나 부모가 이러한 것을 해결해 주면 그 당시에는 자녀나 부모 모두 좋겠지만 스스로 계획하고 결정하는 자립심이 형성되지 않아 의사결정 능력, 문제해결 능력과 같은 중요한 능력을 신장시킬 기회를 상실하게 된다. 이렇게 성장한 아이들은 자신감에 문제를 보이며, 현실 세계에 적응하지 못하는 사람이 된다. 어려서 조금 실패를 하면 어떤가? 넘어질 수도 있는 것이 삶이라는 것을 스스로 터득할 수 있도록 해주어야 한다. 부모가 모든 것을 해결해 주다 보니 학벌이 좋고 반듯하게 자란 것처럼 보여도 대학에 진학해서도 스스로 일을 처리하지 못하고 부모에게 결정을 맡기며, 취업을 해서도 부모 없이는 문제를 해결하지 못하는 어른으로 성장한다.

언젠가 코미디 프로가 사교육으로 나타나는 폐해를 적나라하게 보여준 적이 있다. 요즈음 인기리에 방영된 드라마 SKY캐슬과 같이 부모의 지원으로 사교육을 받아 일류대학에 합격한 학생의 이야기를 풍자한 코미디다. 대학에 들어가기는 했으나 사교육으로 모든 것을 지원받은 학생은 스스로 공부할 수 없어 대학에 가서도 과외교사를 두고 공부하고 대학을 졸업하고 취직을 하였다. 그러나 회사에서 처리할 일을 전부 집에 가지고 왔다. 부모가 왜 일거리를 회사에서 처리하지 않고 집으로 가져왔는지를 묻자 그는 "그 일을 처리해 줄 사람, 즉 과외교사가 없어서 가져왔다"고 해 부모를 놀라게 하고 부모가 가슴을 치는 것을 풍자한 코미디다. 물론 사교육의 폐해를 시청자들에게 알리기 위해 만들어진 과장된 이야기이지만 어려서부터 자신의 일을 스스로 해결하지 못하고 다른 사람의 도움을 받아 해결하려고 한다면 성인이 되어서도 다른 사람에게 의탁하게 된다는 것을 극명하게 보여주었다.

지금이라도 양육 방식을 바꿔 자녀가 문제 부모에서 탈출하도록 해야 한다. 부모는 자녀의 삶에 대하여 방임자가 되어서도 안 되지만 지나치게 참견해서도 안 된다. 자녀 스스로 할 수 있도록 독립심을 길러주어 어떤 상황이 오더라도 잘 적응할 수 있는 사람이 되게 해야 한다. 주변에서 어떤 힘든 일이 일어나도 오뚝이처럼 스스로 이겨낼 수 있는 사람으로 길러야 한다. 온실에서 길러진 식물은 밖으로 나오면 바로 시들지만 야외에서 자란 식물은 기후가 달라도 잘 이겨낸다. 사람도 마찬가지라고 본다.

공부하는 습관도 억지로 하는 공부가 아니라 스스로 하는 공부, 보상을 바라는 공부가 아니라 내면에서 우러나 하는 공부, 짐이 되는 공부가 아니라 즐겁게 하는 공부, 자기가 배운 것을 삶 속에서 되살릴 수 있는 공부가 되어야 한다. 이런 학습 방법이 자기주도학습이다. 자기주도학습이란 학습자 스스로가 학습의 참여에서부터 목표설정 및 교육 프로그램의 선정과 교육, 그리고 평가에 이르기까지 전 과정을 자발적 의사에 따라 선택하고 결정하여 행하게 하는 학습형태(교육학 용어 사전)이다. 자기가 목적의식을 가지고 공부하는 것과 다른 사람의 강요에 의해 학습하는 것은 차이가 있다. 모든 것을 다 해주려는 부모가 되어 자녀를 의존형 인간으로 키우기보다는 자신의 일은 스스로 처리하도록 하여 독립심을 길러주는 노력이 필요한 시대이다.

먹고 살 고민, 취 · 창업 역량 키우기로 해결

과학기술의 발달은 인간을 편안하게 하기도 하지만 불편을 겪게도 한다. 생활의 변화에 따른 직업 변화로 직장을 잃고 어려움을 겪기도 한다. 평생직장이 사라지고 취업과 동시에 새로운 직장을 위해 준비해야 하는 시대이다. 많은 과학자들이 편안한 생활을 위해 연구에 연구를 거듭하여 얻어진 로봇과 인공지능, 사물 인터넷의 영향은 고용사정 악화로 이어져 100만 명이 넘는 젊은이들이 일자리를 찾지 못해 방황하고 있다. 박영숙은 앞으로도 고용사정은 계속 악화되어 몇 년 후에는 직장의 좋고 나쁨을 떠나 직장을 가지고 있다는 자체만으로도 사람들이 부러워할 날이 올 것이라고 예언하고 있다.

취업이란 새로운 일자리에서 노동을 제공하고 보수를 받는 것이다. 사람들은 자신이 원하는 좋은 직장에 취업하여 행복한 삶을 살고자 한다. 그러나 많은 사람들이 직장을 구하지 못하고 실업자로 어려움을 겪으며 살아가고 있다. 직장을 구하지 못한 젊은이들은 어쩔 수 없이 직장에 취업하기 위한 역량을 쌓고, 취업한 젊은이들은 자신이 원하는 직장에 재취업하기 위하여 공부하고 있다. 그러나 본인이 원하는 새로운 직장을 얻기는 쉽지 않다. 일자리는 있으나 취업자들이 원하는 일자리가 부족하기 때문이다. 요즈음 중소기업은 인력이 부족하여 외국인 근로자를 채용하지 않으면 안 될 상황에 이르고 있으며, 이 자리에 외국인들을 채용하기도 하나 외국인 근로자마저도 채용하지 못하여 생산을 못하는 기업도 있다. 이러한 상황을 개선하려면 2050년에는 1,150만 명의 이민자가 필요하다고 한다.

왜 이런 일이 발생할까? 취업자 대부분이 대학교육을 받고 스펙을 쌓아 높은 임금과 고용이 보장되는 대기업과 공공기관만을 선호하기 때문이다. 통계에 의하면 취업 희망자 중 대졸 이상은 215만 명 정도이나 이들이 원하는 일자리는 115만 개 정도에 불과해 100만 명 이상의 과잉 학력자가 실업인 상태로 취업을 위해 젊음을 낭비하고 있다고 한다. 그동안은 대학에서 양성된 인력을 대량으로 선발하였으나, 요즈음은 대량 선발보다는 다양한 분야에서 소수의 전문가만을 채용하는 것도 원인이 되고 있다. 취업에 실패한 젊은이 중에는 일할 의지를 상실하고 취업에 필요한 교육도 받지 않고 '니트(NEET)족'으로 지내는 경우도 늘어나고 있다. 국제노동기구(ILO)가 발표한 「2013년 세계 청년 고용 동향」 보고서에 따르면 우리나라의 청년층(15~29세) 니트족[1] 비율은 19.2%로 OECD 국가 중 7번째로 높은 것으로 나타났다.

이런 취업의 어려움을 해소할 수 있는 방안으로 생각할 수 있는 것이 창업이다. 그렇다고 취업하는 것보다 창업하는 것이 쉽다는 것은 아니다. 우리의 여건은 취업보다 창업에 나서기가 더 어렵다. 창업에 실패하면 자신뿐만 아니라 부모를 비롯한 더 많은 가족들이 고통 속에 살아야 하기 때문이다. 따라서 창업은 취업보다 더 많은 노력과 인내 그리고 도전정신을 가져야 성공할 수 있다. 이러한 정신으로 공부가 아닌 자신이 하고 싶은 일로 창업하여 꿈을 이룬 사람이 있다. 그동안 한국 학생들이 주 고객이 되었던 컵밥으로 미국에서 성공한 송정훈 씨이다. 그는 20년 된 트럭 한 대로 시작하여 5년 만에 25개의 매장을 가진 300억 대의 CEO가 되었다. 송정훈 씨가 컵밥을 가지고 미국 시장에 진출하려고 했을 때 '그것이 미국 사람들의 입맛에 맞겠느냐? 허황된 꿈 꾸지 말고 지금 하고 있는 일이나 열심히 하라'고 주변 사람들이 이야기했다고 한다. 그러나 용기 있게 현실에 부딪혀 성공했다. 다른 사람과 똑같이 생각하고 포기했다면 직장에 취업하여 월급을 받으며 살 수 있을지는 모르나 지금과 같은 성공은 없었을 것이다.

취업도 어렵고 창업도 어렵다. 어려운 상황일수록 생각을 바꾸어

---

1) 일하지 않고 일할 의지도 없는 청년 무직자를 뜻하는 신조어. Not in Education Employ or Training의 줄임말임

자신이 잘할 수 있는 일을 찾아야 한다. 자신의 적성에 맞지도 않는 일에 억지로 종사하며 불평하기보다는 자신이 가장 잘할 수 있는 일을 찾아 자신의 열정을 다하는 것이 성공의 지름길이요, 젊은이들이라면 꿈꾸어 볼 수 있는 일이 창업이라고 본다.

취업 역량은 무엇이 중요한가?

요즈음 기업의 인재 선발 기준을 보면 출신대학이나 스펙보다는 직무역량을 우선시하는 경향으로 바뀌고 있다. 취업에 성공한 사람은 대부분 기업에서 요구하는 역량을 잘 갖춘 사람이다. 기업은 높은 학점을 취득한 사람보다는 평균 정도의 학점(3.0)에 일에 대한 열정, 공유, 책임감 등을 소유한 사람을 원한다. 그러나 취업준비생들은 학점은 최고의 점수에 토익 점수 또한 높아야 한다고 생각해 이런 점수를 올리기 위해 시간을 보내고 있다. 또 자격증이 있는 다른 경쟁자들과의 경쟁에서 이기기 위해 새로운 자격증을 취득해야 한다고 생각해 시간과 경비를 낭비하고 있다. 이런 준비를 하느라 요즈음 대학교에는 5학년과 6학년생이 생기는 웃지 못할 일이 벌어지고 있다. 여기에다 서류 전형에라도 합격하려면 대학원 졸업을 해야 한다고 생각하여 대학원에 진학하게 됨에 따라 학력 인플레 현상도 심하게 나타나고 있다. 이러한 현상으로 학문을 연구하고 공부를 더 하고자 가는 곳이 대학원인데 취업을 위한 대기 장소가 되어버렸다. 학력 인플레 현상으로 기업은 기업대로 인력이 부족하고 취업준비생들은 자신이 원하는 일자리가 적다고 아우성인 사회이다. 취업자나 부모 역시 자신의 전공에 관계없이 육체적으로 힘든 일은 피하고 좀 편안한 사무직을 원하고 있기 때문이다. 공무원이 되기 위해 아침 일찍부터 노량진 학원가에 줄 서 있는 젊은이들의 모습이 이를 증명하고 있다. 고용노동부(2017. 8)의 직종별 사업체 노동력 조사 결과에 의하면 1분기 구인 인원은 85만 311명이고 채용인원은 75만 6,667명으로, 9만 3,644명을 뽑지 못했다고 한다. 특히 근로자가 300인 미만 중소기업은 미충원 인원이 8만 5,829명으로 대기업보다 10배 많았다. 대기업이나 공공기관을 선호하고 이러한 곳에 취직하기를 실패하면 취업을 포기하거나 다시 취업하기 위해 준비하는 것이 원인이다.

★ 4차 산업혁명 사회에서의 취업 역량

3차 산업혁명 사회가 소품종 대량생산의 시대였다면, 4차 산업혁명 시대는 다품종 소량생산의 시대이다. 따라서 다른 사람들과 같이 자격증을 따기 위해 비용과 시간을 낭비하기보다는 자신이 가장 잘할 수 있는 일을 찾아 자신의 가치를 높이기 위해 노력해야 한다.

4차 산업혁명 사회에서 기업들이 요구하는 역량을 보면 첫째, 자신만의 가치 창조이다. 어느 누구도 자신을 폄하할 수 없도록 필요한 역량을 갖추어야 한다. 둘째, 다른 사람들과 똑같은 스펙이 아니라 차별화된 스펙을 요구한다. 따라서 다른 사람과 똑같은 스펙을 쌓기 위해 비용과 귀한 시간을 낭비하지 않도록 해야 한다. 설령 다른 사람과 같은 일을 하더라도 다르게 생각하고 자신만의 차별화된 스펙을 갖도록 해야 한다. 셋째, 자신이 원하는 기업에 대해 자세히 조사하고 이해함은 물론 그 기업에서 요구하는 핵심 역량을 기르기 위해 노력해야 한다. 학벌, 학점, 토익점수를 높이기보다는 취업을 원하는 기업의 직무 관련 내용을 이해하고, 기업에서 요구하는 공통역량, 직무역량을 실제의 현장 경험을 통해 관리해야 한다.

★ 취업을 위한 자기 역량 관리

AI와 로봇의 활용이 늘어나면서 사무직은 줄어들고 있으며 앞으로 더 많이 줄어들 것으로 예측되고 있다. 칼 프레이 옥스퍼드대 교수는 "회계사, 비행기 조종사 등 현재 직업의 47%가 20년 내 사라질 가능성이 높다"고 전망했다. 또한 로렌스 서머스 하버드대 교수는 "1960년대에는 미국의 25~54세 인구 20명 중 1명만 일을 안 했지만, 앞으로 10년 내 7명은 놀게 될 것"이라고 말했다. 사이먼 스트링거 옥스퍼드대 교수도 "10년 내에 쥐 정도의 지능을 지닌 로봇이 만들어지고 이로 인해 일자리를 기계에 더 빼앗기게 되며 그만큼 인력은 남아돌기 때문에 일자리 경쟁은 더욱 치열해지게 될 것"이라고 했다.

이러한 변화 앞에서 우리는 어떠한 역량을 어떻게 키워야 할까? 2015년 한국취업진로학회 자료에 의하면 30년간 세계 생산에서 중산층 노동자가 차지하는 비중은 64%에서 59%로 내려간 반면, 상위 1%의 사람이 차지하는 비중은 9%에서 22%로 늘어났다고 한다. 코닥 필름은 근로자가 14만 5천 명이나 되었던 데 반하여 소셜네트워크 서비스(SNS)를 인수한 인스타그램은 13명이 3,000만 명의 고객을 관리한다고 한다. 또한 회사의 면접을 AI로 실시했더니 사람이

하면 15분이 걸리던 것을 15초 만에 정확히 실시했다고 한다. 사람이 하는 일을 기계가 대신하게 되어 일자리가 더 줄어들 것이 예측되는 일들이다.

이제는 자신의 적성과 흥미, 특기 등을 바탕으로 자신의 능력을 최대한 발휘할 수 있는 기업을 찾아 그 기업에 맞는 직무 역량을 갖추어야 취업에 성공할 수 있다. 따라서 자신만의 취업 전략과 목표를 세우고 준비해야 한다. 자신이 원하는 기업에 맞는 역량을 위해서는 기업 홈페이지나 그 기업 종사자를 통해 갖추어야 할 역량을 알고 준비하는 것이 좋다. 그래야 시간과 비용을 절약하면서 원하는 직장에 취업할 수 있다.

창업을 위한 역량은 무엇이 중요한가?

★ 창업의 현주소

창업이란 새로운 아이디어를 가진 개인이나 집단이 영리를 목적으로 사업목표를 세우고 자본, 인력, 설비를 투입하여 재화를 생산하거나 서비스를 제공하는 사업을 시작하는 것을 말한다. 창조적 아이디어를 기반으로 지속 가능한 새로운 직업을 발굴하여 새로운 일자리를 창출하는 활동이다. 중소기업창업 지원법 제2조에서는 창업을 "중소기업을 새로 설립하는 것", 즉 새로운 일을 시작하는 것을 말한다고 되어 있다.

청년 실업의 증가와 조기퇴직 그리고 시대의 변화에 따라 새로운 기술에 대한 관심과 기회에 비례하여 창업에 대한 욕구도 증가하고 있다. 또한 일자리 부족으로 고민하고 있는 국가나 지방자치단체에서도 일자리 창출을 위하여 창업하고자 하는 사람을 대상으로 다양한 지원을 하고 있다. 따라서 자신이 원하는 일자리에 취업하기 위해 스펙을 쌓느라 오랜 시간을 보내거나 자신의 적성에 맞지 않는 직장에서 힘들게 지내는 것보다는 자신이 잘할 수 있는 것을 찾아 창업에 나서는 것도 의미 있을 것으로 보인다. 그러나 창업을 한다는 것은 취업하는 것 이상으로 어려움이 따른다.

2012년 잡코리아(www.jobkorea.co.kr)에서 20대 이상 남녀 직장인 997명을 대상으로 한 '창업 경험과 계획'에 대한 설문조사 결과를 보면 창업 경험자는 응답자의 40.1%(400명)였다. 그중 창업 실패자는 74.2%(297명)였고, '창업 성공자(현재 사업운영)'는 10.3%인 103명에 그쳤다고 한다. 성공할 확률이 10% 내외라는 것이다. 좀 더 상세하게 살펴보면 창업을 해본 경험은 연령이 많을수록 높았으며 창업에 성공한 비율은 30대가 12.8%로 가장 높았다. 실패 원인으로는 '사업운영 미숙'(63.3%)이 많았다. 그러나 창업 실패자가 74.2%로 창업은 실패하기 쉬운데도 불구하고 응답자의 절반이 넘는 52.1%는 '기회가 되면 다시 창업할 계획'이라고 밝힌 것은 그만큼 창업이 매력이 있기 때문이라고 본다. 최근에는 정부에서도 중소기업벤처기업부를 새로 신설하고 통상산업부와 교육부가 힘을 합쳐 일자리 창출을 위한 '창업활성화' 사업에 많은 역량을 쏟고 있다.

실패 위험이 많음에도 불구하고 창업을 하고자 하는 이유를 자세히 살펴보면 첫째, 평생 직업에 대한 생각의 변화와 고용불안, 계약직(비정규직 포함), 평생직장에 대한 인식 변화 때문이다. 지금까지는 직장에 취업하면 그 직업을 평생 직업으로 알고 직장에 열정을 다하였으나 시대의 변화에 따른 구조조정으로 인한 조기 퇴직, 자신이 하고 싶은 일, 잘하고 싶은 일을 통해 성공해 보고 싶다는 의지가 있어 창업에 나서고 있다.

둘째, 정보통신의 발달로 소자본으로도 창업이 가능하며 업종에 따라서는 단기간 많은 소득을 창출할 가능성이 높기 때문이다. 소규모로 사무실이 없고 가정에서도 인터넷을 이용하여 수익을 올릴 수 있는 창업도 많다. 이와 같이 이제는 아이디어만 가지면 창업하여 소득을 올릴 수 있는 일거리가 많다.

셋째, 경제적 부가 가치와 일자리 창출이 가능하기 때문에 새로운 아이디어와 비전이 보이면 정부나 지방자치단체에서도 적극 지원하기 때문이다. 정보화 사회는 산업화 사회와 달리 정보가 창업의 성공 여부를 판가름하는 척도이기 때문에 좋은 아이디어와 일자리 창출에 도움이 된다는 믿음을 주면 정부나 지방자치단체에서도 다양한 지원을 하고 있다.

넷째, 연령에 관계없이 누구나 쉽게 창업할 수 있다. 취업을 하는 경우 일정한 나이가 되면 직장에서 퇴직을 해야 한다. 그러나 창업을 하면 정년 없이 오랫동안 자신의 역량을 발휘하여 활동할 수 있는 것이 창업의 또 다른 매력이다.

다섯째, 창업영역의 확대 및 성별 · 연령에 관계없는 창업으로 유형이 다양화되었다. 정보화 사회는 정보를 획득할 수 있는 경로가 다양하고 정보를 공유할 수 있다. 그래서 새로운 분야에 관심 있는 사람과 사람의 연결이 쉬워 다른 사람의 도움을 받아 창업할 수 있는 여건이 좋아지고 있다. 또한 지식과 열정 그리고 아이디어를 가진 남녀노소 누구나 창업을 할 수 있도록 지원하는 기관이 늘고 있어 젊은이라면 창업에 나서 보는 것도 자신이 할 수 있는 일을 마음껏 펼칠 수 있는 기회도 된다.

여섯째, 기술 발달의 가속도로 새로운 창업환경이 조성되었으며 소비자의 요구에 신속하게 대응할 수 있다. 새로운 제품의 출시와 이를 빠르게 소비자에게 연결할 수 있는 다양한 수단이 마련되어 있어 용기와 자신감을 가지고 창업하여 성공하는 사례가 많아지고 있다. 현대사회는 정보와 신속함이 성공의 핵심인 사회임을 감안한 창업이 이루어져야 한다.

일곱째, 저출산, 고령화와 여성의 경제적 활동 증가 등의 다양한 사회적 요구를 들 수 있다.

그러나 창업이 매력적이라고 해도 한번 실패하면 새로 창업하기가 매우 어렵다. 따라서 창업을 성공적으로 이끌기 위해서는 아이디어, 시기, 자금, 인적자원 등에 관하여 철저한 준비를 갖추어야 한다.

★ 창업 구성요소

준비 없이 남이 하니까 나도 창업한다는 생각으로는 성공할 수 없다. 창업에 성공하기 위해서는 그에 합당한 노력과 준비가 필요하다. 맥도날드는 딕 맥도날드와 마크 맥도날드 형제가 1948년 캘리포니아에서 새로 시작한 햄버거 가게에서 유래했으며 '맥도날드'는 설립자 형제의 이름 성에서 따왔다고 한다. 맥도날드를 성공으로 이끈 것은 햄버거와 감자튀김, 빵이 가장 맛있게 익는 온도와 고

기를 부드럽게 익히는 법을 연구하고 그 결과를 꼼꼼하게 메모하여, 이를 음식을 만드는 데 활용하여 모든 사람들의 입맛에 맞는 햄버거를 만들었기 때문이다. 또한 맥도날드는 사람들이 빠른 서비스, 저렴한 가격, 맛 좋은 음식을 원한다는 것에 착안하여 거추장스러운 장비 대신에 종이와 플라스틱으로 만든 1회용 나이프, 포크, 컵을 사용하였으며 한꺼번에 여러 개의 밀크 셰이크를 만들 수 있는 기계를 이용하였다. 맥도날드가 이 제품을 만들기 전까지 다른 사람들은 맛과 품질을 표준화시켜 공산품처럼 찍어낼 생각을 하지 못했다. 그러나 맥도날드는 공장 조립 생산 방식에 의한 품질향상과 생산단가의 절감으로 저렴한 가격으로 음식을 제공하게 되었다. 이러한 노력이 있었기에 1995년 창업한 맥도날드는 현재 119개국 34,000개 매장에서 170만 명의 직원이 근무하고 매일 6,900만 명의 고객들에게 제품과 서비스를 제공하며 330조의 자산을 가진 기업이 되었다. 맥도날드는 박사 학위 소유자도 아니고 오직 열정과 소비자들의 요구사항을 사업에 반영하여 성공한 것이다. 또 음식점은 밤 11시에 문을 닫으나 직원들은 새벽 2시에 퇴근하는 열정이 합쳐져서 오늘의 맥도날드를 있게 한 것이다.

그러면 창업을 하려면 어떻게 해야 할까?

첫째, 분석을 철저히 해야 한다. 먼저 사업에 필요한 자질을 가지고 있는가? 자신의 적성에 맞는가? 하고자 하는 사업에 관한 지식이 있는가? 자금은 어떻게 조달할 것인가? 창업의 시기는 언제로 할 것인가? 판매는 어떻게 할 것인가에 등에 철저한 분석이 이루어져야 한다.

둘째, 왜 창업이 필요한가에 대한 사업목적을 찾아보고 이에 합당한 방향을 설정해야 한다. 본인이 하고자 하는 사업이 현재 필요한가? 사업을 통해서 얻어질 수 있는 것이 무엇인가? 사업이 누구를 위한 것인가 등에 대한 내용을 찾아보고 나아갈 방향을 정해야 한다.

셋째, 설정된 방향과 시대의 변화 그리고 소비자의 의견을 반영하는 새로운 아이디어를 가지고 사업 영역을 정해야 한다. 맥도날드가 성공할 수 있었던 것은 소비자들의 요구를 파악하여 새로운 방법을 찾아내고 이를 경영에 반영했기 때문이다. 이와 같이 사업자는 소비자의 소비 성향을 파악하여 이를 해소하기 위해 꾸준히 노력해야 한다.

넷째, 사업의 종류를 정하면 비전과 목표를 정하고 기업에 대한 청사진을 마련해야 한다. 즉, 사업계획을 구체적으로 수립하여야 한다. 사업에 실패하는 사람을 보면 다른 사람들이 성공하는 것을 보고 나도 하면 되겠지 하고 나서는 경우가 대부분이다. 우리나라에서 창업이 많이 이루어지는 분야가 음식점이다. 그러나 성공하는 경우는 30%가 안 된다고 한다. 준비의 부족과 구체적인 사업계획에서부터 문제가 있었기 때문이다.

다섯째, 창업에 필요한 인적 · 물적 자원은 어떻게 조달할 것인가? 유형 자본금과 무형(지식, 기술, 판매망 네트워크)의 자원을 어떻게 확보할 것인가에 대한 계획과 점검이 있어야 한다.

여섯째, 사업 중 발생할 위험 요인은 없는가? 등의 점검으로 사업으로 얻어질 이익과 손해에 대한 분석이 이루어져야 한다.

이런 조건이 모두 마련되었다고 해도 가장 중요한 것은 창업자가 어떠한 위험이 닥쳐와도 이를 극복하고 나아갈 수 있는 불굴의 창업정신을 가지는 것이다.

★ 창업자가 갖추어야 할 요소

창업에 가장 중요한 요소가 창업자의 불굴의 정신이라고 했다. 이런 의미에서 창업을 성공적으로 이끌 수 있는 창업자가 갖추어야 할 요소를 살펴보면 다음과 같다.

① 창업하고자 하는 해당 분야에 전문적 지식을 가져야 한다. 남이 성공했다고 해서 아무나 성공할 수 없다. 요즈음 많이 생기고 없어지는 음식점의 경우도 자신의 아이디어를 반영하여 꾸준히 변화를 추구하는 음식점은 성공하고 그러지 못하는 음식점은 폐업하는 것을 통해서도 알 수 있다

② 급변하는 시대의 변화에 타이밍을 맞추어 지혜롭게 대처할 수 있는 유연한 사고가 필요하다. 세상을 읽을 줄 알아야 한다. 즉, 세상의 흐름을 알고 미리미리 대처하는 혜안을 발휘해야 한다. 사회는 우리의 생각보다 빨리 변하고 있기 때문이다.

③ 창업자의 역할은 이해 관계자들에게 발생할 모든 상황에 책임감을 가지는 것이다.

④ 창업은 새로운 일을 시작하는 것으로 대단히 위험하기 때문에 도전하는 자세를 가져야 한다.

⑤ 창업 준비부터 경영까지 자신의 역할에 최선을 다하는 마음가

짐이 있어야 한다.

⑥ 경영자의 자신감은 종업원들의 사기에 큰 영향을 미치므로 처음부터 자신감을 보여주어야 한다.

⑦ 창업으로 닥쳐오는 어려운 환경에서도 참고 견디며 최선을 다하는 인내심을 가져야 한다.

⑧ 기업가로서 가져야 할 바른 인성을 소유하고 있어야 한다.

⑨ 경영자의 바른 의사결정을 위한 소통이 필요하다. 소통의 결과를 바탕으로 문제에 대한 빠르고 정확한 결단을 내릴 수 있는 리더십을 발휘하여야 한다.

⑩ 건전한 신체에 건전한 정신이 깃든다는 말이 있듯이 육체적, 정신적으로 건강해야 한다.

⑪ 같은 업종에서도 차별화를 기할 수 있도록 창의력을 발휘하여야 한다.

새 시대!
창의융합이 대세

미래학자들은 앞으로 고정화된 일은 자동화와 로봇이 대신하게 됨에 따라 일자리가 줄어들 것으로 예측하고 있다. 앞으로 700만 개의 일자리가 사라지고 200만 개의 일자리가 새로 생겨날 것이라고 한다. 없어지는 직업만큼 실업자 수가 늘어날 것이다. 미래사회의 가장 두드러진 특성은 지식 정보화, 세계화, 다양화, 인간화를 들 수 있다. 세계화의 영향으로 세계는 서로 연결되고 경쟁적 경쟁은 확산되며, 학습과 발견, 또는 혁신의 방식이 변화될 것이고 기술 변화의 가속은 가정, 사회, 경제뿐만 아니라 교육과 과학 그리고 기업에서 일하는 방식까지 변하게 할 것이다(박영숙, 2016). 변화의 모습을 미리 볼 수 있다면 완벽하게 대비를 할 수 있을 터인데 변화의 속도가 너무 빨라서 대응이 어렵다. 하지만 예측한 것을 대상으로 대처할 수 있는 역량을 갖추는 것이 필요하다.

무엇보다도 미래사회는 지금과 다른 사회가 될 것임을 의식하고 변화에 대응하는 역량을 갖추는 노력이 필요하며, 이를 해소할 수 있는 것이 창의성과 융합이다. 또한 창의성은 풍요로운 삶을 위한 핵심 능력이다. 융합이란 서로 다른 생각의 재료를 넣어 무언가를 새로 창조하는 능력을 말한다. 음식점에서는 여러 가지 재료를 다양하게 사용하여 새로운 맛을 내고 있으며 이러한 음식을 퓨전(fusion) 음식이라고 한다. 산업화 시대에는 많은 양의 지식과 정보를 가지고 있는 사람이 성공하는 사회였다면 이제는 시대의 흐름을 읽고 기존의 지식과 경험을 통해 새로운 것을 창조하는 사람이 성공하는 사회이다. 그렇다면 성공하기 위한 창의 · 융합 능력은 무엇일까?

엉뚱한 우리 아이! 에디슨이 알을 품은 것과 같아요

동물들이 모여 학교를 만들었다. 그들은 달리기, 오르기, 날기, 수영 등으로 짜인 시간표를 채택했는데, 학교가 행정 편의상 모든 동물이 똑같은 과목을 수강하도록 했다.

오리는 교사보다 수영을 잘 하고, 날기도 그런대로 좋았다. 하지만 달리기 성적은 낙제였다. 때문에 방과후에 달리기 과외를 받았다. 달리기 연습으로 물갈퀴는 닳아서 약해졌고 수영 점수마저 평균으로 떨어졌다. 토끼는 달리기를 가장 잘했지만, 수영 때문에 신경쇠약에 걸렸다. 오르기에 탁월했지만 날기가 바닥인 다람쥐는 교사가 위로 날 것을 요구하는 바람에 좌절했다. 독수리는 타의 추종을 불허하는 날기 솜씨에도 다른 수업에는 아예 참석도 하지 않아

불규칙한 출석으로 문제학생이 되고 말았다. 결국 수영 잘하고, 달리기와 오르기, 날기는 보통으로, 평균점수 1위였던 뱀장어가 학기 말에 졸업생 대표가 되었다는 이야기이다.

위 내용은 교육학자 리브스(R. H. Reeves) 박사가 지은 '동물학교'라는 우화다. 동물들은 각자 창조된 목적대로 움직일 때에만 우수하다. 다른 목적을 요구할 때는 아무런 힘을 발휘하지 못한다. 자녀의 잠재력을 잘 파악해 '소질과 끼'를 살려주는 교육이 필요하다는 의미다. 만약 우리 아이들이 '동물학교'에 간다면 어떻게 될까? 독수리나 오리 같은 처지에 놓일 수 있다. 발명왕 에디슨이 정규 교육과정에 적응하지 못했던 것처럼……

좋은 부모가 된다는 것은 어떤 의미일까? 시대마다, 국가마다, 계층마다, 개인마다 올바른 부모역할에 대한 정의는 달랐다. 완벽한 부모가 될 수 있을까? 이에 대한 답은 간단하지 않다. 좋은 부모가 된다는 것은 자녀에게 행복을 선물할 수 있는 계기가 된다는 점에서 의미 있는 일이다. 유·초등 시기는 한 인간으로서 삶의 기틀을 마련하는 결정적 시기다. 따라서 이때 부모와의 초기 경험은 자녀의 인성과 성공적인 삶을 위해 무엇보다 중요하다.

아이들이 행복하고 몸과 마음이 잘 자란다는 것은 매우 기쁜 일이다. 아이의 마음이 자란다는 것은 그만큼 사고력과 창의력 상상력이 풍부해지기 때문이다. 아이가 자유롭게 상상력을 마음껏 펼칠 수 있도록 도와주는 '창의성 기르기'는 우리 아이들의 독특한 개성으로 자신만의 경쟁력을 갖추는 것이다. 아이들은 무한한 가능성을 가지고 있다. 하지만 에디슨이 '알'을 품고 병아리가 나오기까지 기다렸던 엉뚱한 일처럼, 아이마다 가지고 있는 상상력이나 창의력, 사고력 등의 정도에 따라 가능성을 발휘하는 정도는 달라질 수 있다.

아이들은 이러한 힘을 바탕으로 자신의 미래를 키워나가는 것이다. 우리 주변에는 어릴 적 유난히도 손이 많이 가고 산만한 행동과 지나친 호기심으로 부모를 걱정하게 하는 아이들이 있다. 엉뚱한 질문을 계속해서 하거나 무엇이든 궁금해서 호기심에 옆에 있는 사람을 아주 귀찮게 하는 아이들이 있다. 또한 잠시도 앉아 있지 못하고 산만하거나 과잉행동을 하는 아이들도 있다. 이런 아이들일수록 눈여겨보아야 한다. 또 누가 아는가? 천재성을 지닌 영재아이일지.

부모의 눈에는 아이들의 이러한 행동이 말썽부리는 것으로만 보이겠지만 오히려 이러한 아이들은 창의력, 상상력, 사고력이 풍부할 가능성이 높다. 아이의 엉뚱한 행동이나 지나친 호기심을 이해할 줄 아는 부모가 아이의 창의력을 더욱 키워준다는 사실, 절대로 잊지 말자.

창의랑 놀~자!

21세기에 국제 경쟁력을 위한 절대 조건은 비판적 사고력과 논리적 사고력, 창의적 사고력 등 종합적인 문제해결 능력이다.

창의성은 기존 지식을 바탕으로 독창적이고 유용한 것을 새롭게 생성해 내는 능력을 말한다. 이를 위해서 첫째, 특정 분야에 대한 전문지식을 가져야 한다. 기본적 지식이 없는 상태에서 참신하고 기발한 아이디어를 만들어 내는 것은 불가능하기 때문이다. 둘째, 문제를 창의적으로 해결할 수 있는 문제해결 능력을 갖추어야 한다. 셋째, 동기부여가 있어야 한다. 동기부여를 통한 욕구가 있을 때 하고자 하는 욕망이 생기고 새로운 사고와 인내심을 기를 수 있기 때문이다. 넷째, 사고의 융통성과 참신성을 유도할 수 있는 환경을 갖추어야 한다.

새로운 것을 만들어 내는 특성, 다양한 분야에서 시대적 요구, 삶의 문제 해결에서도 이처럼 창의성을 필요로 한다. 항상 새로운 것, 더 좋은 것들은 우리 생활이 잘 자리 잡을 수 있도록 해주는 원동력이다. 처음에는 현실적으로 불가능한 것처럼 보여도 사람의 머릿속에 들어 있는 무궁무진한 상상력과 창의력이 이를 가능하게 한다. 이처럼 창조의 시작은 상상력이다. 무엇인가를 새롭게 만들어 낸다는 것, 그것은 새로운 것을 끊임없이 만들어 내면서 즐거움과 성취감을 채우려는 인간의 본능이다. 만약 상상력이 없다면 새로운 것은 만들어지지 못할 것이며, 아이들에게 상상력이 없다면 미래는 아무런 발전이 없을 것이다. 머릿속 상상력을 실제로 구현해 내기 위해 실험하고 연구하고 노력하는 사람들만이 미래를 이끌어 가는 주인공이 될 수 있다. 수학, 과학, 문학, 음악, 미술 등 어느 분야에서든 전문능력을 키우기 위해서는 창의성과 사고력이 충분히 발휘되어야 한다. 왜냐하면 과학영역에 뛰어난 지식을 가지고 있어도 창의적 성취를 이루어 내지 못한다면, 단지 지식을 전담한 보관창고에 불과하기 때문이다(윤여홍, 2006).[2)]

새로운 것을 발전시키기 위해서는 창의적인 사고와 힘이 필요하다. 창의성은 고대 플라톤에서 시작하여 듀이에 이르기까지 인간의 중요한 영역으로 취급되어 왔으나 하나의 학문 영역으로 인정받

2) 윤여홍(2006). '우리 아이 숨은 재능' 일부 발췌.

게 된 것은 얼마 되지 않는다. 19세기 이전까지는 아주 소수의 사람만이 가진 선천적 능력으로 보았으며 20세기 초까지도 객관적인 창의성 연구가 진행되지 못했다. 창의성이 학문적 영역으로 들어오게 된 것은 길포드(Guilford)가 창의성의 중요성과 경험적 연구의 필요성을 연설한 것을 계기로 연구가 진행되었고 요즈음은 창의성이 사회의 트렌드가 되고 있다. 이에 따라 학교, 기관, 기업 등 모든 조직에서도 화두가 되고 있는 것이 창의성이다. 산업화에서 지식정보화 사회를 거쳐 4차 산업혁명 시대에 이르는 과정에서 급변하는 사회적 문제는 기존의 지식과 전통적 방식으로는 해결하기 어렵게 됨에 따라 창의성이 중요한 역량이 되었기 때문이다.

그러면 창의성의 의미는 무엇일까? 국어사전에는 새롭고 남다른 것을 생각(의견)해 내는 성질이라고 정의하고 있다. 길포드(Guilford)는 새롭고 신기한 것을 만드는 힘으로, 토랜스(Torrance)는 새롭고 독특한 아이디어로 새로운 시각으로 문제를 보는 것이라고 했다. 이를 바탕으로 창의성을 정의해 보면 일상생활에서 부딪히는 문제들에 대해 기존의 경험이나 지식을 바탕으로 새로운 것을 조합해 내는 것과 연관된 정신적이고 사회적인 과정이라고 할 수 있다. 그러면 창의력을 높일 수 있는 방법은 무엇이 있을까?

창의적 아이로 키우는 다섯 가지 비밀

창의성은 현대와 미래사회를 살아갈 사람들 모두에게 요구되는 능력으로 적은 수의 천재에게만 선별적으로 나타나는 것이 아니고 누구나 가지고 있는 보편적인 능력으로 교육과 훈련으로 개발될 수 있다고 한다. 따라서 가정과 학교에서는 학습자들의 창의성을 길러주기 위하여 확산적 · 비판적 사고를 길러주고 효율적인 수업 환경을 조성하기 위해 노력해야 한다. 창의성 있는 인재를 육성하는 것은 우리나라의 국제 경쟁력을 키우는 데 큰 역할을 함은 물론 미래를 살아갈 학생들의 삶을 행복하게 해줄 역량이기 때문이다. 세계의 최고 경제 강국인 미국 교육의 강점은 창의성 교육에 있다고 한다. 세계 각국 아이들에 비하여 미국 학생들이 보유한 지식과 기능 습득 수준은 평균을 약간 웃도는 정도에 있지만 노벨상 수상자를 가장 많이 배출하고 세계 최고 수준의 국가경쟁력을 보유하고 있는 것은 창의성이 그 핵심인 미국의 연구 능력에 있다고 볼 수 있다. 우리나라는 5차 교육과정에서부터 창의적 인간 육성을 위해 창의성 교육을 중요시해 왔으나 수업이 입시 위주의 문제풀이와 암기 위주로 진행되고 있어 우리 아이들의 창의성 개발에 악영향을 끼치고 있다.

길포드(Guilford)는 지능구조 모델에서 창의성 구성요소로 유창성, 융통성, 정교성, 독창성을 들었고, 파킨슨(Parkinson)은 창의성 구성요소에 영향을 미치는 요인으로 잠재력, 계획, 가치를 들었다. 이 외에도 창의성 구성요소에 영향을 미치는 요인으로 민감성, 자발성, 독자성, 근면성, 호기심 등이 있다. 창의적 아이로 키우기 위해 창의성 구성요소를 좀 더 자세히 살펴보면 다음과 같다. 유창성은 주어진 문제를 해결하기 위해 제한된 시간 내에 얼마나 많은 양의 아이디어를 낼 수 있느냐를 의미한다. 융통성은 어떤 문제에 대하여 다양한 아이디어를 창출하는 것을 말한다. 즉, 아이디어를 창출하여 문제를 해결할 때 다양한 방법을 이용하여 해결책을 찾는 것을 말한다. 정교성은 아이디어를 발전시켜 좋은 아이디어가 될 수 있도록 정교하고 세련되게 할 수 있는 능력을 말한다. 독창성은 한 가지 방법으로 문제를 해결할 수 없을 때 계속적으로 참신한 아이디어를 접목시켜 문제해결을 새롭게 도출할 수 있는 능력이다. 그렇다면 '창의적 아이로 키우기 솔루션! 5가지 비밀'은 무엇인지 알아보자(윤여홍, 2006).

창의적 아이로 키우기 솔루션! 5가지 비밀

첫째, 많은 양의 아이디어를 만드는 유창성을 키우자

제한된 시간 내에 얼마나 많은 양의 아이디어를 낼 수 있는가를 의미한다. 아이디어가 많으면 그만큼 선택의 여지가 많아져서 최상의 결과를 얻어낼 수 있는 가능성이 커지는데, 이처럼 아이디어를 많이 만들어 내게 하는 것이 유창성이다. 유창성을 기르기 위해서는 한 가지의 답이 아니라 많은 아이디어를 내도록 훈련해야 한다. '그 밖의 다른 것을 생각해 보기', '많이 생각하기', '떠오르는 대로 전부 말하기' 등도 시도해 본다. 아이디어를 많이 만들어 내도록 하는 것이 '유창성'이다.

둘째, 자신만의 독창성을 키우자

독창성은 남이 생각하지 않은 아주 새롭고 독특하고 진기한 아이디어를 내는 능력을 말한다. 즉, 독창적인 생각은 의외의 생각이나 깜짝 놀랄 만한 생각, 관심을 집중시킬 만한 생각 등을 의미한다. 아이에게 독창성을 길러주기 위해서는 '새로운 것 상상하기', '새롭고 특이한 방법 생각해 보기', '이 세상에서 하나밖에 없을 것 같은 것 생각하기' 등을 시도해 볼 수 있다.

셋째, 자유로운 시각을 갖게 하는 융통성을 키우자

융통성은 아이디어나 문제 상황을 여러 관점과 영역에서 보는 것으로 사고 방향의 다양성을 갖게 해준다. 일의 형편에 따라 적절하게 처리하는 능력을 융통성이라 한다. 융통성은 다른 사람의 입장에서 바라보는 시각과 다양한 관점을 아우르는 안목을 길러주며 고정관념에서 벗어난 자유로운 사고를 가능하게 한다. 아이에게 융통성을 길러주기 위해서는 '적어도 3가지 이상의 다른 종류, 다른 방법을 생각해 보기', '다른 사물 사이의 공통점과 차이점 생각하기' 등을 시도해 본다. 다양한 것들과 긍정적으로 함께하는 삶에 익숙한 아이들과 젊은이들이 창의적 인재로 성장할 것이다.

넷째, 정교하고 세련되게 할 정교성을 키우자

처음 떠올린 아이디어는 다소 엉뚱하거나 막연하게 느껴질 수도 있다. 하지만 계속 생각하고 더 자세하게 만들고 덧붙이면서 완전하고 창의적인 결과물로 만들어 가는 것이다. 이처럼 아이디어를 좀 더 발전시키고 완성시켜서 충분한 결과물로 이어지게 하는 것이 정교성이다. 아이에게 정교성을 키워주기 위해서는 단순한 아이디어를 구체화하며 설명해 보기, 자세히 그림 그리기, 단계별로 계획하기, 제목 부연설명하기 등을 하도록 유도한다.

다섯째, 아이디어 가치를 부여하는 구체성을 키우자

아이디어가 가치를 갖기 위해서는 현실적으로 구체성이 있어야 한다. 창의성이 창의적인 결과로 이어지기 위해서는 이상적인 아이디어로만 그쳐서는 안 된다는 의미이다. 아이가 자신의 아이디어를 실제 결과물로 완성시키기 위해서는 이상적인 것을 추구하면서도 현실성을 염두에 둘 수 있는 구체성을 갖추고 있어야 한다. 아이에게 구체성을 길러주기 위해서는 '장점과 단점은 무엇인가', '편리한가', '경제적인가', '불편한 점은 없는가' 등을 스스로 질문해 보게 한다.

가정에서의 창의성 높이기

부모가 자녀를 어떻게 양육하느냐에 따라 창의성에 큰 영향을 미친다. 부모는 자녀에게 역할 모델이 되어주기도 하고, 스스로 배우고 도전하여 새로운 것을 발견할 수 있도록 도움을 주어야 한다. 부모는 자녀의 창의성 개발을 위해 문제해결 과정에서 자녀 스스로 방법을 찾아내서 해결할 수 있도록 해야 한다. 우리나라 부모들도 창의적인 자녀를 길러야 한다는 데 동의하고 있고, 창의성 있는 자녀 기르기를 원하고 있다. 하지만 모든 활동이 대학입시에 초점이 맞추어져 있어 자녀를 주입식 교육에 참여시키고 있다. 아이가 원하는 것이 무엇인지에는 관심이 없고 부모의 욕심과 판단에 따라 백화점식 활동을 쉴 사이 없이 계속해서 강요하고 있는 것이 우리나라 교육이 해결해야 할 과제이다.

급격한 사회의 변화로 학생들이 학교교육에서 배운 지식이 성인이 되었을 때는 쓸모없게 될 가능성이 크다. 따라서 가정에서 지식과 기술을 주입하기보다는 급격하게 변하는 사회에서 발생할 수 있는 문제를 해결하는 능력을 길러주는 것이 필요하다. 학생들의 창의성을 개발해 주는 데 부모의 역할은 매우 중요하다. 즉, 획일적 주입식 교육에서 벗어나 자녀를 다양한 방법으로 자신이 원하는 학습을 주도함으로써 창의적 사고를 자극할 수 있어야 한다. 또한 자녀가 정보를 독창적으로 해석해 볼 수 있도록 한다. '새로움'의 창조는 자녀에게서 비롯되어야 하며 부모는 그를 위한 환경을 조성해 주고 그 결과를 인정해 주어야 한다. 자녀가 '새로움'을 창조할 수 있도록 도와주는 환경이란 자신의 다른 생각으로 인해 비웃음을 받지 않을까 하는 두려움이 없고 확산적 사고를 마음껏 편안하게 표출할 수 있는 환경을 의미한다.

토랜스(Torrance)는 창의성 개발을 위한 20가지를 제시하였다. 창의적 사고를 가치 있게 평가하고 환경의 자극에 민감하게 반응하도록 하며, 아이디어를 조작해 보도록 격려하고 아이디어를 체계적으로 검증하는 방법을 가르쳐야 한다. 새로운 아이디어에 포용력을 가지며 정해진 방식을 강요하지 않고, 창의적인 분위기를 조성하며 자신의 창의적 사고를 가치 있게 여기도록 가르친다. 활동적인 시간과 함께 조용히 혼자 생각할 시간을 제공하고 아이디어를 실행하는 데 필요한 자원을 지원하며, 아이디어가 시사한 바를 충분히 실행해 보는 습관을 갖도록 하고 피상적 비판이 아닌 정보적, 건설적인 비판을 한다. 다양한 분야에 대한 지식을 습득하도록 격려하며 모험심 있고 엉뚱한 아이디어도 기꺼이 경청한다.

창의성을 쑥쑥 키우는 놀이활동

창의성을 키울 수 있는 놀이활동은 정해진 틀이나 방법 없이 아이 스스로 만들어 가게 하는 것이 좋다. 예를 들면, 실뜨기, 공놀이, 그림 그리기, 다양한 물품과 도구를 이용해서 만들기, 색종이 오려 모양 만들기, 다양한 모양의 바람개비 만들기, 모빌 만들기 등이 있다. 게임판을 직접 그리고 색칠하며 만들어 보는 것도 효과적이다.

또한 긍정적인 자아정체감 형성과 더불어 자신을 사랑하고 잘할 수 있다는 자신감을 갖도록 자아존중감 향상에 노력해야 한다. 자녀가 스스로 목표를 설정하고 실천해 나가도록 다양한 체험활동, 독서활동, 창의적 사고력 증진으로 자신감을 길러주어야 한다.

창의성의 핵심은 융합이다

창의와 융합은 바늘과 실의 관계와 같다. 많은 연구를 통해 창의성은 모든 사람에게 잠재되어 있고 잠재된 창의성은 얼마든지 교육과 훈련을 통해 계발될 수 있다는 것이 밝혀지면서 창의성 계발에 대한 관심이 더욱 높아졌다. 기본적인 여러 지식을 바탕으로 융합이 될 때 창조가 가능하기 때문이다. 창조는 어느 날 하늘에서 갑자기 떨어지는 것이 아니고 무한의 상상력과 열정 그리고 인내심을 가지고 노력해야 이루어지는 산물이다. 미국의 현대 무용가로 알려진 트와일라 타프(Twyla Tharp)는 무용과 다른 예술 장르를 결합시켜 다양한 시도를 한 사람으로 『천재들의 창조적 습관』이라는 책에서 천재는 타고나는 것이 아니라 습관을 통해서 만들어진다고 했다. 창조융합 인재로 원래부터 타고난 천재는 없고 준비와 노력의 산물이며, 창조를 위한 노력이 규칙이 되고 습관이 될 때 가능하다는 것이다. 또한 창의성 전문가 앤 커밍스와 그레그 올드햄(A. Cummings & G. Oldham)은 창의적 인재가 갖추어야 할 요건으로 4C, 즉 Compassion(고객과의 공감에 탁월한 인재), Conception(풍부한 상상력을 갖춘 인재), Controversy(창조적 논쟁을 즐기는 인재), Commitment(끝없는 열정을 갖춘 인재)를 들었다.

오늘날은 생산력이 중심이던 20세기와 달리 마케팅, 디자인, 브랜드와 같은 역량이 어우러진 복합 창조력이 요구되는 시대이다. 창조의 아이콘 스티브 잡스와 애플은 전에 있는 것을 모아 새로운 것을 융합하여 산업계의 영웅이 되었으며, 창의와 융합에 대한 관심을 고조시키는 데 공헌했다. 앞으로 한국 사회를 먹여 살릴 핵심 이슈로 지식, 과학, 기술, 교육 등의 전방위에 걸친 융합이 화제로 등장하고 있다. 신상품을 개발하고 새로운 마케팅 기법을 고안해 내야 하는 산업계는 물론이고, 과학기술 분야와 인문사회 과학 분야 같은 학계까지 미래를 개척할 새로운 돌파구로서 융합의 필요성을 강조하고 있다.

미래사회와 관련하여 가장 밀접한 관계를 맺고 있는 단어는 창조와 융합이다. 창조는 창의, 창제와 같은 의미로 사용하기도 하며 영어로 create, creation로 표현된다. 창조의 사전적 의미는 '새로운 것을 처음 만들어 내는 것'을 말한다. 즉, 창조는 무에서 유를 만드는 것이다. 아무것도 없는 상태에서 무엇을 만든다는 것인지 매우 막연하게 들리는 단어이기도 하다. 그러나 우리나라가 세계화, 고령화, 환경, 기술 등에서 드러나는 문제점으로 성장이 한계에 이른 상황에서 이를 해결할 수 있는 방안이 새로운 것을 창조하는 것이다.

이에 반하여 융합은 영어로 'fusion'이고 사전적인 의미는 '둘 이상의 사물을 서로 섞거나 조화시켜 하나로 합하는 것' 또는 '다른 종류의 것을 녹여서 서로 구별이 없게 하나로 합쳐지거나 그렇게 만드는 것'을 의미한다. 융합이란 서로 다른 생각의 재료를 넣어 무언가를 새로 창조하는 능력을 말한다. Fusion(융합)이라는 용어는 과학 기술과 관련된 언어로만 생각하기 쉬우나 요즈음은 다른 학문 분야에서도 보편적으로 쉽게 접할 수 있는 말이 되었다.

스팀(STEAM) 교육으로 디자인하자

우리 아이들에게 스스로 하고자 하는 성취동기를 키워주는 것이 필요하다. 감성지수(EQ)의 요인 중에 '동기(Motivation)'가 중요하다, 동기유발은 어떤 행동을 하도록 강하게 부추기고 그 행동을 지속시켜 주는 힘이다. 즉, 특정한 방향으로 행동하도록 활력을 주는 내재적인 힘을 의미하는데, 동기는 어떤 행동을 시작하게 하고 방향을 결정해 주며 요구가 채워질 때까지 그 행동을 지속한다. 동기유발을 위해서는 흥미와 이해, 관심을 높이고 문제해결 능력을 기르는 '스팀(STEAM) 교육'이 필요하다.

STEAM이란 과학(Science), 기술(Technology), 공학(Engineering), 예술(Arts), 수학(Mathematics)의 영어 첫 글자를 따서 만든 용어이다. 미국에서 2007년 10월에 STEM 교육이 처음 시작되었다. 우리나라 STEAM 교육은 미국의 STEM 교육에 예술(Arts)을 붙여 과학교육 인재를 양성하겠다는 것이다. 이를 위해 암기식 문제풀이 학습을 지양하고 수학에 대한 흥미와 이해를 높이며, 융합적 사고와 문제해결 능력을 배양하는 교육, 교과를 '쉽고 재미있게' 구성해 학생들의 이해와 관심을 높이는 것에 목적을 두었다. 또한 STEAM 교육은 학습자 흥미 증진과 탐구 및 토론학습, 소통과 협력 수업으로 학생들이 수업에 관심을 갖도록 만들고, 즐겁게 공부하도록 하여 4차 산업사회에 적합한 역량을 길러주는 데 의미가 있다.

우리가 사는 시대는 새로운 지식이 과다하게 증가하는 동시에 지식의 수명은 급하게 단축되고 스마트폰을 이용하면 언제 어디서나 원하는 정보를 마음대로 찾을 수 있게 되었다. 따라서 이제는 스마트폰을 이용하여 지식의 검색이 가능하기 때문에 얼마나 많은 지식을 가지고 있는가보다는 기존 지식을 어떻게 융합해서 새로운 것을 산출할 수 있는가가 더욱 중요한 사회가 되었다. 실제로 우리가 실생활에서 부딪히는 대부분의 문제는 어느 한 영역의 지식만으로 풀 수 없고 다양한 지식을 활용해야 해결될 문제들이며 이를 해결하는 과정에서 자연스럽게 학문의 융합이 이루어진다. 이와 같이 STEAM 교육에서의 융합은 문제해결 과정에서 생기는 '자연스러운 융합'을 말하는데, 이는 융합이 문제해결 과정에서 자연스럽게 일어나는 현상이기 때문이다. 이러한 내용을 종합해 보면 STEAM 교육은 다음과 같다.

> 흥미와 이해를 높이고 과학기술 기반의 융합적 사고와
> 문제해결 능력을 배양하는 교육

미래사회에 대응하는 역량은 ① 새로운 것에 도전하여 남과 다른 것을 만들어 내고, ② 자신만의 방식으로 자신의 부가가치를 높일 수 있도록 자기관리 능력이 있어야 하며, ③ 자신만의 색깔을 나타내며 다른 사람의 마음을 읽을 수 있는 사회적 공감 능력이 있어야 하고, ④ 타인과의 관계를 잘 맺을 수 있는 의사소통 능력과 감성을 지녀야 하며, ⑤ 정보 기술 및 매체를 잘 다룰 수 있는 전문지식을 가지고 있는 것이라 할 수 있다.

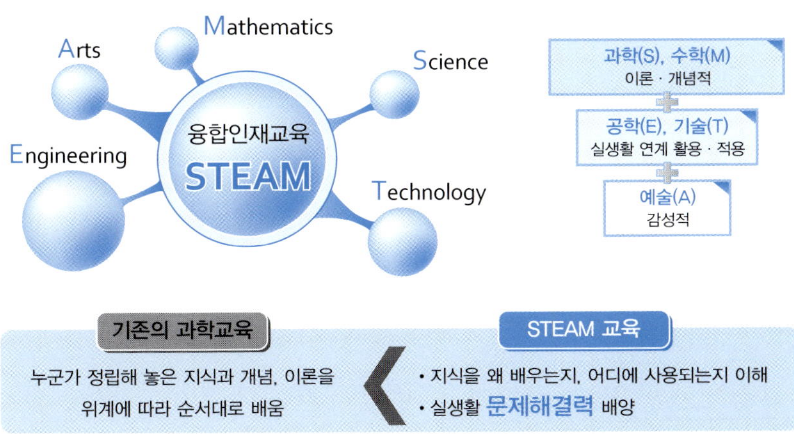

이처럼 동기유발을 위해서는 흥미와 이해, 관심을 높이고 문제해결능력을 기르는 '스팀(STEAM) 교육'이 중요하다. 우리 아이를 창의융합 인재로 키우고 싶다면 과학, 기술, 예술, 수학 등 다양한 영역과 분야의 콘텐츠를 접해보도록 하는 것이 필요하다. 체험, 토론, 프로젝트접근법 등 다양한 활동을 통해 융합적 사고력과 창의적인 문제해결력을 향상시킬 수 있기 때문이다.

3

미래사회에는 따뜻한 인성이 더욱 실력이다

요즈음 갑질 문제로 많은 이들의 입에 오르내리는 사람들에 대한 비난이 사회적 이슈가 되고 있다. K씨, J씨, S씨 Y씨 등이 문제의 인물이다. 이들의 공통점은 부(富)나 지위를 이용하여 부하 직원이나 자기보다 낮은 지위에 있다고 생각하는 사람들의 자존심을 훼손하는 행위를 한 것이다. 모두가 행복한 사회가 되기 위해서는 지위에 관계없이 서로가 서로를 존중하고 신뢰하는 분위기가 만들어져야 한다. 그러나 위의 사람들은 자신의 지위를 이용하여 소속 직원이나 다른 사람을 배려하지 못하고 무시하여 많은 사람들의 비판을 받고 후회하며 용서를 구하는 상황을 연출했다. 사소한 잘못이 발단이 되어 사회적 물이를 일으켰고, 그 대가로 자신이 공들여 쌓아온 많은 것을 잃게 되었다. 이들이 세상의 변화를 인지하고 다른 사람과 소통하고 배려했으면 자신도 발전하고 사회 발전에도 이바지했을 터인데 그러지 못하고 고통을 받는 모습을 보면 안타까운 마음이 든다.

최근 많은 연구물에서 학교점수에서는 잘 나타나지 않는 인간적인 매력이 성공적 삶을 사는 데 더 중요하다는 결과를 발표하며 인성교육에 주목할 것을 강조하고 있다. 인공지능, 로봇, 사물인터넷 등 디지털 기술이 보편화되고 있는 세상에서 역설적이게도 아날로그적 감성이 빛을 발하고 있다. 이것은 인공지능 시대 사람 냄새 풍기는 인성이 그 어떤 스펙보다 뛰어난 실력이 될 수 있음을 암시한다. 감동과 미소를 선물하는 사람, 주위에 기쁨과 행복을 전하는 사람이 기술 진보를 넘어서 세계를 움직이는 거대한 흐름을 만들어 낼 수 있다고 한다.

미래에는 다양한 특성을 가진 사람들이 함께 공존하며 소통과 협력을 통하여 문제를 해결해야 한다. 미래 인재의 조건에 지적 능력뿐 아니라 인격적 요소가 더욱 중요해지는 이유다. 따라서 이제 부모는 아는 것이 많은 사람을 길러내는 것이 아니라 인간성을 바탕으로 능력 있는 사람이 될 수 있도록 하는 데 관심을 가져야 한다. 미래로 갈수록 인성의 중요성은 더욱 강조될 것이고, 따라서 부모는 바른 인성을 가진 자녀를 양육하는 데 더욱 많은 관심을 가질 필요가 있다.

인공지능 시대 솔루션!
따뜻한 인성

사회가 발전하면 할수록 사소한 잘못으로 인하여 어려움을 겪는 사람이 더 많아질 것으로 본다. 무엇보다 중요한 것이 바른 성품을 갖는 것임을 교훈으로 삼아야 한다. 따라서 부모들은 자녀교육의 최우선순위를 예의 바르고 도덕성 있는 인간, 즉 바른 인성을 지닌 사람을 길러내는 교육에 두어야 한다. 학원에 보내 성적에만 올인 하기보다는 바른 인성을 지닌 아이를 기르는 것이 사회적 비용도 줄이고 자녀와 부모 모두의 행복한 삶을 추구할 수 있다는 사실을 알아야 한다. 자녀교육의 최우선순위를 좋은 대학 좋은 직장을 갖는 것에 두기보다는 바른 행동으로 사회 발전에 이바지할 수 있는 자녀를 기르는 데 두어야 한다는 것이다. 그러면 미래사회를 살아갈 청소년들에게 필요한 인성교육은 어떻게 해야 할까를 고민해보고 답을 제시하고자 한다.

먼저 실천하는 부모가 되자

요즈음 직장에서 사람을 채용하거나 인물평을 할 때 중요시되는 것이 그 사람의 됨됨이다. 사람의 됨됨이는 인격, 성품, 품격, 기품을 나타내는 말과 같은 의미를 가진다. 사람의 됨됨이는 다른 사람들과 관계를 원만하게 유지하기 위해서 중요한 요소가 된다. 특히 국가의 요직을 맡아서 일을 하고자 하는 사람들에게는 중요한 평가 척도가 된다. 됨됨이를 성품의 측면에서 보면 품성과 성질을 말하며 타고난 성질을 말한다. 그러나 연구에 의하면 성품은 타고났다고 보기보다는 후천적 요인이 많은 영향을 미친다고 한다. 따라서 바른 성품을 지닌 아이를 기르기 위해서 가정과 사회는 후천적인 노력을 게을리하면 안 된다. 요즈음 국가의 요직에 기용하기 전에 실시하는 검증에서 가장 문제가 되는 것이 도덕성이다. 도덕성의 사전적인 의미는 도덕적인 품성, 선악의 입장에서 보는 인격, 판단, 행위 등에 대한 가치라고 정의된다(표준국어대사전).

선진국과 후진국의 차이는 부의 차이도 있지만 도덕성의 차이가 월등하다. 선진국으로 갈수록 부패지수가 낮고 높은 도덕성을 요구한다. 후진국일수록 부패지수가 높으며 부정과 부패가 많아 국가발전의 저해 요소가 되는 것을 각종 자료를 통해 알 수 있다. 우리의 경우도 사회가 발전하고 국민들의 의식 수준이 높아지며, 소득이 높아질수록 예전에 비하여 도덕성이 강조되고 있다. 과거에는 어렵게 살았지만 경제개발 계획의 성공적인 추진으로 국민들의 경제적 수준은 높아짐과 동시에 도덕성에 대한 의식도 높아졌으며 이의 요구 수준은 지금도 계속 증가하고 있다.

국민의 눈높이가 높아지고 있다는 것은 주요 기관의 장(장관급 이상 인사)을 임명하기 위해서 실시하는 인사청문회를 보면 알 수 있다. 하나같이 법을 어겨 한두 개의 전과 기록은 기본으로 가지고 있어 어떤 경우에는 기관의 장에 오르지 못하고 낙망하는 경우도 볼 수 있다. 이러한 고비를 어쩌다 잘 넘겨 등용된 사람들은 과거의 일이니까, 또는 다른 이유를 빌미로 버젓이 기관의 장으로 등용되고 있는 실정이다. 이와 같이 법을 어긴 사람을 구렁이 담 넘어 가듯이 슬그머니 등용시키고 가볍게 처벌하다 보니 상대적으로 법을 잘 지키는 사람만 억울함을 느끼게 되어 어떠한 편법을 동원하든지 경쟁에서 이기기만 하면 된다는 생각이 우리 사회가 바른 길로 가는 데 한계점으로 등장하고 있다. 미국의 닉슨 대통령이 도덕성이 문제가 되어 자리에서 물러난 것과 같이 선진국의 경우는 사회 지도층에게 중요시되는 것이 도덕성이기 때문에 어려서부터 다른 어떠한 교육보다도 인성교육에 최우선을 두고 있다.

예로부터 우리 민족도 예절을 중하게 여겨 예절교육을 소홀히 하지 않았기 때문에 동방예의지국으로 일컬음을 받았다. 그러나 삶의 현장에서 경쟁이 심해지다 보니 남을 이해하고 양보하는 인성이 좋은 사람보다는 편법을 동원해서라도 경쟁에서 이기면 된다는 양상으로 바뀌게 되었다. 이것은 사회적 갈등을 야기하는 원인이 되고 있으며 선진국으로 발돋움하는 데 저해 요인이 되고 있다.

요즈음 각종 강력 사건이 하루건너 발생하고 있다. 이런 일이 벌어질 때마다 인성교육의 부재를 탓하지만 고질적인 이 병은 잘 고쳐지지 않고 있다. 문제점을 방치하다가 문제가 발생하면 그제야 국가, 사회, 가정의 탓으로 돌리며 원망하고 후회한다. 그러나 '소잃고 외양간 고친다'는 우리 속담과 같이 나중에 후회한들 무슨 소용이 있을까? 따라서 어려서부터 바른 인성을 함양할 수 있도록 교육이 이루어져야 한다.

인성의 의미는 자신만의 스타일로서 다른 사람들과 구분되는 지속적이고 일관된 독특한 심리 및 행동양식 또는 사람의 성품, 각 개인이 가지고 있는 사고와 태도 및 행동 특성(인지 정의, 행동)이라고도 한다. 아이가 가장 먼저 접하는 사회는 가정이다. 따라서 인성교육의 시작은 가정이라고 할 수 있다. 지식이 많은 아이를 길러내는 것에 초점을 맞추기보다는 바른 인성을 가진 아이를 길러내는 데 초점을 맞추고, 부모가 자녀에게 본을 보이고 가르쳐야 한다. 가정에서 교육을 잘 받은 아이는 밖에서도 문제를 일으키는 경우가 적으나 그렇지 못한 아이의 경우 사회적으로 많은 문제를 일으켜 부모의 마음을 아프게 하며, 부모는 자신의 교육 방법을 후회하게 되나 이미 엎질러진 물이다. 따라서 바른 인성을 지닌 아이로 길러야 아이나 부모 모두 행복한 삶이 있을 수 있다.

그러나 이러한 교육은 가정의 힘만으로는 부족하다. 아프리카 속담에 '한 아이를 바르게 키우기 위해서는 온 마을이 필요하다'고 하듯이 행복한 사회 살기 좋은 나라가 되기 위해서는 국가, 사회, 가정 모두가 바른 인성을 지닌 아이들을 길러내기 위해 힘을 합쳐야 한다. 우리 주변에서는 오늘도 많은 사건이 일어나고 있다. 이러한 사건을 통해 바른 행동을 지닌 아이를 길러내야 한다는 것을 다짐하는 타산지석으로 삼아야 한다. 예로 지금도 사람들의 머리에서 지워지지 않는 1993년 4월부터 1994년 9월까지 사회를 떠들썩하게 만든 지존파 사건을 들 수 있다. 이들은 범죄 조직을 결성하고 사람을 무참하게 살해하여 사회를 불안에 떨게 만들었다. 범인 중 한 명은 범행을 뉘우치기보다는 “나는 인간이 아니다. 그래서 다 잡아 죽이려고 했다. 특히 나를 낳아준 우리 엄마를 내 손으로 못 죽여서 한이 된다”고 했다. 어릴 때부터 절대빈곤 환경에서 살았으며 가정교육을 제대로 받지 못해서 부모에 대한 원망이 깊었다. 재판과정에서 이들 중 일부는 인간적으로 대해준 것에 대해 감사하다고 하면서 우리 같은 인간이 다시는 나오지 않도록 힘써 달라고 했다고 한다. 이들은 왜 이렇게 잔인해졌을까? 부모가 이들을 잘 지도하지 못한 책임이 크지만 이를 방치한 사회적인 책임도 크다. 지존파에 가담한 일원들은 모두 법의 심판을 받았지만 그들이 자신을 잘못 키운 부모를 원망하고 자신을 안아주지 않은 사회를 원망하는 것을 보면 가정과 사회가 아이들의 삶에 어떠한 영향을 끼치는지를 보여주는 극명한 사례라고 할 수 있다. 얼마나 안타까운 일인가? 부모와 사회가 좀 더 관심을 가지고 이들을 대했다면 무고한 사람들의 죽음도 막을 수 있었고 그들도 훌륭한 사회적 일꾼이 되었을 텐데… 한 아이의 잘못된 행위가 사회적으로 얼마나 큰 비용을 치러어야 하는지를 보여준 사례이다.

그러나 대부분의 부모들은 자기 아이는 절대로 그런 일을 저지르지 않을 것이라고 자신한다. 하지만 어느 누구도 장담할 수 없다. 요즈음 일어나는 사건사고가 그것을 증명하고 있다. 중국 성인 중 한 사람인 맹자는 사람은 태어날 때부터 선하다면서 성선설을 주장하였다. 이 학설에 의하면 인성은 거의 후천적 영향이 크게 작용하며 시대의 변화와 밀접한 관계를 맺고 있다고 볼 수 있다. 따라서 아이의 백지와 같은 마음에 고운 그림이 그려질 수 있도록 가정에서 노력해야 하고 학교와 사회도 이에 보조를 맞추어 함께해야 한다.

다행인지 불행인지 학교폭력과 다양한 사건사고가 발생하면서 우리 사회도 과거 어느 때보다 인성교육의 문제를 심각하게 거론하고 있다. 그러나 노력에 비해 이러한 행위들이 줄어들지 않고 있는데, 그 이유는 부모의 잘못된 생각에 있다. 학부모들을 상대로 자녀 교육의 가장 중요한 것이 무엇이냐고 물으면 거의 모든 사람이 인성이라고 대답한다. 그러나 결과는 다르게 나타난다. 성적에 인성교육이 뒤로 밀리고 있기 때문이다. 입시 위주의 경쟁교육으로 100점이라는 굴레에 잡혀 잘못된 행동이 용서받아 나중에는 더 큰 고난을 당하고 있다. 요즈음도 학생들의 집단 동반 자살 사건, 학생이 교사를 폭행하는 사건, 자식이 부모를, 반대로 부모가 자식을 살해하는 일, 기업가의 부도덕한 행위, 정치인의 부도덕성 등 말할 수 없는 사건들이 매일같이 보도되고 있다. 이러한 사회를 바꾸는 것은 어느 한 사람의 힘이 아닌 모든 사람이 지혜를 모아 대책을 세우고 실천하는 것이다.

당신의 인성은 몇 점인가?

청소년들의 일탈행동으로 인한 학교폭력을 비롯한 각종 사고로 인성교육에 대한 반성과 더불어 각종 대책이 필요하다는 의견이 국가 · 사회적으로 대두되게 되었다. 이에 교육부에서는 인성교육에 대한 국민의 관심을 제고하고 인성교육에 대한 인식을 바꾸기 위해 국가, 지방자치단체, 학교가 인성교육의 방향을 정립하고 적극적으로 참여하도록 하기 위해 인성교육진흥법을 제정하였다. 인성교육진흥법은 2014년 12월에 국회를 통과하여 2015년 7월부터 시행되고 있는 법이다. 법을 제정하는 데 앞장선 사람들은 우리나라가 인성교육을 의무로 규정한 세계 최초의 나라라고 자랑스럽게 여기고 있다. 긍정적인 면에서 바라보면 그동안 인성교육에 대한 반성과 더불어 앞으로 인성교육을 잘하자는 것이며, 부정적으로 보면 세계 어느 나라도 제정하지 않는 법을 왜 제정해야 하느냐는 논란도 있다. 즉, 법이 없으면 인성교육을 안 하느냐는 것이다. 부정과 긍정을 떠나서 확실한 것은 국민들의 관심도가 높아졌고 인성교육을 법으로 제정해야 할 만큼 청소년들의 일탈 행동이 심각하여 사회적으로 파장이 컸다는 것이다.

인성교육진흥법은 인성교육을 "자신의 내면을 바르고 건전하게 가꾸고 타인 · 공동체 · 자연과 더불어 살아가는 데 필요한 인간다운 성품과 역량을 기르는 것을 목적으로 하는 교육"이라고 했다. 목적은 인간으로서의 존엄과 가치를 보장하며 교육이념을 바탕으로 건전하고 올바른 인성(人性)을 갖춘 국민을 육성하여 국가사회 발전에 이바지하는 것에 두었다. 특히 이 법 제4조에서는 국가 등의 책무를 다음과 같이 다섯 가지로 정하여 책무성을 강조하고 있다.

① 국가와 지방자치단체는 인성을 갖춘 국민을 육성하기 위하여 인성교육에 관한 장기적이고 체계적인 정책을 수립하여 시행하여야 한다.
② 국가와 지방자치단체는 학생의 발달단계 및 단위학교의 상황과 여건에 적합한 인성교육 진흥에 필요한 시책을 마련하여야 한다.
③ 국가와 지방자치단체는 학교를 중심으로 인성교육 활동을 전개하고, 인성 친화적인 교육환경을 조성할 수 있도록 가정과 지역사회의 유기적인 연계망을 구축하도록 노력하여야 한다.

④ 국가와 지방자치단체는 학교 인성교육의 진흥을 위하여 범국민적 참여의 필요성을 홍보하도록 노력하여야 한다.
⑤ 국민은 국가 및 지방자치단체가 추진하는 인성교육에 관한 정책에 적극적으로 협력하여야 한다.

기본 방향에서는 ① 인성교육은 가정 및 학교와 사회에서 모두 장려되어야 한다. ② 인성교육은 인간의 전인적 발달을 고려하면서 장기적 차원에서 계획되고 실시되어야 한다. ③ 인성교육은 학교와 가정, 지역사회의 참여와 연대하에 다양한 사회적 기반을 활용하여 전국적으로 실시되어야 한다.

아이 하나를 길러내는 데는 모두의 힘을 합쳐야 한다고 하듯이 가정, 학교, 사회, 국가가 모두 힘을 합쳐야 한다는 것은 어느 누구도 부인할 수 없다. 그러나 이렇게 법을 만들어 놓으면 인성이 바른 학생이 길러질까 의문이다. 물론 그냥 방치하는 것보다는 법으로 정하여 강제규정을 두는 것이 효과가 있다고 할 수는 있지만 근본적인 치료방법은 아닌 것 같다. 이보다는 먼저 사회 구성원 모두가 나서는 활동이 이루어져야 한다.

인성교육진흥법이 제정된 후에도 학교폭력은 일어나고 있다. 인천에서 다문화 학생이 친구들의 폭력에 못 이겨 옥상에서 뛰어내려 스스로 목숨을 끊은 사건은 사회적으로 큰 파장을 일으켰다. 이 사건 역시 모두가 관심을 가졌다면 한 학생의 귀중한 생명을 구했을 수 있었을 것이다. 그러나 가정 · 학교 · 사회 모두가 한 학생의 괴로움을 인지하지 못하고 방치한 결과로 한 귀중한 생명이 희생되는 일이 벌어졌다. 정말로 안타까운 일이다. 이제라도 가정이나 학교는 점수에 매몰되는 교육이 아니라 더불어 살아가는 교육이 이루어지는 인성교육의 장이 되어야 한다.

가정은 부모가 자녀를 바르게 교육하는 산실이 되어야 하고 학교는 친구들과 더불어 사는 법을 배우는 곳이어야 한다. 그러나 내 아이만 최고로 키우겠다는 부모들의 생각이 변하지 않는 한 이러한 사건은 계속될 것이다. 부모와 사회가 변하지 않는데 법을 만들어 규제만 하면 해결된다는 말인가? 가정과 학교에서 더불어 살아가는 법을 배워야 할 학생들이 초등학교 때부터 학원으로 내몰리고 있으며 중 · 고등학교는 교육과정에서 요구하는 인간을 육성하기 위해 노력하기보다는 대학 입시에 모든 것을 걸고 있어 이에 대한 문제점을 개선하기 위해 먼저 지혜를 모아야 한다. 사건이 벌어지고 나면 대책을 수립한다고 떠들다가 시간이 지나면 유야무야 잊혀지는데 근본 원인을 찾아 해결할 수 있도록 해야 한다.

학교폭력 문제를 처리하다 보면 가해자와 피해자 간의 합의가 잘 이루어지지 않는 일이 비일비재하다. 학교폭력의 해결에 가장 걸림돌은 학부모이다. 피해자의 고통과 요구 조건을 들으려고 하지 않으며 사건을 해결할 수 있는 기회도 주지 않아 피해자의 상처를 회복할 기회도 주지 않고 있다. 따라서 인성교육진흥법을 만들기보다는 먼저 부모교육이 철저히 이루어져야 하고 학교에서는 대학 입시보다는 교육과정에서 요구하는 인간을 육성하기 위한 노력이 더 필요하다.

교육을 실시하고 만족도가 높으면 인성교육이 성공적으로 이루어진 것인가? 너무나 우스운 발상이다. 이 법을 만든 사람은 인성이 몇 점일까 궁금해진다. 인성은 지식이 아니라 품성이고 성품이다. 품성과 성품을 어떻게 점수로 나타낼 수 있다는 말인가?

인공지능 시대 따뜻한 인성이 성공한다

학부모들에게 바른 인성을 지닌 아이로 성장하는 데 교육의 최우선을 둘 것인지 아니면 성적이 우수한 아이를 기르는 데 최우선을 둘 것인지를 물으면 대부분 전자, 인성이 좋은 아이라고 대답하며 두 가지를 만족시키면 더욱 좋을 것이라고 대답한다. 그러나 실제 나타나는 현실은 인성보다는 지식에 매몰되어 살아가는 것이 요즈음 우리 청소년들이다. 경쟁주의 교육의 결과가 만들어 낸 폐해이다. 그러면 4차 산업혁명 사회를 지배하며 살아갈 우리 청소년들에게는 어떠한 인성을 길러주어야 할까?

그동안 우리는 동방예의지국(東方禮儀之國)이라는 좋은 평을 받아왔다. 학자에 따라서는 이에 대한 다른 표현을 하기도 하나 내용을 한자 그대로 해석해 보면 동쪽의 예의 바른 나라라는 이야기이다. 얼마 전까지만 하여도 우리는 가정의 문화를 중시하고 행동이 바른 자녀를 양육하기 위하여 일탈행동을 엄하게 다스리며 바른 행동을 소유한 사람으로 자랄 수 있도록 하였다. 그러나 사회의 급속한 발전과 가족제도의 변화로 이런 교육이 사라져 가는 것이 안타깝다. 물론 과거로 돌아가자는 이야기는 아니다. 전통의 가치 중에서 좋은 것은 지키고 새로운 시대의 가치를 반영한 인성교육을 실시해야 한다는 것이다.

인성은 타고나는 것도 있지만 후천적인 영향에 의해 학습되는 것이 더 크다고 했다. 교육이 중요하다는 것이다. 행동으로 나타나기 위해서는 지속적이고 반복적인 교육으로 바람직한 행동변화를 이끌어 내어 가치의 내면화를 이루도록 해야 한다. 그러나 모두가 일등을 꿈꾸며 경쟁하는 나라에서 더불어 살아가는 인간을 길러낸다는 것은 어렵다. 왜냐하면 인성은 다른 사람과 공감하며 가슴으로 배우고 행동으로 옮겨 실천하며 더불어 살아가는 것이기 때문이다. 인성교육진흥법을 제정했으니 될 것이라는 생각보다는 학생들의 인성에 악영향을 미치는 제도적 문제부터 제거하는 것이 인성교육의 시발점이 되어야 한다. 그러면 4차 산업혁명 사회를 살아갈 청소년들에게 필요한 인성교육은 어떻게 해야 할까? 사람마다 여러 가지 방법과 대책을 제시할 수 있겠지만 여기에서는 우리의 전통적 인성교육과 변화하는 시대적 가치 그리고 인성교육진흥법에서 정한 덕목을 바탕으로 생각해 보고자 한다.

우리 전통 예절 하면 가장 중요하게 대두되는 것이 경로효친 사상이다. 여기에 더하여 정직, 책임감, 상대방 존중, 배려, 소통, 협조, 성실을 중심으로 살펴보고자 한다.

★ 경로효친을 실천하는 사람

우리나라는 예로부터 부모는 자식을 사랑하고 자녀는 부모를 공경하는 경로효친 사상이 담긴 가족제도가 중심이 되어왔으며, 가족제도를 통해 예절교육이 자연스럽게 이루어졌다. 우리 가족제도의 우수성을, 역사는 도전과 응전이라고 한 역사학자 토인비가 우리나라에서 가장 좋은 것 한 가지만 가져가라면 우리나라 가족제도를 가져가고 싶다고 했다는 것에서 찾을 수 있을 것 같다. 가족제도가 인성교육에 영향을 미치는 것은 여러 가지이나 그중에서도 대표적인 교육이 밥상머리교육이다. 밥상머리교육을 통해서 가정의 문화를 익히며 예절을 스스로 터득할 수 있었다. 그러나 요즈음은 밥상머리교육이 거의 사라졌다. 가족 구성원 모두가 각각 바빠 얼굴을 마주 볼 시간이 없기 때문이다. 하지만 인성교육을 위해서는 시간을 내서 가장 기본이 되는 교육이 실시되어야 한다.

영어연수를 위해 캐나다의 한 가정에서 여러 날을 머무를 기회가 있었다. 그 가족은 누구보다 자신에게 주어진 일을 열심히 하다가 금요일이 되면 다섯 시에 온가족이 모여 음식을 만들어 나누어 먹으면서 일주일 동안 일어난 일을 서로 이야기하였다. 서로의 생각을 공유하는 시간을 갖는 것이었다. 이로 인해 자녀와 부모의 관계가 좋아지고 부모는 자녀의 주변에서 일어나는 일을 알 수 있어 필요한 조언을 해주기 때문에 자녀들이 자신의 문제로 방황하지 않는다는 것을 보고 들었다. 우리나라 밥상머리교육과 같은 범주의 인성교육이었다. 그러나 요즈음 우리나라는 가족들이 모여 음식을 나누고 대화를 하기보다는 학원에 보내서 점수를 따는 것에 매진하고 있어 인성교육에서 부작용이 나타나고 있다. 외국인이 우리나라에 와서 배우는 첫 번째 언어가 '빨리빨리'이다. 아마 가정에서도 아이들을 대상으로 많이 쓰이는 단어가 '빨리'일 것이다. 빨리 일어나, 빨리 밥 먹어, 빨리 학교, 학원 가라. 빨리 자라… '빨리'가 중요한 단어가 되었다. 이런 상황에서 우리가 원하는 인성교육은 이루어질 수 없다고 본다.

경로효친과 관련하여 요즈음은 언론에 보도된 내용이 우리의 현주소이기에 소개해 보고자 한다. 기성세대는 그동안 어른이 대중교통을 이용하면 자리를 양보하는 것을 당연하게 여겨왔다. 지금은 어떠한 반응이 있을까를 보기 위하여 노인을 모시고 지하철을 탔는데 자리를 양보하는 젊은 사람이 없었다고 한다. 이것이 기사화되어 인터넷 포털에 올라오자 젊은이들이 다양한 댓글을 달았다. 노인들에게 상처를 줄 수 있는 의견도 있었으나 종합해 보면 노인에게 자리를 양보하는 것은 의무가 아니라 배려라는 것으로 종합할 수 있었다. 세태를 탓하고자 하는 것이 아니라 이것이 노인에 대한 우리 젊은이들이 가지고 있는 인식의 현주소이다. 우리 모두가 언젠가는 노인이 된다는 사실을 잊지 말아야 한다.

다음은 효에 대하여 살펴보자. 효란 부모가 살아 계실 때 자녀가 지켜야 할 도덕을 의미한다. 우리는 예부터 효를 대단히 중요한 행위로 보았다. 유교의 영향이기도 하지만 다른 종교에서도 효를 강조하고 있다. 유교의 효 사상은 공자에서 비롯되었으며 부모와 자식 사이의 애정이고 도덕적 의무다. 기독교에서도 '네 부모를 공경하라 그리하면 네가 잘되고 장수하리라'고 하면서 효의 중요성을 강조하고 있다. 불교의 경우는 신라시대 화랑도 세속오계 중의 '사친이효'에 부모에 대한 자식의 도덕적 의무를 담았다. 이 시대의 가족윤리에 영향을 미친 것은 불교였음을 감안하여 보면 불교에서도 역시 효를 강조했음을 알 수 있다. 이와 같이 효는 약간의 차이는 있지만 모든 종교에서 매우 중요시하고 있다는 점은 본질적으로는 거의 같다고 볼 수 있다.

효의 기본 원리는 공경, 덕성과 책임, 경천의 원리에 있으며 효도하는 사람은 부모와 스승 그리고 이웃 어른 등을 공경하고 의로운 삶을 살아갈 뿐만 아니라 자신의 책임도 다하는 사람이다. 한자 효(孝)를 분석해 보면 '노(老)' + '자(子)'로, 자식이 노인을 업고 있는 모양을 하고 있다. 자식이 부모를 부양하는 것을 의미하며 이대로 보면 자녀는 부모를 공경해야 하는 일방적이고 수직적인 관계임을 알 수 있다. 그러나 효란 부모와 자식 사이의 질서를 수직적으로 밝힐 것이 아니라 도덕적 규범으로, 자녀는 부모를 존경하는 마음을 바탕으로 행하는 행위여야 한다. 따라서 효는 수직적 관계가 아니라 자녀는 부모를 공경하고 부모는 자녀를 바르게 교육하는 관계가 되어야 한다.

그러나 이기주의와 황금만능주의로 사회가 급격하게 변함으로써 이러한 관계는 급속도로 무너지고 있다. 2018년 통계청 조사 자료에 의하면 부모의 봉양은 누가 책임을 져야 하느냐는 물음에 '가족'이라는 답이 26.7%로 10년 전 40.7%보다 14%p나 낮아졌고 '국가나 사회'라는 응답이 과반수를 넘었으며, '개인'이라는 의견은 19.4%에 불과하였다. 이러한 변화는 가치관의 혼동을 야기하고 사회 근본 질서를 붕괴시킬 뿐만 아니라 가정윤리까지 무너트리고 있다. 효를 경시하게 됨으로 인해 노인들의 삶이 힘들어지고 이로 인한 갈등으로 해체되는 가정들이 늘어나고 있다. 유교에서는 "부모에게 불효한 죄는 세상의 3,000가지 죄악보다 크다"고 했다. 옛날과 같은 수직적인 효를 기대하기는 어려워도 부모와 자녀 간의 관계 개선과 함께 효의 기본적인 가치는 살아나야 사회적인 패륜을 막고 우리의 삶이 행복해질 수 있다.

★ 정직한 사람

정직이라는 단어를 사전에서 찾아보면 사람의 성품, 마음 따위가 바르고 곧음을 의미한다고 기술되어 있으며 영어로는 ① honesty(정직, 솔직함), ② integrity(진실성)를 나타낸다. 우리나라가 선진 국가가 되기 위해서는 무엇보다도 정직한 사람이 잘되고 잘사는 사회가 되어야 한다. 그러나 어떻게든지 경쟁에서 이기는 것에 중점을 두는 사회는 권모술수가 판을 치고 정직한 사람은 경쟁에서 밀려나게 되어 공정한 경쟁이 보장되지 않는 부정이 지배하는 사회가 된다. 따라서 정직한 사람이 모든 면에서 우대받을 수 있는 사회가 되어야 하며 법은 정직한 사람을 보호할 수 있어야 한다.

우리나라도 모든 사람이 잘사는 사회가 되기 위해서는 권모술수가 이기는 사회가 아니라 정직하고 부지런한 사람이 잘되는 사회가 될 수 있도록 사회 구성원 전체가 노력해야 한다. 선진국과 후진국의 큰 차이는 도덕성, 즉 정직성이다. 대체로 선진국보다는 후진국이 부정부패가 심하며 국민소득이 낮고 살기 어려운 나라가 많다. 우리가 선진국으로 발돋움하기 위해서는 경제적 발전도 중요하지만 정직하지 못한 사람은 여러 면에서 차별을 받도록 사회적 합의가 이루어지고 가정과 사회는 정직한 사람을 기르는 데 힘을 보태야 한다.

★ 책임감 있는 사람

책임감은 일을 처리할 때 자신이 맡은 일과 업무에 최선을 다하는 것을 말한다. 책임에 대한 사전적 의미는 맡아서 행해야 할 의무나 임무를 말하며 영어로는 responsibility, liability, accountability 등으로 표현한다. 의미가 뜻하는 것과 같이 주어진 일을 끝까지 완벽하게 잘 처리하는 사람을 우리는 책임감 있는 사람이라고 한다. 모두가 살맛나는 세상이 되기 위해서는 국민 각자가 주어진 장소에서 주어진 일에 최선을 다하여 추진할 때 가능하다. 특히 국가의 주요한 직책을 맡아서 처리하는 사람은 누구보다도 책임감이 강하여야 하며 일에 최선을 다해야 한다. 그러나 요즈음은 큰 사건이 발생하면 서로 책임을 발뺌하기에 바쁘다. 책임감과 함께 정직성이 부족하기 때문이다. 따라서 교육을 통하여 주어진 일에 최선을 다하는 교육에 힘을 쏟아야 국가 발전이 있다.

★ 존중할 줄 아는 사람

존중은 사람이 갖추어야 할 중요한 도덕적 요건 중 하나이며, 개인의 존중과 타인 존중 그리고 환경적 존중으로 나누어 생각해 볼 수 있다. 개인 존중은 도덕적 행위의 출발점이자 자신의 권리에 대한 올바른 인식이며 자신의 도덕적 의무에 대한 원리이기도 하다. 모든 사람들의 권리와 존엄성 존중, 즉 타인에 대한 존중은 존엄한 인간의 존재를 가치 있게 여기는 마음으로 우리가 타인을 대할 때 사용하는 방식을 개괄하는 원리이다. 환경에 대한 존중은 사물에 대한 존중을 설명하는 것으로 자연 존중과 노동 존중에서 찾아볼 수 있다. 플라톤은 "다른 사람이 나에게 행하기를 바라는 것처럼 내가 먼저 다른 사람에게 행하라"라고 했다. 또 내가 대접받기를 원하면 먼저 남을 대접하라는 말도 있다. 그러나 자신을 어느 누구보다 우선시하는 가정환경에서 자란 아이들은 경쟁 사회에 적응하는 과정에서 어려움을 겪고 있다. 이러한 영향으로부터 벗어나기 위해서는, 자녀는 가정에서부터 부모를 공경하고 부모는 자녀의 의견을 존중하고 배려하는 교육을 통해 남을 존중하는 교육이 자연스럽게 이루어지도록 해야 한다. 자신이 최고라고 대접만 받으며 자라난 자녀는 상대방을 배려하기보다는 자신의 이득을 위해 타인의 의사나 행동을 존중하지 못하고 침해하여 사회적으로 문제를 야기한다. 요즈음 갑질로 어려움을 겪는 이유가 바로 이러한 교육의 부재로 인하여 상대방을 존중하지 못하고 타인의 인격을 무시하여 나타나는 현상이다.

★ 배려하는 사람

배려는 한자로 配(짝 배), 慮(생각할 려)이다. 이를 풀이해 보면 자신의 짝을 대하는(配) 마음으로 다른 사람을 생각함(慮) 또는 여러 가지로 마음과 관심을 써서 도와주거나 보살펴 줌을 의미한다. 인간관계에서 타인에게서 느끼는 배려는 삶의 활력을 주는 근원이 되며 살아가는 원동력이 된다. 배려는 마음에 상처가 있는 사람을 치료할 수 있으며 자존감을 높여 자신감을 가지고 사회생활을 할 수 있게 한다. 『혼자 상처받지 않는 법』의 저자 마즈시마 히로코가 주장하는 배려하는 마음에 대한 다섯 가지 원칙은 다음과 같다. ① 따뜻한 마음을 가져야 한다. ② 말로 하는 소통에 너무 집착하지 않는다. ③ 말을 하지 않아도 된다. ④ 지나치거나 소극적인 배려 모두 좋지 않다. ⑤ 때로는 거절하는 것도 배려이다. 배려라고 해서 상대방에게 이끌려 도와주는 것만이 능사가 아님을 알 수 있다. 그동안 우리의 생각을 지배했던 자리 양보를 보면 점점 배려가 사라지는 것 같아 안타깝다. 가정교육을 통하여 지도되어야 할 것이 안 되다 보니 사회의 질서가 무너지고 서로 반목하는 세상을 살아가고 있다. 우리 사회가 앞으로 살맛나는 세상이 되기 위해서는 어른은 어른대로 아이는 아이대로 자신의 위치에서 타인을 서로 배려하는 마음을 가져야 한다.

★ 소통하는 사람

소통(疏通)은 사물이 막힘이 없이 잘 통하는 것을 의미하며 영어로는 communication, interaction, understanding 등으로 표현된다. 사람의 경우는 언어라는 매개체를 이용하여 관계를 잘 유지하는 것을 말한다. 소통은 사람과 사람, 사람과 기계, 기계와 기계 사이에 이루어지는 정보의 전달 과정으로, 좁은 의미로는 사람과 사람 사이의 정보, 자신의 생각과 서로의 감정이 교환되는 것을 말한다. 우리가 말하는 소통은 의사소통을 말하며 두 사람 이상이 언어, 비언어 등의 수단을 통하여 자신의 의견, 감정, 정보를 전달하고 피드백을 받으면서 상호작용하는 과정이다. 가정, 사회, 국가 등 두 사람 이상이 모이는 곳이면 소통이 이루어져야 서로 간에 오해 없는 관계를 유지할 수 있다. 특히 이익을 목표로 하는 조직의 경우에는 소통이 매우 중요하다. 물이 잘 흘러야 홍수를 예방할 수 있듯이 소통이 원활해야 조직이 잘 운영될 수 있기 때문이다. 가정에서도 부부간, 부모와 자식 간의 소통이 원활한 가정은 자녀도 행복하고 가정에 위기가 와도 슬기롭게 극복해 나가는 것을 본다.

소통의 반대는 불통이다. 불통이 되면 모두가 불편함은 물론이고 서로 간의 의사를 알 수 없어 확장성과 생산성이 떨어진다. 사회가 발전할수록 소통이 중요하다. 옛날에는 혼자서도 대부분의 업무를 쉽게 처리할 수 있었지만 사회가 복잡해지면서 여러 사람이 힘을 합쳐서 처리할 업무가 늘어나고 있다. 이때 가장 중요한 것이 서로 간의 의사를 주고받을 수 있는 소통이다. 무수히 많은 정보 속에서 필요한 정보를 발굴하고 조직을 효율화하여 적시에 전달하기 위해서는 의사소통 관리가 핵심적 과제이다. 서로 대화를 하지 않고는 상대방의 마음을 알 수 없으며, 심지어 오랫동안 같이 생활했던 가족 간에도 서로가 자신 생각을 말하지 않으면 서로의 마음을 짐작할 수 없다. 따라서 사람들 간의 관계에서 소통은 너무나도 중요하다.

사람은 타인과 소통하지 않고서는 절대 어울리면서 살아갈 수 없다. 사람들이 대화하기 위해 만나고 재미있는 시간을 갖는 것도 소통의 중요성 때문이다. 대통령도 국민들과 소통하기 위하여 노력하고 있다. 통신이 발달하기 전에는 개인의 많은 소통이 대부분 대면의 과정을 거쳤다. 하지만 요즈음은 인터넷 발달로 인하여 개인과 많은 사람과의 의사소통이 신속하게 이루어진다. 물론 역기능으로 거짓 뉴스 등을 통한 여론 조작 등의 문제가 있기는 하나 공동의 사고를 통한 목표를 달성하기 위한 수단으로 소통은 대단히 중요하다.

★ 협조하는 사람

서로가 힘을 모아 조화롭게 의사결정을 하여 좋은 관계를 유지하며 살아가는 사람을 협조적인 사람이라고 한다. 한때 "뭉치면 살고 흩어지면 죽는다"는 표어가 등장한 때가 있었다. 협조가 이루어질 때 공동의 목표 달성에 좋은 결과를 얻기 때문에 조직이 있는 곳에서 강조하는 단어이기도 하다. 영어로는 cooperation, coordination, help, aid를 말하며 일반적으로 협조는 대등한 여러 부분이 서로 조정적 관계를 유지하면서 조화로운 활동을 하는 것 또는 상황의 변화에 따라 최선의 결과를 획득하기 위하여 행동 시간 및 장소에 있어서 상호 관계를 원활하게 하는 제도를 말한다. 목표를 효과적이고도 경제적인 방법으로 집행하기 위해서는 통합된 노력을 가하는 기능이 있어야 하는데, 이것이 곧 협조이다. 업무의 효율을 높이기 위해 분업도 하고 통합도 하나 가장 중요한 요소는 협조하는 것이다.

★ 성실한 사람

성실하다는 것은 정성스럽고 참된 것을 말한다. 언어나 태도가 정성스럽고 거짓이 없으며 주어진 일을 열심히 하는 사람을 성실한 사람이라고 한다. 따라서 성실한 사람이 많으면 국가사회는 번영한다. 그러나 권모술수가 이기는 사회는 발전이 없고 퇴보할 수밖에 없다. 책임감도 없고 협조도 없으며 개인의 이득만을 생각하는 사람이 많으면 부정과 부패가 만연하는 사회가 되기 때문이다. 그렇기 때문에 인재를 등용할 때 성실한 사람을 찾기 위하여 사람을 다양한 방법으로 평가하고 있다. 습관화된 잘못된 행동은 고치기 어려우며, 생각은 행동을 낳고 반복된 행동에 의해 그 사람이 움직이기 때문이다. 따라서 가정에서부터 제대로 된 양육이 이루어져야 한다. 그래야 개인도 발전하고 사회도 발전하며 사회적 비용도 줄일 수 있다.

아이를 망치는 부모 vs 살리는 부모

'헬리콥터 맘'이라는 용어를 들어본 적이 있는가? 마치 헬리콥터처럼 자녀 주변을 빙빙 돌며 자녀를 과잉보호하기 때문에 생긴 말로 자녀와 관련된 모든 문제에 적극적으로 관여하는 엄마를 말한다. 이들은 자녀가 성인이 되어서까지도 일일이 챙기며 통제하고 간섭한다. 초등학교 때는 학교에 수시로 연락하며 학교 일과 숙제는 물론 교우관계까지 챙기고, 중 · 고등학교 때는 학교성적과 입시 문제, 대학에서는 수강신청과 학점 문제에도 관여한다. 대학졸업 후에는 취업을 알아봐 주고, 결혼상대자를 알아보는 일까지 적극적으로 나서기도 한다. 이러한 결과로 나온 용어가 '빨대족'이다. 빨대족은 실업과 만혼 등으로 30대 이후에도 독립하지 못하고 부모의 경제적 도움에 기대 살아가는 사람들을 일컫는 말이다. 최근 빨대족이 급속하게 증가하고 있다. 빨대족의 증가가 부모 세대의 부담으로 이어질 것이라는 우려도 크다. 노후 준비가 제대로 되지 않은 베이비붐 세대 부모들이 자녀 때문에 실버푸어로 내몰리고 있다. 자녀를 제대로 양육하지 못하면 지금의 부모도 똑같은 결과를 겪게 될 수 있다.

자녀의 성공에 모든 것을 투자하는 부모

우리나라 대부분의 부모들에게 나타나는 공통점은 성취지향적인 기성세대의 가치관을 반영한 성공 공식이 있다는 점이다. 아이가 열심히 공부해 명문대에 진학하여 남들이 부러워하는 직업을 갖고 안정된 삶을 살기를 바라는 것이다. 그것을 위해 부모는 자신의 모든 욕구를 억누르고 자녀에게 헌신한다. 아이가 지치는 상황은 미래를 위해 어쩔 수 없이 치러야 하는 희생쯤으로 여기며 경제적 수고를 감내한다.

최근 인기리에 방영되었던 종편드라마 'SKY캐슬'은 이러한 부모세대의 이기적인 모성애를 잘 표현하고 있다. 3대째 의사가문을 강요하는 시어머니의 영향으로 자식을 오로지 S대 의대에 진학시키는 데 수단과 방법을 가리지 않는 비뚤어진 부모의 헌신이 나온다. 시험지 유출이나 다른 집 자식을 살인자로 만드는 무섭고 부정적인 방법이 동원되어도 오로지 S대 의대만 보낼 수 있다면 모든 것이 괜찮다고 한다. 또 다른 학부모는 전교 1등이 죽고, 2, 3등이 이 사건에 연루되었다는 이야기를 듣고 전교 1, 2, 3등이 모두 빠졌으니 우리 자식 내신이 올라갈 찬스라고 좋아한다. 이 드라마를 보면서 우리나라 학부모들은 어떤 생각을 했을까? 경쟁에서 부정한 승리에 대한 지탄도 있었겠지만 '아, 저렇게 자녀의 진학을 돕는 방법도 있었구나'라고 생각하는 사람들이 많았다는 것은 대한민국 부모 그 누구도 자녀의 명문대 진학 보장이라는 달콤한 유혹 앞에 드라마 속의 부모가 될 수 있다는 것을 말해주고 있다.

아이들의 이기적인 행동은 부모들의 이기적인 행동과 맥을 같이 한다. 조금이라도 자신과 자녀가 손해 보는 것을 못 참고, 이해관계에 너무나 민감하다. 성적이나 평가, 친구 관계에 경쟁적으로 대응하는 부모의 태도는 그대로 자녀에게 투영된다. 자기 자식만 귀한 줄 아는 이기적이고 비뚤어진 부모는 자식의 명문대 수시 진학을 위해서 어떤 부정적인 방법도 마다하지 않는다. 'SKY캐슬'의 클라이맥스는 전교 1등을 살해한 사람을 알고 있지만 자신의 딸이 부정으로 유출된 시험지 사건에 연루될까 봐 진범을 밝히기를 꺼리는 모성이다. 그렇게 해서 자식이 설령 원하는 대학에 들어갔다고 해도 그 자식은 인생을 떳떳하게 살 수 없을 것이다. 엄마의 부정 사실을 알고 공부하라는 말에 자녀가 반문한다. "왜 공부를 해요? 어차피 빼돌린 시험지 가지고 공부하면 되는데", "내가 꼭 의대를 가야 하는 이유에 대해서 설명해 줘요. 3대째 의사가문이 왜 되어야 하는데요?" 어른들은 이 질문에 아무런 답을 하지 못한다. 아무리 자식이 잘되기를 바라도 넘지 말아야 할 적정선은 지켜야 한다. 공부는 알아서 잘해 항상 최상위권을 도맡아 하며, 외모도 잘생기고, 예의 바르고 인성도 좋아서 선생님과 친구들에게 인기도 많은 엄친아는 현실에서 만나기가 쉽지 않다. 경쟁의 논리에 사로잡힌 우리 사회는 엄친아 성공신화에 빠져 '우리 아이 엄친아로 키우기' 프로젝트에 열광한다. 부모와 자녀 관계를 가장 망치는 주범이라는 사실도 모른 채 말이다.

자녀는 부모의 시험대상이 아니다. 예쁘게 분칠해서 다른 부모로부터 예쁘다는 소리를 듣고 싶어 해서는 안 된다. 그럼에도 불구하고 부모들은 자식에 대한 욕심을 내려놓기가 쉽지 않다. 행복하게 살기 위해서는 사회적으로 성공해야 하는데 성공신화를 만들어 낸 이들은 모두 엄친아였기 때문에 엄친아가 되어야 한다고 생각한다. 그러나 아이들의 생각은 좀 다르다. 아이들은 사회적 성공이 곧 행복이라고 생각하지 않는다. 그들에게는 미래의 행복도 중요하지만 현재의 행복도 그만큼 중요하다. 부모의 강요과 기대가 자신들을 위한 것이라기보다는 부모 자신의 성취를 자랑하고 싶어서라고 생각하고 반발심을 갖기도 한다. 앞에서도 많이 이야기했듯이 미래사회는 지금까지 우리가 입시에 맞추기 위해 만들었던 역량이 아니라 새로운 역량을 요구하고 있다. 현명한 부모는 이러한 변화를 읽고 좀 더 미래지향적인 자녀 양육관을 가질 수 있는 용기 있는 결단이 필요하다. 그래야 자녀를 공부만 잘하는 바보로 만들지 않을 수 있다.

자녀를 살리는 부모가 되어보자

자녀는 주체적인 삶 살아보기를 통해 '내 삶의 주인 되기' 연습을 경험하여야 한다. 즉, 자기결정력을 가진 사람으로 성장하여야 한다는 것인데 그러기 위해서는 자녀들 스스로 문제를 발견하고, 의견을 수렴하고, 결정하고, 실천하고, 실천한 결과를 평가하는 것이 일상의 삶으로 자리 잡아야 한다. 그러나 아직 우리 자녀들의 의식은 이렇게 성숙되어 있지 못하다. 입시 위주의 교육으로 인하여 사회적 상호작용 역량은 매우 부족하며, 이는 토론을 통한 협력적 문제해결력도 미흡하다는 결과로 나타나고 있다.

자녀들의 자기주도 역량을 키워주기 위해서는 학생들이 스스로 자신들의 문제에 관심을 가지고 해결해 나가려는 노력이 있을 때 가능하다. 이러한 자녀의 주체성을 이끌어 내기 위해서는 자신들의 의견이 존중받고, 제안한 의견이 반영되어 변화되는 경험을 할 수 있어야 한다. 그러기 위해서는 가정에서 자녀들을 통제의 대상으로 보아서는 안 된다. 미숙하더라도 자녀들이 하는 작은 것에도 귀 기울이고 관심을 가져준다면 학생들은 자신들의 문제를 스스로 해결하려는 의지를 가지게 될 것이다. 그러기 위해서는 긴 기다림과 신뢰가 필요하다. 헬리콥터맘 역할을 통해 빨대족을 만들지 않기 위한 부모의 양육방식에 대해 많은 고민이 필요하다.

★ 변화에 대한 기대를 줄 수 있어야 한다

어느 초등학교에서 남학생들이 남자 화장실 문에 세로로 길게 낸 유리 창문을 없애달라고 학생자치회를 통하여 제안하였다. 이유는 화장실에서 소변기에 섰을 때 지나가는 사람들에게 그 모습이 보여 창피하다는 이유에서였다. 여기에서 학교의 선택은 두 가지이다. 흔히 어른들의 관점으로 '그것이 뭐 어때서'라고 판단하고 '안 돼'라고 한다면 학생들은 더 이상 자신들의 문제에 대해 고민하지 않으려고 할 것이다. 그리고 그러한 경험은 힘 있는 어른이 모든 것을 결정한다는 잘못된 인식을 갖게 하여 수동적으로 살아가는 인간을 기를 위험성을 내포하고 있다. 다행히 그 학교는 학생들의 의견을 세심하게 분석하고, 학생, 학교장, 행정실 직원, 교사가 함께 모여 이 문제에 대해 진지하게 토론하였으며, 모두가 학생들의 입장을 공감하고 화장실 문의 유리창을 없애기로 결정하였다. 그 이후 학생들은 더욱더 학교 일에 관심을 가지고 참여하게 되었으며, 자신들의 문제에 대해 자발적으로 함께 해결하려는 학교문화를 만들어가고 있다. 이 사례는 학생들에게 변화에 대한 경험을 주는 것이 얼마나 중요한지를 알게 해준다. 부모의 일방적인 주입이 아니라 학생 스스로 변화에 대한 기대를 가지게 하는 것은 무엇이든 해낼 수 있다는 자신감을 길러줄 수 있다.

★ 믿어주고 작은 말이라도 귀담아들어 주자

활발하고 말이 많던 아이들도 자기주장을 하는 과정에서 주변을 힘들게 한다거나 쓸데없는 일을 한다며 묵살당하는 경험을 하게 되면 많이 위축된다. 자녀가 열정을 가지고 하려는 일이 있다면 해볼 수 있도록 지원해 주는 것, 믿고 지켜봐 주며 지지해 주는 것은 매우 중요하다. 작은 일이지만 자신의 의견이 받아들여지는 경험을 통해 자녀는 능동적으로 움직이게 되며 가지고 있는 재능을 마음껏 펼쳐낸다. 자신이 말한 내용이 묵살되는 경험을 많이 할수록 무한한 재능을 가진 학생은 말문을 닫게 되며 아무리 소통의 외형적 인프라를 갖추더라도 절대 입을 열지 않게 된다.

★ 스스로 계획하고 실천하도록 하자

좋은 교육활동이더라도 자녀의 자발성, 함께하는 부모의 자발성이 결여된 교육활동에서는 배움이 적을 수밖에 없다. 교육활동을 계획하는 단계에서부터 소통을 통해 하고 싶은 교육활동을 정하고 최대한 반영하여 같이 어울리는 것으로부터 배움이 시작되는 것이다. 교육활동을 정하는 단계에서부터 능동적으로 참여하고 가족 구성원이 서로 소통하며 의사결정을 해나가고 같이 어울리는 것이 학생주도성을 길러줄 수 있다. 이 과정에서 자녀와 부모의 관계가 형성되고 신뢰가 쌓이면서 모든 교육활동들이 유의미한 활동으로 자리 잡게 된다.

★ 성공의 추억을 주자

자녀들이 계획하거나 생각하는 것들을 보면 부모가 보기에는 볼품없어 보일지도 모른다. 하지만 그 계획이나 생각이 훌륭한지의 여부를 떠나 아이들의 열정과 마음이 깃들어 있다. 성공의 추억을 가진 아이들은 세상을 능동적으로 살아가며 자신감을 가지고 새로운 일에 도전할 수 있다. 자녀들에게 자신감과 자존감을 심어주기 위해서는 작은 일이라도 능동적으로 수행해서 성취감을 맛볼 수 있는 기회를 만들어 주는 것부터 시작해야 한다. 성공의 추억을 만들어 주고 칭찬에 목말라 있는 아이들에게 가능성의 기회를 제공하는 것이 부모가 해주어야 할 일이라고 생각한다. 부모는 아이들이 하고자 하는 바에 가치와 의미가 담길 수 있도록 옆에서 보조하며, 작은 것이라도 성공하는 경험을 할 수 있도록 도와주어야 한다.

★ 자녀가 잘할 때까지 기다려 주자

자녀가 이루어 놓은 우수한 성과들이 있다. 하지만 이 성과 대부분이 부모에 의해 기획되고 아이들은 그저 참여만 한 경우가 많다. 물론 학생이 자신의 로드맵을 작성하고 이를 실현하는 과정에서 자기주도 역량이 갖추어질 때까지 부모가 관여해야 할 부분은 있다. 하지만 점차 부모의 비중은 줄여가며 자녀가 스스로 기획하도록 지도해 가는 단계가 생략되어서는 안 된다. 부모의 관여가 계속되는 이유는 자녀의 성공에 대한 기대감과 초조함인 경우가 많다. 처음부터 잘하는 사람은 없다. 성과를 포기하고 자녀를 믿어주며 성취감을 맛볼 수 있도록 기다려 주는 것은 지루한 기다림일지 모른다. 그러나 부족함과 실수는 자녀가 성장해 나가는 과정이며, 이 과정에서 좌절하지 않도록 부모는 옆에서 격려하고 지지해 주며 도움을 아끼지 않아야 한다.

부모는
자녀의 거울이 된다

1921년 상대성 원리로 노벨 물리학상을 수상한 아인슈타인은 20세기를 대표하는 위대한 인물이다. 하지만 어린 시절 발육이 늦고 말도 제대로 못하여 부모는 아인슈타인이 저능아가 아닌가 걱정했다. 초등학교 시절에는 성적이 부진하여 선생님은 "이래서는 도저히 성공할 수 없다"라고 성적표에 기재할 정도였다. 대학입시에서도 취리히 공과대학에 두 번 만에 겨우 입학했다, 대학교수는 "아인슈타인이 이렇게 좋은 성적을 거두리라고는 전혀 예상하지 못했다"고 후에 술회한 바 있다. 일상생활에서도 옷을 아무렇게나 입었고 머리는 아내가 마음대로 자르게 했을 뿐 아니라 양말은 거의 신지 않았다. 이유는 양말은 구멍만 난다고 생각했기 때문이다. 그는 이처럼 관습이나 형식에 얽매이지 않고 자유롭게 생활하였다. 많은 사람들이 아인슈타인을 저능아라고 생각할 때 부모는 그의 재능을 인정하고 기다려 주었기에 노벨상을 수상하는 영광을 안았다. 현재 보여지는 모습만이 아니라 미래의 모습을 볼 수 있는 부모의 눈을 가질 때 자녀의 재능을 발견하여 키우고 성장할 수 있는 부모가 될 수 있다.

내 아이를 잘 성장시킬 수 있는 성공비법은 무엇일까? 또한 아이의 기질에 맞는 바람직한 양육을 할 때 우리 아이는 어떤 마음의 토양 밭이 되어야 할까?

내 아이 삶을 윤택하게 하는 비법은?

좋은 부모가 된다는 것은 무엇일까? 자녀에게 좋은 습관을 갖도록 하는 것이다. 좋은 습관을 갖게 하려면 부모가 먼저 본이 되어야 한다. 이제 부모가 달라져야 한다. 좋은 아이는 좋은 부모가 된다. '부모는 자녀의 거울'이라는 말이 있듯이 자녀는 평소 부모의 생활 습관과 태도를 그대로 배우기 때문이다. 자녀가 어릴수록 행동이나 태도를 보면 부모를 알 수 있다. 아이가 성장하면서도 부모는 여전히 아이의 거울이 된다. 지나치게 보호하면 자녀는 스스로 할 줄 모르고 부모가 대신해 준다고 생각하기 때문에 아무것도 할 줄 모르는 무능함을 보이게 된다. 아울러 너무 지나치게 통제하고 관여하면 아이는 자신을 인정하지 않는다고 생각하여 다른 사람을 의식하게 되고 무책임하게 된다.

부모의 자녀에 대한 반응이 본이 되어 부모로부터 배우면서 성장하게 되고 그렇게 배운 대로 자신의 자녀를 과잉보호 하거나 엄격한 부모가 된다.

부모의 역할과 태도에 자녀의 행복과 성공이 달려 있다고 해도 과언이 아니다. 부모라면 우리 아이들이 어떤 인생을 살기 원하는가? 대부분 부모들이 우리 자녀에게 원하는 것은 아이들의 건강과 행복, 그리고 성공적인 삶을 살아가는 것이다. 자녀만이 아니라 부모도 자신이 원하는 것을 말하라고 하면 건강, 행복, 성공 아닐까? 그런데 많은 사람들이 건강과 성공을 위해서는 투자를 아끼지 않으나 행복은 덤으로 온다는 생각 때문인지 행복을 위해서는 특별한 생각이 없는 듯하다. 우리나라 부모는 공부가 성공의 지름길이라는 생각이 지배적이다. 하지만 우리 아이들은 언제 행복할까? 요즘 청소년들의 높은 자살과 폭력 등이 시사하는 것은 무엇인가? 많은 아이들이 불안감과 스트레스 속에 무기력하고 우울한 나날을 보내고 있다. 그렇다면 내 아이의 진정한 성공이 무엇인지 생각해 볼 필요가 있다. 자신이 잘하는 것, 즉 강점을 찾아주어 아이가 하고 싶은 일을 할 수 있도록 도와주고 지지하고, 격려해 주는 것이 부모의 진정한 자녀를 위한 역할이다.

흔히 말하는 유명한 인재가 되기까지 그들의 곁에는 헌신과 열정으로 자녀의 재능을 찾아 성장시킨 부모가 있었다. 김연아 선수의 우승 뒤에는 어머니가 있었다. 우연히 아이스링크에 가서 스케이트를 처음 신겼는데 유달리 남다른 재능과 호기심을 보이던 딸을 보고 '이거다'라고 생각했다고 한다. 보통 운동을 시켜도 돈이 되는 운동을 시키는 것이 부모들의 생각인데 10년 전 우리나라 피겨스케이팅은 그야말로 황무지였고 누구도 관심을 갖지 않을 때였다. 그러나 딸이 피겨에 재능도 있거니와 관심을 보여 피겨스케이팅을 할 수 있도록 그때부터 열성적인 후원자가 되어 늘 그림자처럼 따라 다닌 것이다. 그 당시 피겨스케이팅은 우리나라에 척박한 스포츠였기에 쉽지 않은 결단이었을 것이다. 비단 김연아 선수만이 아니라 유명 스포츠 선수인 골프 박세리 선수와 축구 박지성 선수 뒤에는 늘 든든한 지원을 해주는 부모가 있었다.

"때로는 몸이 머리와 마음을 지배한다"는 옛말이 있다. 현재는 부족해 보이지만 아이가 가지고 있는 무한한 가능성이 있기에 알 수가 없다. 누구나 태어나면서 가지고 있는 140억의 뇌세포 가운데는 갈고 닦으면 빛날 수 있는 재능이 얼마든지 있기 때문이다. 부모의 행동습관은 정신과 밀접한 연관이 있으며, 창의력과 사고력에 도움이 된다.

자녀의 현재 보여지는 모습만이 아니라 미래의 모습을 볼 수 있는 부모의 눈을 가질 때, 자녀의 재능을 발견하여 키우고 성장할 수 있는 부모가 될 수 있다. 그럴 때 내 아이는 진정한 성공적인 삶을 살 수 있는 것이다.

부모로서 자녀의 모델이 되자

자녀의 성격은 아이의 선천적인 요인과 후천적인 환경에 의하여 주로 영향을 받는다. 아이들은 각자의 기질을 가지고 태어나며 기질은 성장하면서 잘 변하지 않고 기질에 근거해 성격이 형성되어 간다. 기질은 성격의 일부분으로 생리적 · 유전적 요소에 의해 결정될 뿐 아니라 거의 수정되지 않는 특징을 지니고 있다. 따라서 아이의 기질을 잘 파악하여 양육하는 것이 중요하며, 그에 맞는 양육으로 언어나 행동을 보여주는 주는 것이 중요하다. 기질을 무시하고 자녀를 키웠을 때 심한 경우에는 아이가 정신장애로 발전할 수도 있다고 한다(Thomas & Chess, 1977). 그러므로 자녀의 기질을 이해하는 것은 매우 중요하다.

현명한 부모가 되려면 자녀의 기질을 잘 파악하여 그에 맞는 양육방식을 찾아야 한다. 양육방법에 따라 자녀의 성격이 결정되기도 하므로 부모가 올바른 양육방법으로 양육하고 일관성 있는 관심과 칭찬을 보일 때 자녀는 부모를 신뢰하게 된다. 기질은 크게 순한 아이와 까다로운 아이로 생각해 볼 수 있다. 순한 아이의 경우 받아들이는 속도가 느리고 겁과 수줍음이 많을 뿐 아니라 모험보다는 조심하는 경우가 많은 것이 특징이다. 순한 기질의 아이는 몸의 리듬이 규칙적이고 자고 먹는 것이 순조로우며, 낯선 상황이나 낯선 사람, 새로운 음식에 적응을 잘 한다. 울어도 쉽게 달랠 수 있고 편안한 감정 상태를 보이는 특징이 있다. 순한 아이들은 편하게 키울 수 있는 장점이 있으나 그렇기 때문에 부모의 관심에서 벗어나기 쉬운 단점도 있다. 또한 스트레스를 받으면 문제행동이 일어날 수도 있다. 순한 자녀를 양육할 때는 자녀의 선택을 존중해 주고 자녀의 호기심을 충족시켜 줄 방법을 제안하며, 한꺼번에 너무 많은 변화는 시도하지 않는 것이 좋다. 특히 자녀의 섬세한 감정에 공감해 주는 것이 중요하다.

까다로운 기질의 아이는 신체적 생리적으로 항상 각성되어 있어 조그만 자극에도 금방 반응한다. 잠자리가 바뀌면 잠을 자지 못하거나 음식을 잘 먹지 않는 등 몸의 리듬이 불규칙하다. 조그만 일에도 심하게 울고 칭얼대거나 짜증내는 부정적인 감정표현을 많이 한다. 환경변화에 민감하기 때문에 변화에 적응하는 데 시간이 많이 걸린다. 좋고 싫음이 명확할 때가 많고 키우는 데 힘이 들기도 하다. 하지만 자기주장이 강하여 스스로 일처리를 잘한다는 장점을 가지고 있으며 호기심과 창의력이 높다. 까다로운 아이에 속한 자녀는 한 가지 일에 강한 집착을 보이므로 주의를 적절히 전환해 주고 하루의 일과를 미리 알려주는 것이 중요하다. 또 영아가 걸어 다니게 되면 자신의 욕구를 스스로 해결할 수 있게 되므로 이 시기부터는 영아가 떼를 쓰거나 자신의 요구를 관철시키기 위해 울음을 사용할 경우 일관성 있는 태도로 대응하는 것이 필요하다.

까다로운 기질의 아이를 부모의 뜻에 억지로 맞추려 들면 부모와 아이의 관계에 문제가 발생하기 쉽고 심한 경우 정신적인 장애로 이어질 가능성이 있으니 주의해야 한다. 아이가 까다로운 기질을 타고났다면 무엇보다 인내심을 가지고 적절한 지도방법을 찾아 꾸준히 지도하는 것이 중요하다. 적합한 양육태도로는 주변의 변화를 최소화하며 양육자에게 인내심과 침착함이 요구된다. 아이의 감정을 평안히 받아주고 공감하며 자녀가 안정감을 찾을 때까지 기다려 주고 즐거운 감정표현을 지지하고 격려하는 것이 중요하다.

아이의 기질을 이해하고 기다려 주는 부모가 되어야 한다. 바람직한 양육의 자세로는 자녀를 비난하거나 다른 아이와 비교하지 않는 것이 중요하다. 변화를 주거나 새로운 것을 시도할 때는 충분한 적응 시간을 주고, 아이의 감정에 충분히 공감해 준다. 아울러 조건적인 사랑을 해서는 안 된다. 자녀가 안 하던 행동을 하거나 부모에게 반항할 때 부모는 놀라거나 부정적인 생각을 하게 된다. 하지만 자녀의 행동에 따라 사랑을 표현해서는 안 된다. 부모의 생각대로 하지 않는 행동이 있다고 자녀를 비난하고 꾸짖으면 점차 자존감이 낮아진다. 특히 형제나 친구들과 비교하는 것은 바람직하지 않다. 부모는 자녀의 모습 그대로를 받아들여야 한다. 자녀는 부모의 소유물이 아니므로 자녀를 부모 마음대로 할 수 있다는 생각을 하면 안 된다. 자녀를 온전한 인격을 가진 한 사람으로 귀히 여기고 인권을 존중해 주어야 한다. 또한 부모의 뜻을 무조건 강요해서도 안 된다. 특히 아동, 청소년 시기의 자녀에게 부모의 생각만 강요하면 자녀는 자신의 삶을 스스로 이루어 나가는 힘이 부족하게 된다. 자녀는 다소 미흡하더라도 부모의 격려와 지지를 받을 때 스스로 할 수 있는 용기와 힘을 갖게 된다. 아동, 청소년 시기는 학업이나 외모, 또래친구 등 자신에게 집중하여 많은 생각을 하게 되는 시기이다. 부모가 이 시기 자녀의 고민을 이해하고 수용해 줄 때 부모를 존경하고 신뢰하게 되므로 자녀가 모든 일에 긍정적인 태도를 가질 수 있도록 행동과 언어의 본을 보이자.

마음의 토양 밭을 가꾸자

요즘 TV나 스마트폰을 보느라 가족 간의 대화가 부족해지고 있다. 부모와 자녀 간에 중요한 것은 서로를 알고 이해할 수 있는 대화이다. 자녀와 대화할 때 대화의 기본은 상대에 대한 사랑임을 깨달아 자녀의 말에 귀 기울여 들으며 생각이나 의견을 존중해 주어야 한다. 그 부부간의 언어를 사용할 때 서로를 존중해 주며 의견대립 시 대화로 풀어나가고, 그 문제를 해결하는 모습을 보여줄 필요가 있다. 아울러 가족들의 변화에 관심을 가져주는 것이 중요하다.

정보통신정책연구원(2018. 5. 30)[1]은 「스마트폰 이용제한 가구와 그렇지 않은 가구의 스마트폰 이용형태 비교」 연구 결과(대상 만 6세 이상 18세 이하의 아동 · 청소년을 포함하고 있는 가구)를 발표했다. 결과를 보면 스마트폰 이용을 제한하는 가구의 부모와 제한하지 않는 부모의 스마트폰 이용시간에서, 제한하는 부모가 오히려 스마트폰을 더 많이 사용했고 스마트폰 이용을 제한하는 가구의 자녀들 또한 스마트폰 이용시간이 30분 정도 더 많은 것으로 나타났다. 이를 통해 부모의 스마트폰 이용시간이 많을수록 자녀의 스마트폰 이용시간도 많은 것을 알 수 있으며, 부모가 스마트폰을 많이 하다 보니 자녀가 많이 사용하게 될까 봐 불안해하여 스마트폰 사용시간을 제한하는 것으로 해석된다. 그렇다면 부모가 자녀의 스마트폰 사용을 줄이려면 어떻게 하면 좋을까? 부모가 자녀와 함께 스마트폰 사용을 자제하고 가족과 함께하는 시간을 늘리려고 노력해야 한다. 그러한 노력을 한다면 자녀 역시 부모를 보고 배우게 되어 스마트폰 사용을 자제할 확률이 높아진다. 이렇듯 부모의 모습과 태도는 곧 자녀에게 마음의 토양이 되는 것이다. 바른 심성과 인성을 가진 아이로 성장하도록 부모 또한 바른 인성을 가진 모델이 되어야 한다.

인성이 무엇인가에 대한 것은 학자마다 다양하게 정의하고 있다. 인성을 인격, 성격, 도덕, 인간본성, 인간의 본연이나 인간다운 품성 중 어느 것으로 볼 것이냐에 따라 인성의 의미는 다양해진다. 이처럼 다양한 인성에 대한 정의에는 '인간이 지향하고 성취해야 하는 인간다운 면모, 성질, 자질, 품성'이라는 의미가 내포되어 있다(강

1) 여성가족부 홈페이지(대한민국 부모학교) www.mogef.go.kr

성보 외, 2008). 사전적 의미로 볼 때, 인성은 그 사람이 가지고 있는 성품과 사고와 태도뿐만 아니라 행동 특성을 말한다. 성품은 사람의 성질이나 됨됨이를 말한다.

성질이 사람이 지니는 마음의 본바탕, 됨됨이가 사람의 행동이나 말씨에서 드러나는 태도라고 볼 때 인성은 사람의 내적 요소인 사고, 마음과 외적 요소인 태도, 행동을 모두 표현한다고 볼 수 있다. 인성은 두뇌로 알아가거나 단시간에 이루어지는 것이 아니다. 인성은 자신과 타인, 환경에 대한 삶의 방식이며 오랜 경험과 학습의 습득에서 나오는 것이다. '세 살 버릇 여든까지 간다'는 속담은 영유아기부터의 교육이 평생 간다는 적기교육의 중요성을 깨닫게 해준다. 유아기부터 올바른 습관과 태도를 갖도록 몸에 익혀서 일상화하고 다른 사람의 권리존중과 다른 사람에 대한 배려를 생활화하는 것에 대한 바른 인성교육이 필요하다. 오늘날 사회에서 요구되는 바람직한 인간상을 함양하고 역량을 성장시키는 데 인성교육의 목적이 있다.

바른 인성의 본이 되어야 하는 데
참기 힘들고 화가 날 때 어떻게 하면 좋을까?

5-2-5 법칙을 사용해 보자.

5 : 숨을 하나, 둘, 셋, 넷, 다섯 번 참는다.
2 : 숫자를 2까지 센다.
5 : '휴'를 다섯 번 한다.

아이들의 문화를 이해하면 자녀가 보인다

해마다 3월이면 자녀들이 개학하고 곧 담임선생님과 상담기간을 가지게 된다. 상담을 가보면 우리 아이가 어떤 태도로 공부를 하고, 친구들과는 어떻게 지내는지 알 수 있는데 부모가 집에서 알고 있는 모습과 많이 달라 당황하는 경우가 많다. 아이들은 어른들이 생각하는 것과는 다른 생각과 문화를 가지고 있다. 많은 부모님들이 이 문화를 알지 못하기 때문에 기존에 자신이 가지고 있는 생각의 테두리 안에서 자녀를 보게 되는데, 이는 자칫 더 큰 갈등을 유발할 수 있다. 따라서 자녀의 또래문화를 잘 이해한다면 우리 아이들을 좀 더 이해하게 되고 이에 맞는 올바른 양육관을 가지고 자녀를 교육하는 데 도움이 될 것이다. 언론보도 내용을 중심으로 현재 우리나라 학생들의 문화를 소개해 보고자 한다.

유튜브를 안 보면 말이 안 통해요

(출처 : 국민일보, 2018. 7. 16. 유튜브에 빠진 초등생)

유튜브가 10대 초등학생의 일상을 장악하고 있다. 연세대 바른 ICT연구소의 「2017 스마트폰 이용 행태 보고서」에 따르면 초등학생들은 스마트폰으로 게임을 하는 비율(28.7%)보다 음악을 듣거나 동영상을 보기 위해 사용하는 비율(40.2%)이 더 높은 것으로 나타났다. 동영상 소비는 압도적으로 유튜브에서 이루어진다. 앱 분석 업체 와이즈앱이 국내 앱별 사용시간을 조사한 결과를 보면 유튜브를 가장 많이 쓰는 세대는 10대인 것으로 나타났다. 10대는 카카오톡, 네이버, 페이스북 등 주요 5개 앱 사용시간을 합친 것보다 유튜브를 더 오래 사용했다. 아이들이 유튜브에 매달릴수록 부모의 고민은 깊어진다. 특히 독립심이 커지는 초등학교 고학년의 학부모들은 "유튜브에서 무엇을 볼지 몰라 불안하다"고 하소연한다. 유튜브는 초등학교 선생님들에게도 걱정거리다. 최근 "유튜브에서 자해 동영상을 봤다"는 친구들이 많이 생겼고, 특히 친구들 앞에서 몸에 상처를 내는 흉내까지 낸다. 온라인에선 아예 미성년자의 스마트폰 소지를 법으로 금지해야 한다는 목소리도 나온다. 많은 사람들은 아이들이 걸러지지 않은 영상물이나 이미지를 접해 잘못된 성(性)개념을 가질 가능성이 있는 것을 우려하며, 이미 부모가 통제할 수 있는 범위를 넘어섰다고 주장한다.

그렇다면 '디지털 세대'에게 디지털을 빼앗으면 문제가 해결될까. 전문가들은 "'무조건 안 된다'가 답이 아니다"라고 강조한다. 학교에서와 마찬가지로 가정에서도 미디어를 비판적으로 이해하고 활용하는 '미디어 리터러시' 교육이 중요한 대목이다. 미디어를 비판적으로 보는 습관을 들이면 게임 등 다른 콘텐츠에 대해서도 비판적 사고가 길러지는데 위험한 콘텐츠를 예로 들며 가르치는 게 아니라 아이들 본인이 즐기는 콘텐츠 중심으로 가르쳐야 한다. 스마트폰의 올바른 사용과 활용에 대한 지도가 필요하다.

편 가르기 하는 아이들

(출처 : 세계일보, 2018. 9. 5. 성적 · 외모 · 가정형편에… 아이들도 '빈부격차')

사회경제적 지위에 따라 한 사람을 규정하고 은근히 '편 가르기'를 하려는 문화가 청소년들 사이에서도 심화하고 있다. 학업성적이나 외모 꾸미기 정도가 부모의 소득 수준을 보여준다. 청소년들은 고가의 패션 브랜드에 집착하면서 이런 것을 갖추어야 또래 친구들과 원만하게 어울릴 수 있다는 불안감에 사로잡혀 있다. 가질 수 없는 학생들은 상대적 박탈감에 시달릴 수밖에 없다. 전문가들은 경쟁이 심한 시대에 자식의 잠재력을 조금이라도 높여주려는 부모의 욕구가 자식을 일종의 '멸균실' 같은 곳에서 기르려는 경향까지 낳고 있다고 우려했다.

초중고 학생들은 일상생활에서 고스란히 차별을 느끼고 있다고 말한다. 빈부격차로 인한 상대적 박탈감을 가장 심하게 느끼는 부분은 패션, 여행 및 대외활동, 사교육, 전자기기 등이다. 인스타그램 등 각종 소셜네트워크서비스(SNS)에 자신이 구입한 옷과 화장품 등을 즉각 찍어 올리고 소통하는 문화가 활성화되면서 '보이는 것'

의 중요성이 커졌기 때문이라는 분석들이 제시된다.

성적, 외모, 가정형편 등에 의한 차별은 학년이 올라갈수록 더 심각하다. 2018 한국청소년정책연구원에서 전국의 초·중·고 학생(1만 450명)을 대상으로 조사해 펴낸 '청소년 차별실태 연구' 보고서에 따르면 초등학생들은 가정형편에 따른 차별의 심각성을 4점 만점에 평균 1.81점에 불과하다고 평가했으나 중학교(2.20), 고등학교(2.39)로 올라갈수록 그 심각성을 높게 인지하는 것으로 조사됐다. 고등학생의 경우 특히 학업성적(3.08), 외모(2.95)로 인한 차별 정도를 심각하게 생각하는 것으로 나타났다.

전문가들은 유행하는 고가의 브랜드를 사 달라고 할 때 형편에 맞게 사줄 수는 있지만 지나친 물질주의에 빠지지 않도록 적절한 지도를 해줘야 한다고 조언한다. 브랜드를 기준으로 사람을 평가하는 문화 자체가 적절치 않다는 것을 말해줄 필요가 있다. 성인에 가까워도 부모님의 경제적 능력을 자신의 능력이라고 착각하고 사는 경우가 많은데, 이는 경제교육이 부실해 '돈의 가치'를 인식하지 못하기 때문일 수도 있다. 명품을 사기 위해서 몇 시간을 일해야 하는지 등을 알려주고, 자녀와 함께 몇 시간만이라도 아르바이트를 같이 하는 등의 노력을 해본다면 지나친 물질주의와 이로 인한 좌절감을 막을 수 있을 것이다.

외모를 중시하는 아이들

(출처 : 아이뉴스24, 2017. 5. 29. 점점 낮아지는 '화장' 연령, "올바른 교육 시급")

16개 나라 만 12세 학생들을 대상으로 행복도를 조사했더니, 우리나라가 최하위로 나타났는데, 특히 외모에 대한 불만이 큰 요인 중의 하나인 것으로 나타났다. 이러한 추세를 반영하듯 어린이 · 청소년의 화장 시작연령이 점점 낮아지고 있어 올바른 교육이 시급한 것으로 나타났다. 초등학생 24.2%와 여중 · 고생 4명 중 3명이 색조화장을 경험한 상태이나 이들 절반 이상이 획득한 정보는 주변인 · SNS로, 피부 상태를 고려한 체계적인 화장 교육이 필요한 상황이다. 이는 녹색소비자연대전국협의회 소속 녹색건강연대가 전국 초 · 중 · 고등학생 4천 736명을 대상으로 '어린이 · 청소년 화장품 사용 행태'를 조사한 결과로, 눈화장이나 입술화장 등 '색조화장'을 해본 경험이 있는 초등학생 24.2%, 중학생 52.1%, 고등학생 68.9%로 나타났다. 성별로 나누어 보면 색조화장을 하는 남학생의 비율은 초 · 중 · 고등학교에서 모두 3% 미만이었으며, 여학생의 경우 초등학교 42.7%, 중학교 73.8%, 고등학교 76.1% 여학생이 색조화장을 하는 것으로 나타났다. 이러한 조사결과는 화장품 사용이 본격화되는 시기임에 비해, 화장품에 대한 정보획득은 체계적이지 못한 어린이 · 청소년의 현실을 드러내는 지표로 볼 수 있는데, 학교나 가정에서 어린이 · 청소년에 대한 체계적이고 올바른 화장품 교육이 더욱 시급하다는 것을 보여준다고 할 수 있다.

패드립이 넘쳐나는 교실

(출처 : 경향신문, 2017. 10. 1. '엄마'를 욕하며 노는 아이들… 교실이 '혐오의 배양지'가 되었다)

한국 사회가 분열과 갈등을 확산시키는 혐오에 제대로 대응하지 못하면서, 미래세대가 자라나는 학교는 현재 온갖 혐오의 배양지가 되고 있다. 인터넷 커뮤니티에서 시작된 혐오문화가 10대의 교실을 잠식한 것이다. 제대로 된 인권교육과 성평등 교육이 이루어지지 않는 학교에서 아이들은 사회에 만연한 혐오에 무방비로 노출되고 있다.

학교 주변 아이들의 입에서 나오는 가장 흔한 단어는 '애미'이다. '애미' 소리만 나와도 또래 사이에 웃음이 터진다. '니애미'는 추임새 같은 것이다. 누군가 흐름에 안 맞는 말을 할 때 '니애미~' 하면서 중간에 말을 끊는 식이다. 누군가 실수를 하거나 잘못을 할 때는 "애미 터졌냐(인성이 나쁘다는 뜻의 '인성 터졌다'와 비슷한 말)"며 면박을 준다. 엄마를 비하하는 말인 '니애미'는 교실에서 가장 '핫'한 욕이다. 서열이 낮은 애들은 아예 엄마 이름으로 불리는데, 예를 들어 엄마 이름이 영희면 '야, 영희야~', '영희 너검(너희 엄마)' 이런 식이다.

청소년들이 차별과 혐오를 유희처럼 또래문화에서 즐기는 일은 과거에도 있던 일이다. 하지만 스마트폰의 급격한 보급, 자정과 규제 없는 개인 인터넷방송의 증가는 우리가 알지 못했던 상자를 열었다. 지상파 TV에서 방영 불가한 수준의 '패드립'을 아이들이 시청하고, 공유하고, 따라하고, 직접 제작한다. 남성 비하발언을 한 여성 유튜버를 추적 · 살해하겠다는 방송으로 논란을 빚은 유튜버는 학생들 사이에 인기가 높다.

모든 아이들이 혐오를 즐기는 건 아니다. 불편함과 거부감을 호소하는 학생들도 있다. 하지만 문제를 제기하려면 '진지충'이라 불리는 것을 감수해야 한다. 남학생들이 패드립과 여성혐오 용어를 섞어 만든 랩을 들으란 듯이 부르고 다녀도 여학생들은 좀체 목소리를 높이지 못한다.

이런 상황에서 부모의 대응은 쉽지 않다. "돈은 밖에서 아빠가 벌어오는데, 엄마는 집에서 하는 게 뭐야"라는 아이의 말을 듣는다 하더라도 화가 나지만 어디서부터 말해야 할지 당혹스러워 한다. 아이들은 또래집단의 말에 굉장히 쏠려 있다. 가정에서 혐오나 차별의 표현들을 중요한 문제로 인식해야 한다. 학교 현장은 들끓고 있는데, 문제를 해결하려는 교육 현장이나 당국의 의지는 아직 잘 보이지 않는다. 학교와 가정, 사회는 혐오 문제를 해결할 수 있는 역량을 키워야 한다.

스마트폰과 게임에 빠져드는 아이들

(출처 : 세계일보, 2018. 10. 17. 어울릴 친구 · 놀 곳이 없어서… 온라인 세상을 헤매다)

중학교 3학년 아들을 둔 어머니는 방에 틀어박혀 컴퓨터만 하는 아들을 보면 가슴이 답답하다. 아들은 중학교에 입학한 이후 부쩍 어두워졌다. 학교에서 어울리는 친구도 없는 듯하다. 아들은 온라인 공간에 몰입했다. 학교에 가지 않는 날이면 하루 6시간 이상 컴퓨터나 스마트폰을 붙들고 있는 경우가 허다했다. 어머니는 아들의 컴퓨터와 스마트폰 사용을 자제시키려고 했지만 그때마다 불같이 화내는 아들을 어찌해 볼 도리가 없었다. 이따금 아들이 친구들에 대해 얘기할 때에는 대부분 온라인 용어라서 어머니는 알아들을 수도 없다.

청소년들이 스마트폰과 온라인 공간에 갇히고 있다. 세상과 소통하게 하는 스마트 기기가 오히려 아이들을 현실 세계로부터 단절시키고 있다. 여성가족부에 따르면 2018년 학령전환기 청소년(초등 4학년, 중 · 고 각 1학년) 129만 1,546명 중 10.9%인 14만 421명이 인터넷에 중독된 것으로 나타났다. 스마트폰에 중독된 청소년도 12만 840명에 달하며, 인터넷과 스마트폰에 동시 중독된 학생들도 6만 4,924명이나 됐다. 최근에는 '왕따(집단따돌림)' 위험에 노출되거나, 수도권이 아닌 지방에 거주하는 학생이 더욱 사이버공간에서 헤어나오지 못하고 있다. 전문가들은 따돌림의 우려가 있는 학생은 게임에도 쉽게 중독될 가능성이 높다고 한다. 학교폭력 피해에 노출돼 있는 학생들이 게임 중독으로 이어지는 이유는 따돌림 피해에 대한 불안감과 현실도피의 마음이 커지면서 온라인 게임 이용으로 이어지고 있다는 것이다.

최근 스마트폰과 온라인 게임 중독 추세는 그 연령대가 상당히 낮아진 게 특징인데, 전자기기가 다루기 쉬워 중독 위험이 영 · 유아에게 그대로 노출된 상황이다. 과거에는 온라인이나 게임에 접촉하는 통로가 한정적어서 당시에는 컴퓨터를 사용할 수 있는 연령이 돼야 온라인 중독 가능성이 생겼다. 그러나 최근에는 스마트폰에 이어 태블릿 PC가 널리 보급되면서 스마트폰 중독 연령대가 생후 24개월 미만으로 낮아졌다. 또한 부모들은 아이들을 돌보기 편하다는 이유로 유튜브 등 채널로 아이들을 몰아 넣는다. 아이가 좋아하는 프로그램을 켜주면 부모로서는 자유의 시간을 얻지만 장기적으로 자녀 교육에 부정적일 수밖에 없다. 특히 부모가 스마트폰을 사용하는 시간이 많을수록 유 · 아동 자녀가 중독 위험군에 속하는 비율이 일반군보다 높다. 부모의 스마트폰 이용 습관을 아이가 그대로 따라가는 것이다. 스마트폰으로 양육하는 것은 아이들이 책이나 살아 있는 교육에 흥미를 느끼지 못할 가능성이 커지는 대가를 치르게 될 것을 경고한다. 세계 각국은 아이들의 스마트폰과 게임 중독 현상을 경고하고 있다. 프랑스는 유치원과 초등학교, 중학교에서 스마트폰 등 통신기기 사용을 전면 금지했다. 미국과 캐나다도 생후 24개월 이전 아이들에게 스마트폰이나 태블릿 PC 등의 전자기기를 금지할 것을 권고한다. 전문가들은 두뇌가 완전히 발달하지 않은 아이들이 스마트폰에 장시간 노출되면 강렬하고 자극적인 콘텐츠에만 반응하는 등 주의력결핍 과잉행동장애나 발달장애로 이어질 수 있다고 지적한다.

목소리를 낮춰요,
감정조절

감정조절은 자신의 감정을 조절하고자 하는 방법이다. 감정조절은 맞닥뜨린 환경이나 상황에서 그것에 대한 자신의 감정의 강도를 늘리거나 줄이며 수정하는 과정이다. 예를 들면, 내용을 축소한다거나 확장, 위장하거나 내용에 대한 거부반응, 또는 그 상황에 대해 강조하면서 자신의 감정들을 드러내지 않는 것이다. 이제는 부모가 달라져야 한다. 어릴 적부터 바르게 살도록 가르쳐야 한다. 공익광고에도 나오듯이 욕을 듣고 자란 아이는 욕하는 어른이 되고 학대받고 자란 아이는 학대하는 어른이 된다. 어릴 때 부모로부터 받은 폭력이 상처로 남아 범죄로 이어지는 경우가 많다.

어려서부터 감정을 조절하는 행위가 필요하다. 내가 존중받기 위해서도 다른 사람을 존중하고 아무리 화가 나도 감정을 조절해서 더 큰 일을 만들지 않도록 해야 한다. 그리고 모든 사람에게 도움이 되기는 어렵더라도 적어도 다른 사람들에게 피해를 주지 않고 살아가도록 가르쳐야 한다. 그러기 위해 화내는 사람들은 대부분 그 일이 자신을 해한다고 생각한다는 것을 이해하고 그런 상황을 바꾸어 생각할 기회를 주어야 한다. 아이 스스로 화나 분노를 조절할 수 있어야 하며 감정조절을 위한 부모 트레이닝이 필요하다.

자녀의 감정조절 어떻게 할까?

자녀가 어릴수록 아이가 소리를 지르고, 때리고, 장난감을 던지는 행동을 보이면 어떻게 반응해야 할지 모르겠다고 하는 부모가 많다. 아이의 행동이 쉽게 고쳐지지 않으며, 부모도 함께 화내고 무섭게 반응하게 된다. 아이의 감정을 어떻게 다루어야 할까? 특히 3세 아이들은 갑자기 달라지게 되는데, 제1반항기라고 할 정도로 말도 안 되는 고집을 부리며 떼쓰고 소리를 지르기도 한다. 이유는 자기 맘에 들지 않기 때문이다. 이렇듯 단순한 이유로 아이들은 세상이 떠나가라 울고불며 마음을 표현한다. 이는 너무 어려서 아이도 자기의 마음을 표현하기가 어렵기 때문이며, 자신에게 처한 상황을 변화시키려는 의도를 가지고 있다.

부모는 누구나 처음은 부모로서 서툴기에, 능력을 연마할 때까지 시간이 필요하다. 아이는 자라면서 왜 화가 나는지 스스로 감정을 분별하고 적절하게 표현하는 능력이 서서히 자란다. 그러므로 아이가 화를 내는 순간에 감정을 조절할 수 있도록 알려주어야 한다.

사실 감정조절은 어른도 하기 어렵다. 하물며 어린 영 · 유아가 스스로 자신의 감정을 조절하는 것은 어려운 일이다. 자녀가 스스로 감정을 조절하기 위해서는 시간과 노력, 기다림이 필요하다. 감정을 다루는 것은 노력이 필요한 행동임을 알려주어야 한다. 반복되는 과정을 통해 자녀가 감정조절 능력을 키우게 되면 자신이 느끼는 감정이 풍성해지고 외면으로 표출되는 감정표현도 조절할 수 있는 아이로 성장하게 된다. 그러므로 먼저 부모가 평상시에 자녀에게 격려와 지지가 되는 언어를 사용해야 한다. 대부분의 경우 화를 낸다는 것은 자신의 감정을 내면에 담아두는 것이 아니라 타인에게 드러냄으로써 욕구를 해소하고 스트레스를 줄이고 정서적으로 안정되는 것이다. 그래서 부당하다고 생각되면 화를 내는 것은 자연스러울 수 있지만 그 표현방식이 중요하다. 아무리 화가 나더라도 부모는 너그러움과 인내심을 가지고 마음의 평정을 먼저 찾으려고 노력해야 한다. 만일 불필요한 언쟁이나 시비에 휘말릴 것 같으면 먼저 심호흡을 하고 자신의 감정이나 판단을 담은 형용사나 부사는 제외한다. 오직 일어난 사실만을 부드럽게 표현하고 명령이나 강요가 아니라 부탁을 하는 것이 바람직하다.

아이가 화를 덜 내며 분노를 그대로 표출했을 때 어떤 결과가 오는지 돌이켜 보는 시간을 갖게 하는 것이 중요하다. 여기서의 부모 역할은 자녀의 이야기를 끝까지 들어주고 공감해 주는 것이다. 즉, 이해와 사랑만이 분노조절의 기본이 된다.

분노하거나 화를 내지 않도록 부모는 자녀에게 평상시에 '감사합니다', '고맙습니다'라는 말을 자주 사용한다. 진정으로 감사하는 마음을 느끼기 위해서는 아주 작고 사소한 일에도 마음 깊이 고마움을 느끼고 표현할 줄 알아야 한다. 모든 도덕적 행위는 본보기의 연습을 통해 완성되어 간다. 우리나라에 "가는 말이 고와야 오는 말이

곱다"라는 속담이 있듯이 감사하다는 말을 들어본 적도 없고 말해 본 적도 없다면 이를 실행하기 어렵다. 식사하면서, 잠자기 전에 자녀와 하루 동안 감사한 일을 생각해 내고 말하게 한다면 자녀만이 아니라 부모도 긍정적 정서 함양에 효과적인 결과를 가져오게 된다. 특히 자녀가 가지고 있는 장점을 칭찬하기보다 다른 사람들의 도움에 감사하는 생활을 해 나간다면 자녀만이 아니라 부모도 화내는 빈도가 훨씬 줄어들 것이다. 생각만 해도 얼굴에 미소가 떠오르게 된다. 부모가 매일 하루에도 여러 번 "감사합니다"를 계속 사용하다 보면 자녀가 변화하고 사회까지 변화하게 될 것이다. 자녀와 산책하는 시간을 갖는 것도 효과적이다.

프랑스에는 '쇠이유'라는 비행 청소년 교정단체가 있는데 교정방식이 특별하다. 소년원에 수감된 청소년은 프랑스어가 통하지 않는 다른 나라에서 3개월 동안 1,600킬로미터, 하루 평균 17킬로미터를 걸어야 한다. '걷기란 자신에 대한 성찰이다. 걸으면 자연스럽게 자신을 돌아보게 된다. 자신을 돌아보면 깨닫게 되고, 이러한 깨달음이 쌓여 인생을 설계하게 한다'라는 말이 있다. 걷기는 단지 다리를 움직여 걷는 행위만이 아니라 걷는 동안 일어나는 자신의 내면을 돌아보는 데 그 가치가 있다. '쇠이유'를 통해 아이들이 걷기를 할 때는 곁에 항상 멘토가 함께한다. 낯선 어른이지만 석 달 내내 아이와 함께 지내면서 보호자이자 동행자가 되어준다고 한다. 프랑스 비행 청소년 재범률은 85%인 반면, 쇠이유 출신의 재범률은 15%에 불과하다고 한다. 이유는 걷기를 통해 자신의 상처를 보듬어 준 사람들을 알게 되고 자기 자신을 스스로 돌아볼 성찰의 기회를 얻을 수 있기 때문이다.

아이들에게 걷기는 신체와 정신을 균형 있게 발달시킬 수 있는 시간이며, 더욱더 중요한 것은 반드시 동행자와 함께 걷는 것이 중요하다. 특히 부모가 자녀의 동행자로 걸으면서 자녀의 지나간 분노의 순간을 돌아보고 성찰하는 시간을 갖게 하는 것은 신체와 정신을 균형 있게 발달시킬 수 있어 좋을 뿐 아니라 부모와의 유대를 돈독하게 하는 이점이 있다.

화내고 자기조절이 안 되는 자녀를 손쉬운 체벌로 다스리기보다는 비록 시간이 걸리더라도 인내심을 가지고 부모가 함께 해주는 것이 중요하다.

감정조절을 위한 부모 트레이닝

감정조절 교육은 먼저 부모의 공감이 중요하다. 부모로부터 감정을 공감받은 자녀일수록 상대방의 감정도 이해하고 공감할 수 있다. 자녀의 감정조절 능력을 성장시켜 주기 위해서 부모가 자녀의 감정을 이해하고 공감할 뿐 아니라 긍정적인 상호작용이 중요하다. 자신의 감정이 수용되고 받아들여진다고 생각하면 높은 자존감을 갖게 되므로 다른 사람의 감정도 소중히 생각할 뿐 아니라 긍정적으로 반응하게 된다. 한편 부모가 자녀의 감정을 이해하지 못하고 짜증이나 화를 내는 모습으로 대하게 되면, 자신의 감정에 대해 공감을 받지 못했기 때문에 자신의 감정을 제어하지 못해 상대방의 감정도 공감해 주지 못하게 된다. 자녀의 감정조절 능력을 키우고자 한다면 먼저 공감해 주고 긍정적으로 반응해 주는 것이 중요하다.

기쁨과 슬픔, 분노, 짜증, 행복 이 모든 감정이 아이에게 소중하다. 자녀의 감정조절 능력을 키우고자 감정을 표현하지 못하게 억압하거나 제약을 두어서는 안 된다.

자녀가 생각하고 느끼는 감정에 대해 자연스럽게 표현하도록 해 주고 그러한 감정을 놀이를 통해 표현할 수 있도록 지도해야 한다. 어려서부터 감정표현이 잘 이루어졌을 때 성인이 된 후에 자연스럽게 표현된다. 예를 들면, 그 놀이 중 하나는 얼굴표정 만들기로, 다양한 표정(웃거나 우는 얼굴, 화난 얼굴 등)을 그리도록 일회용 접시를 이용하여 놀이하면 자녀의 감정표현력을 길러주며 다양한 감정을 배울 수 있는 놀이가 된다. 또한 자녀가 가지고 있는 부정적인 감정(화나 분노, 스트레스 등)은 활동적인 놀이를 통해 해소해 주면 자녀의 스트레스를 풀어주고 자신이 느끼는 감정을 신나게 표현하는 데 도움이 된다. 어른도 마찬가지이다. 활동적인 예로는 난타나 풍선 터뜨리기, 종이나 신문을 구기거나 찢기 등을 들 수 있다.

우리는 무언가 문제가 생기면, 문제를 해결할 수 있는 정답이 있다고 생각하는 경향이 있다. 그것은 마음이 불편할 때도 마찬가지이다. 마음이 편안하지 않을 때 무언가를 해야 한다고 생각하는데, 그보다는 하지 않는 것이 더 도움이 되는 것이 무엇인지를 아는 것이 더 중요하다. 마음이 불안정할 때 억지로 곧 좋아질 것이고 내가 모든 것을 할 수 있다는 근거 없는 긍정과 칭찬은 오히려 자신을 이해하지 못함으로써 마음과 자존감을 더 다치게 할 수도 있다. 그러므로 구체적이지 않은 무조건적인 칭찬은 하지 않는 것이 바람직하다. 또한 자녀가 가장 싫어하는 것은 비교이다. 다른 사람과 비교하여 자존감이 낮아지지 않도록 자녀의 장점을 구체적으로 칭찬해 준다.

2011년 학술지 「Emotion」에 발표된 연구결과에 의하면 편안하지 않은 마음이 환경과 문제를 인지함에 있어서 왜곡되게 만든다는 것을 입증한 실험이 보고되었다. 내용은 실험 대상군 전체를 둘로 나누어 한 팀에게는 배신당하거나 실패했던 부정적인 기억을 생각하도록 했고, 다른 팀에게는 좋았던 긍정적인 생각을 하도록 했다. 그런 후 두 팀을 크고 징그러운 거미가 있는 방에 들어가도록 했다. 부정적인 생각을 하도록 한 팀은 거미와의 거리를 실제보다 더 가깝게 인식했는데, 그것은 두려운 대상에 대해 실제보다 더 두렵고 왜곡되게 생각하게 되었기 때문이라고 한다. 이와는 대조적으로, 긍정적인 기억을 생각했던 팀은 거미와의 거리를 실제에 가깝게 받아들였다고 한다.

부모도 감정이 상하고 어려울 때는 힘들다고 말하는 것이 바람직하다. 자녀와 제대로 대화하지 못하면 자녀의 마음을 읽지 못하고, 어떤 문제에 대해 정확하게 알기 어렵다. 하지만 대다수 부모가 자녀에게 잘못된 대화법으로 대화를 시도한다. 'EBS 60분 부모 : 문제행동과의 한판승 편'[2010. 5. 21., 지식채널(시공사)]에도 방송되었듯이 '나 전달법'은 자신이 생각하는 감정과 내용을 다른 사람에게 효율적으로 전달하는 방법이다. 때로 사람들은 상대방이 나의 감정을 안다고 생각하지만, 자신의 감정과 생각을 제대로 표현하지 못하게 되면, 자신이 느끼고 생각하는 것들을 제대로 알고 이해하기 쉽지 않다. 상대방의 감정을 다치지 않게 하면서, 자신이 가지고 있는 감정을 표현하므로, 타인이 자신의 행동을 스스로 조절할 수 있도록 도움을 주는 유익하고 효과적인 표현 방법이다.

부모는 자녀와 대화할 때 "너는 도대체 왜 그러니?", "너는 엄마 말을 건성으로 들어", "너 게임이랑 스마트폰 하지 말랬지"라는 식으로 자신의 생각을 표출한다. 대화의 주체가 부모가 아니라 자녀임을 알 수 있다. 부정적인 문장의 주체가 된 자녀는 부모의 말 한마디에 상처받고 자존감을 다친다. 너 전달법(YOU-message)은 상황이나 문제의 주체가 상대방이 되기 때문에 말할 때 상대에게 상처를 주기 쉽다. 그러므로 문장주체를 나로 바꾸어 말한다. "나는 이해가 잘 안 가", "핸드폰을 많이 해서 눈 나빠질까 걱정 돼"라는 식으로 바꿀 수 있다. 앞문장의 주체가 자녀였다면 이제는 주체가 바뀌어 말하는 엄마가 되었다. 나 전달법(I-message)은 주어가 자신이 되어 대화하는 것이다. 부모가 자신의 감정과 경험을 진실하게 전하기 때문에 자녀에게 부모를 잘 알 수 있는 기회를 제공해 주게 된다. 아울러 자녀가 자기 감정을 솔직하게 말할 수 있도록 해준다. 그러나 '나 전달법'이 항상 자녀에게 긍정적인 영향만 주는 것은 아니다. 예를 들어, "네가 웃으니까 엄마도 기분이 좋아져"라는 긍정적인 메시지를 전달하는 경우도 있지만 "지금 엄마 화나서 너와 다시는 이야기하고 싶지 않아"라는 식의 부정적인 표현과 "나는 아무 생각이 없어"라는 중간 입장으로 표현할 경우 오히려 자녀는 부정적인 생각이 강화될 수 있다. 그렇기 때문에 나 전달법은 자녀의 행동이나 생각이 긍정적으로 변할 수 있는 방법을 사용하는 것이 바람직하다.

나 전달법은 자녀의 태도나 행동을 부정적으로 지적하는 것이 아니라, 어떤 태도가 부모에게 영향을 주는지 이해할 수 있는 표현방법이다. 이 과정에서는 자녀에 대한 대화가 지속될 수 있도록 해석하거나 질타하지 않게 된다. 아울러 부모도 나 전달법을 통해 자신을 알게 되고 이해함으로써, 자녀와 더불어 정직하고 개방된 대화를 이끌어 나갈 힘을 얻는다.

감정조절을 위한 대화, 이렇게 하자

아이는 자신이 원하는 꿈을 찾아서 자기 주도적인 삶을 살아가기 원한다. 부모도 그렇게 되길 원한다. 그런데 아이러니하게도 부모의 양육태도는 생각한 대로 되지 않는다. 무엇을 먹느냐부터 어떤 옷을 입고, 어떤 학원을 선택하고 어떤 공부를 하고 어떤 대학에 어떤 학과를 가야 하는지 등 부모님이 모두 결정해 버린다.

〈부모와 자녀의 대화 예시〉

자녀 : 재킷 입고 나가야지~

부모 : 감기 걸리면 어쩌려고? 밖이 추우니까 두꺼운 패딩이나 두꺼운 코트 입고 나가!

자녀 : ...네.

아주 평범하고 의미 없는 일상적인 대화처럼 보이지만 오늘도 한 대여섯 번은 겪었을 대화이다. 그런데 아이가 왜 재킷이 입고 싶었을까? 부모에게 중요한 건 아이가 감기 걸리는 것이지 무엇을 입고 싶은지가 중요한 것이 아니라고 생각할 것이다. 결국 중요한 것은 부모가 궁금해하지 않으면, 아이도 궁금해하지 않게 된다는 것이다. 그때 자녀는 자신이 생각하는 감정과 욕구를 표현해도 부모가 관심을 가져주지 않고 존중해 주지 않는다고 생각하게 된다. 그러므로 자신의 욕구와 감정을 알아주지 않는다고 생각하며 설사 알아낸다 하더라도 존중하는 법을 배우지 못한다. 이런 경험을 많이 하면 아이는 많은 결정을 부모에게 위임하거나 남들에게 위임하는 사태가 발생한다. 또한 자신의 생각을 이야기해도 관심 없고 불합리하거나 부정적인 피드백을 체험하다 보니 자신의 의견을 낼 필요성을 느끼지 못하는 것이다. 그래서 아이는 주체적인 삶이 아닌 다른 사람들의 평가나 판단에 의지하는 생활을 하게 된다. 작고 사소한 선택부터 좌절되는 경험을 한 아이들은 중요한 선택 또한 하기 어려워하게 된다. 자신이 무엇을 원하고 무엇을 좋아하고 싫어하는지, 결과가 어떠할지에 대한 예상을 하기 어렵기 때문이다. 내가 생각해서 결정하면 부정적인 피드백이 온다는 확실했던 경험이 있기에 늘 선택 앞에서 두려움에 떨기도 한다. 이런 자녀의 모습을 보고 부모는 또다시 자녀 대신 결정해 주거나 선택해 주기를 반복하게 되는 것이다.

〈부모와 자녀의 대화 수정 예시〉

자녀 : 재킷 입고 나가야지~

부모 : (감기 걸리면 어쩌나 하는 생각이 들지만) 재킷 입고 나가고 싶구나? 왜 재킷을 입고 나가고 싶니?

자녀 : 오늘 친구 생일이라 예쁘게 입고 가려고요. 그리고 뉴스 보니까 날씨도 많이 안 춥대요.

부모 : (여기서도 평가는 금물) 아, 그래? 오늘 친구 생일이구나. 뉴스 보고 재킷 입고 갈 생각을 했구나(공감과 존중). 그런데 만약에 추우면 얼른 집에 와서 따뜻한 패딩이나 코트 입고 나가! 엄마가 거실에 꺼내 놓을게(완충역할).

자녀 : 알았어요!

자녀의 선택에 판단과 표현을 인정하며 자녀의 선택에 질문을 해야 한다. '이유가 뭐니?' 하며 자녀 입장에서 납득하며, 판단을 존중해 준다. 이 질문을 통해 자녀는 자신의 욕구를 명확하게 했다. (상황판단에 대한 자신의 의견 존중, 생일축하 분위기에 맞는 친구와의 동질감) 부모는 자녀의 욕구를 존중할 수 있는 기회를 얻게 된다. 기존에는 자녀의 욕구가 드러나지 않았고 그러다 보니 존중도 불가능하며 여기에는 오직 부모의 판단과 결정만이 있었다. 자녀의 판단이 틀릴 수도 있지만 부모의 역할은 판단과 결정이 아니고 실패, 좌절에 대한 완충지대 역할이다. 그래서 마지막에 대안을 제시한다. "만약에 추우면 집에 와 패딩 입고 나가! 엄마가 거실에 꺼내 놓을게."

만일 자녀가 얇은 재킷을 입고 나가서 감기에 걸렸다면 그런 경험을 통해 부모가 결정해 주지 않아도 다음에는 옳은 선택을 하게 된다.

청소년기의 분노 조절하기

이 세상에 태어난 아기 때는 부모에게 젖 달라고 잠 온다고 투정부린다. 그러다가 언제부터인가 성장하면서 다른 사람들에게 도움을 요청하거나, 도움을 받아야 할 필요를 느끼지 못하게 될 뿐 아니라 때로는 자신의 감정도 표현하지 않게 된다.

성장하면서 지치고 힘들어지며 어려워지는 것은 당연한 것이고, 우리의 연약함을 인정하는 것이며 성숙되어 가는 것일 뿐만 아니라, 다른 사람의 필요를 인정하는 것이다. 그런데 청소년기는 아동기에서 성인기로 넘어가는 과도기로서 성장통의 방법 중 하나로 자립과 독립 그리고 자유를 원하기도 한다. 성숙과 성장에 대한 잘못된 이해는 부담감과 과한 책임감으로 이어져 부모와의 갈등과 스트레스를 증폭시킨다. 자녀의 잘못된 이해는 어디에서 시작된 걸까? 그 가정의 감정인식과 의사소통의 문제에서 발생된다. 평소 문제의 원인이 부모의 감정 전달 및 표현에 있었음을 알 수 있다.

청소년기는 인생이 무엇인지 열심히 고민하고 탐색해야 할 소중한 시기이다. 그런데 오직 공부만이 성공의 길이라고 여기며 공부에 집중하다 보니 경쟁을 강요당하는 현실의 환경 가운데 부모님의 지나친 기대와 잘못된 교육관, 가정불화, 학교폭력과 따돌림 등 수많은 원인으로 인해 우울증, 강박증, 폭식증, 불안증, 공황장애 등의 병에 시달리고 있다. 자녀들이 힘들고 우울하다고 고민을 얘기해도 부모는 단지 공부하기 싫은 핑계로 치부하거나 사춘기에 겪는 증상이라고만 생각하여 청소년 우울증을 더 심하게 키우는 경우가 많다.

한방신경정신과 자하연 한의원에서는 "우울증은 자신의 의지와 상관없이 신체생물학적 요인에 의해 차이 나는 것이기 때문에 자신의 의지로 조절할 수 있는 병이 아니다"라고 했다. 청소년우울증 환자의 70%가 자살을 생각하거나 시도하는데, 청소년 우울증의 가장 대표적인 원인은 가정불화, 학교폭력, 학업스트레스라고 한다. 그 중에서도 부모의 지나친 기대와 성적에 대한 무리한 압박이 자녀들을 가장 힘들게 하는 원인이 된다. 그것을 방지할 수 있는 가장 좋은 방법은 부모의 관심과 역할이다.

청소년우울증은 성인우울증과 달리 우울한 감정은 드러내지 않은 채 무단결석, 게임중독, 가출, 비행 등의 행동문제로 나타나거나 이유 없는 신체 부위의 통증 또는 성적 저하로 위장되는 등 아이들의 특징에 따라 다양한 증상으로 표현되므로 부모가 알아채지 못하고 오랫동안 방치하게 되는 경우가 많다. 감정기복과 충동성이 늘어가는 청소년기에는 순간적으로 잘못된 판단을 내리기 쉬운 만큼 더욱 주의가 필요하며 부모의 세심한 관찰과 함께 빠른 치료가 무엇보다 중요하다.

미국의 사회학자 앨버트 메라비언(Albert Mehrabian)은 상대방에게 영향을 미치는 요소를 분석해 본 결과 목소리가 38%, 말 7%, 표정과 태도가 55%의 비중을 차지하므로 원활한 의사소통을 위해 표정과 제스처, 음성과 억양, 음색을 다듬는 연습이 필요하다는 법칙을 이야기했다. 즉, 원활한 의사소통을 위해 표정과 몸짓, 제스처가 목소리 톤이나 음색 등이 차지하는 대화의 내용보다 훨씬 높은 비중을 차지한다는 것이다.

<원활한 소통을 위한 대화법 1, 2, 3법칙>

1. 내가 하고 싶은 말 1분 말하기
2. 상대방의 말 2분 들어주기
3. 상대방이 말하는 2분 동안 3번의 맞장구를 쳐주기

자녀의 이야기에 귀 기울여 주세요

자녀가 태어나서 육아를 시작하면서부터 갈등은 시작된다. 아마도 부모가 피할 수 없는 영원한 숙제가 아닌가 싶다. 특히 자녀가 초등학생부터 사춘기 시기라면 자녀와의 갈등은 있을 수밖에 없을 뿐 아니라 반드시 겪게 되는 일이다.

청소년기는 유아기에 발달한 자아 기능이 점점 극대화되고 이를 지키기 위한 방어기제들로 주위 사람들과의 마찰이 잦아지는 시기이다. 또래 관계가 큰 영향을 미치는 것처럼 보이지만 성인이 되기 전까지는 부모의 영향을 가장 많이 받는 시기이다. 청소년기는 사춘기와 함께 시작되어 어른으로 성숙하는 변화 과정이라 할 수 있다. 신체 변화뿐만 아니라 생각, 감정의 변화로 강렬한 본능과 충동성을 느끼게 된다. 점차 빨라지는 사춘기에 어른들의 대응은 적절하게 따라가지 못하고 있다. 서로 마음의 문을 닫지 않도록 올바르게 해결해야 한다. 그러면 사춘기가 시작되는 초등학교 고학년부터 자녀와의 갈등을 어떻게 올바르게 해결할 수 있을까? 자녀와의 갈등을 훈육으로 다룬다면 자녀는 순간적으로 문제 행동을 멈추긴 하겠지만 이것은 행동의 근본적인 교정보다는 부모의 분노에 집중하게 되고 혼나는 순간에 대해서만 두려움이 유발된다. 무조건 화만 내지 말고 자녀와의 갈등을 올바르게 해결해야 한다. 자녀와의 갈등을 올바르게 해결하는 방법에는 과연 어떤 것들이 있을까?

위대한 심리학자인 윌리엄 제임스(William James)는 "인간의 욕구 중에서 가장 큰 것은 존중받고 싶은 욕구, 즉 중요하다고 인정받고 싶은 욕구이다"라고 말했다. 자녀의 말을 잘 들어주고 자녀의 마음을 알아주고 자녀에게 물어보고 자녀의 말에 공감하고 반응하는 것이 자녀의 자존감을 키우는 가장 중요한 부모의 역할이다.

> 성공하려면 듣는 것부터 배워라 – 스피드 사피로
>
> 사람들의 바람은 나의 말에 귀 기울여 주고 얘기를 나눔으로 자신의 삶의 질을 높일 수 있을 만큼 관심을 받는 것이다. 만약 듣기를 원한다면 지식을 얻을 것이고, 귀를 기울인다면 현명해질 것이다.
>
> – 시라크

엄빠, 내 얘기 듣고 계세요?

부모와 자녀 간에 중요한 것은 의사소통이다. 적절한 의사소통은 서로의 자존감을 높여주기 때문에 좋은 인간관계를 형성할 수 있다. 하지만 부모의 충고, 충언의 경우 잔소리로 느껴질 수 있다. 잔소리로 생각되도록 끊임없이 말함으로써 자녀에게 비수를 꽂는 말보다 내 자녀의 말에 귀만 기울여 주어도, 서로 상대방의 이야기를 잘 듣고 있다는 공감과 서로의 생각에 인정을 해주는 모습만을 보여줘도 자녀와의 갈등은 해결할 수 있다. 그리고 내 아이의 성향은 어떠한지 제대로 확인해 보고 알아야 한다. 예를 들어, 부모는 행동파이고 자녀의 경우 이성적인 아이라고 한다면, 부모는 생각보다 몸이 먼저 반응을 하여 행동으로 보여주기 때문에 이성적인 아이는 부모의 그런 모습을 이해하지 못하게 되는 것이다. 답답하다고, 말이 안 통한다고 자녀가 느끼는 경우라면 아이가 이해를 할 수 있도록 충분한 상황 설명을 해준다. 지금 야단맞고 있는 이유가 무엇인지 이해시켜 주어야 상처를 받지 않고 아이가 받아들이고 고칠 수 있게 된다.

자녀와의 갈등을 올바르게 해결하는 부모가 되기 위해 갖추어야 할 인성덕목 중 중요한 것은 무엇일까? 바로 잘 들어주는 경청과 공감형성이다. 경청이 상대방과의 대화에 있어서 제일 먼저 시작되는 소통이기 때문이다. 경청(傾聽)의 한자어를 보면 '남의 말을 귀 기울여 주의 깊게 들음'이라는 뜻이다. 귀 기울이고 눈을 마주치며 때로는 끄덕이면서 상대의 이야기에 집중하고 있음을 느끼게 할 때 자녀는 신뢰감을 형성하게 된다.

윌슨 미즈너(Wilson Mizner)는 "남의 말을 경청하는 사람은 어디서나 사랑받을 뿐 아니라 시간이 흐르면 지식을 얻게 된다"고 했다. 경청을 잘 할 때 상대방의 말에 공감을 하게 된다. 언어로 맞장구칠 수 있지만 그 외에 비언어를 사용하여 고개를 끄덕여 주거나 '엄지 척!', '사랑해' 표시 등 온몸으로 대화할 수 있고 반응해 줄 수 있다. 특히 자녀가 어린 영유아라면 비언어를 사용했을 때 "잘했어"라는 구체적이지 않은 언어보다 '엄지 척'이 훨씬 교육적 효과를 높일 수 있다. 상대의 말에 반응해 줄 수 있는 것은 집중해서 그 마음까지 알려는 자세와 태도에서 비롯된다. 그때 공감관계가 형성되는 것이다. 공감관계의 형성은 경청에서 비롯된다. 공감관계가 형성되었다는 것은 서로의 시선이 만나는 것이다. 그런 관계가 형성되었을 때 가까이 다가가게 되고 얼굴을 바싹 들이대며 할 말이 없음에도 불구하고 편안한 분위기가 된다. 하지만 공감관계 형성이 이루어지지 못하면 대화가 껄끄러워지고 냉랭한 분위기가 될 뿐 아니라 할 말이 없을 때 불편해지게 된다. 공감의 언어는 '그래, 그렇구나', '많이 억울했겠구나', '그럴수도 있겠구나'라는 말이다. 성적이 떨어져서 속상해하는 아이 보고 "그러니까 열심히 공부하랬잖아"라고 핀잔주기보다는 "성적이 떨어져서 속상했구나"라고 하는 반영적 경청이 중요하다. 부모는 아이들의 말을 잘 들어주어야 한다. 주의 깊게 듣고 중간에 끊지 않고 웃으며 화답해 준다. 눈을 맞추며 대화하고 고개를 끄덕이거나 엄지 척! 해주는 비언어적 반응도 중요하다. 그때 자녀는 존중받고 있고 내 이야기에 몰두해 주는 부모님을 존경하게 된다. 부모가 많은 이야기를 하기보다는 자녀의 이야기를 많이 들어주자.

'인디언 토킹스틱'이라는 지팡이가 있다. 북미 인디언들이 회의를 할 때 활용한 것이다. 17~18세기 아메리카 인디안 부족연맹체였던 이로코이족(族)에게 '토킹스틱(Talking Stick)'은 절대적인 회의 진행 수단이었다. 5개 부족이 합친 이로코이 연맹은 스스로를 "공동주택에 사는 사람들"이라고 불렀다. 그런 이로코이가 격동의 식민지 시대 200년을 뚫고 버텨낼 수 있었던 비결은, 독특한 회의 문화 덕분이었다. 즉, '듣기의 힘'이었다. 토킹스틱은 대머리 독수리가 정교하게 새겨진 1.5m짜리 지팡이다. 발언은 지팡이를 쥔 사람만 할 수 있고, 말하는 동안 그 누구도 중간에 끊거나 의견을 제시할 수 없고 끝까지 경청만 해야 하는 것이다. 발언자는 자신의 뜻을 다른 사람들이 정확히 이해했는지 거듭 확인하고 나서야 옆 사람에게 지팡이를 넘긴다. 모든 참석자가 이렇게 차례로 말하고 각자의 말을 이해했다고 느끼는 순간, 부정적인 감정이나 소모적 논쟁은 사라진다. 한 사람씩 돌아가며 의견을 나누다 보면 자연스럽게 경청하는 분위기가 조성되고 발언자도 시간이나 타인에 의해 방해받지 않으며 이야기하기 때문에 충분히 의견을 나눌 수 있게 된다. 누구에게나 공평하게 이야기할 수 있는 기회가 주어지기 때문에 토론의 집중도도 올라가게 되어 논쟁이나 부정적인 감정이 없어지게 되면서 창의적인 아이디어도 생각나게 되는 것이다. 요즘 가정이나 직장이나 어디든 대화가 부족하다. 상대방의 마음을 여는 토킹스틱을 우리 가정에서도 활용해 보자.

잔소리가 아닌 대화가 이루어질 때 아이들이 느끼고 의미하고 있는 것까지 집중해서 파악할 수 있게 된다. 아울러 경청받은 경험으로 상대방의 말에도 경청을 잘 할 수 있기에 자녀에게 부모는 경청의 모델이 되어야 한다. 어느 정도로 들어주는 것이 진정한 경청일까?

'영재발굴단'이라는 TV 프로그램(2015. 10. 28)에서 '청각장애부부의 보석 같은 아들 화학소년 신희웅 군 편'은 진정한 의사소통이 어떤 것인지를 보여주었다. 엄마와 아빠는 30분이나 아이의 얼굴에서 눈을 떼지 않고 집중했는데, 엄마는 "제가 잘 안 들리기도 하지만 희웅이 말을 더 귀담아듣기 위해서이고, 제가 희웅이에게 해줄 수 있는 것이 없다 보니까 잘 들어주기라도 해야죠"라고 답했다. 희웅이는 상위 1%에 가까운 영재로, 부모도 아이의 이야기를 잘 들어주고 공감해 주고 따뜻한 느낌을 주는 부모로 양육태도 점수가 100점이었다. 그만큼 잘 들어주는 것은 중요한 부모의 양육태도임이 검증된 것이다.

부모와 자녀는 서로에게 얼마만큼 좋은 점을 말하고 있는지 생각해 보는 것도 좋은 소통의 방법이다. 불행하다고 생각하는 가족들 사이에는 서로에 대한 수많은 감정 중에서 무시라는 감정이 많기 때문이다. 표현이 어렵다면 조그마한 사탕이나 초콜릿 하나라도 살짝 자녀 방문 앞이나 아빠 엄마 차 안에 놔두는 것으로 시작하다 보면 갈등도 좋게 해결할 수 있다. 대화 기술의 습득이 이루어지지 않은 상태라면 무조건 대화를 시도할 경우 실패할 확률이 높기 때문이다.

열 마디 말보다 때로는 마음이 담긴 작은 선물이나 편지가 효과적일 때도 많다. 먼저 감정코칭의 경우 자녀가 감정을 보여줄 때 이루어져야 하기 때문에 평소 자녀의 감정을 파악하는 연습과 노력이 필요하다. 자녀가 감정을 표출할 때 감정적인 개입을 시작함이 바람직하다. 그리고 자녀의 감정을 공감하고 경청하는 태도 또한 필요하고, 부정적인 면까지 모두 공감해 주는 것이 바람직하다. 아울러 자녀의 감정에 공감을 했다면 자녀 스스로 문제를 해결할 수 있도록 지원을 해준다. 화가 난 감정은 공감하지만 욕을 하는 등의 잘못된 행동에 대해서는 제재를 하는 것이 바람직하다.

자녀와의 갈등 이렇게 해결하세요!

갈등은 곧 문제해결이라고 할 수 있다. 자녀와 갈등이 생길 경우 자녀의 잘못을 일일이 점검하면서 어른을 대하는 것처럼 논리정연하게 해결하는 것은 좋은 방법이 아닐 뿐만 아니라 도리어 싸움만 커지게 된다. 영유아기부터 초등학교 시기는 시험, 숙제, 성적, 생활습관 지도보다 더 중요한 것이 부모와 아이의 친밀한 관계 맺기이다. 중 · 고등학교 시기에 중요한 것은 대화이다. 부모와 자녀의 애착이 올바르게 이루어져 있지 않으면 중 · 고등학교 때에는 더 많은 일들이 발생할 수 있기 때문에 시간이 걸리더라도 차근차근 대화로 자녀와의 갈등을 풀어나가는 연습을 해야 한다. 부모와 자녀 관계에 갈등상황이 발생했을 경우 대화를 통해 문제해결책을 찾아야 문제점을 파악하여 올바르게 해결할 수 있다. 부모는 자녀에 대해 이해와 올바른 관심을 갖게 되고, 자녀는 부모에 대한 신뢰와 존중감을 갖게 된다. 그러나 만약 부모와 자녀의 갈등상황에서 부모가 일방적으로 자녀의 얘기에 귀 기울여 주지 않고 부모의 의견과 생각만 관철시킨다면 자녀는 모든 동기가 저하되고, 좌절감과 무기력함 등을 보이게 된다.

반대로 자녀의 주장이 강해서 부모와의 대화가 어려워진 경우 자녀는 즉흥적이고 자기중심적이며, 자신의 행동에 대한 통제력이 결여된 사람으로 성장할 수 있다. 부모가 자녀의 이야기를 다 들어준 경우 부모의 권위, 나아가 사회적 권위나 규율까지도 무시하게 될 가능성이 높아진다.

자녀와의 갈등 상황에서 중요한 것은 효과적인 대화를 하는 것이다.

★ 자녀와 갈등이 발생하면 먼저 눈을 보며 관심을 보인다

자녀의 행동과 표정을 살펴 관찰한 바를 말로 표현한다. "오늘 기분이 안 좋아 보이네. 무슨 일 있었니?" 자녀의 눈을 온화하게 바라보면서 긴장을 풀어준다.

만약 아이가 말을 하지 않는다면 "어떤 일이 일어났는지 말을 안 하니까 엄마가 많이 답답하네"라고 엄마가 느낀 감정을 말로 표현함으로써 자녀의 감정을 이끌어 낸다. 나 메시지(I-message)를 사용하는 것이다.

★ 귀를 열고 경청한다

자녀가 이야기할 때는 부드럽고 온유한 시선과 안정되고 편안한 자세로 머리와 몸을 15도 정도 자녀 쪽으로 기울이며 자녀의 말을 조용히 경청해 준다. 훈육의 기본은 경청이라고 할 수 있다. 대부분 작고 가벼운 문제일 경우 들어주는 것만으로도 해결되는 경우가 많다. 자신의 이야기에 경청해 주는 것 자체가 관심의 대표적인 표현 방법이다. 자녀에게 이야기할 기회를 주지 않으면 부모의 말에 귀 기울이거나 마음에 담아두지 않게 된다. 그러므로 이야기를 나누는 동안 비언어를 사용한다. 고개를 끄덕이거나 웃어주며 "아, 그랬구나" 등의 언어적 반응을 해준다. 아울러 자녀가 말하고자 하는 핵심 내용에 해당하는 문장을 반복해 주면 효과적이다.

말하지 않으려고 하던 자녀도 엄마가 말할 수 있는 기회를 제공하면 마음의 문을 열기 시작하면서 자신의 생각을 이야기하기 시작한다. 그러나 자녀의 생각을 모두 알기 어렵고, 결국 이야기를 하지 않을 수도 있다. 그러나 최대한 자녀의 마음을 이야기하도록 하고 파악하기 위해서는 편안하고 안정된 환경으로 바꾸어 주어 자연스러운 분위기를 만들어 주는 것이 효과적이다. 근처 맛집도 좋고, 자녀가 좋아하는 장소나 여행도 좋은 방법 중 하나이다. 자녀의 말을 들어주려고 작정했다면 자녀의 말을 수정, 평가하지 말고 중간에 끊는 일이 없어야 한다. 엄마가 들어주지 않으면 자녀는 자신의 이야기를 잘 들어주는 친구와 의논하게 되고, 중요한 결정을 해야 하는 순간에 뜻하지 않게 어리석은 판단을 하게 되는 경우가 생기게 된다. '나의 부모님은 어떤 경우에도 나를 이해하고 내 말에 귀 기울여 줄 분'이라고 생각할 수 있도록 해야 한다.

★ 아이의 마음을 공감해 준다

자녀가 실수하거나 잘못한 것을 판단하기에 앞서 원인이 되는 상황이나 환경을 먼저 요약한 다음 자녀의 감정을 단어로 짧고 간결하게 표현해 준다. "숙제도 해야 하고, 학원도 가야 하고, 소영이랑 놀고도 싶은데 시간이 없다는 거구나", "학원을 다니는 게 너무 피곤하구나."

자녀는 부모가 자신의 마음을 알아주고 이해해 주면 문제로부터 안심이 되면서 격앙되었던 감정이 점차적으로 가라앉게 되기 때문이다.

★ 가슴을 열어 전달한다

자녀의 습관이나 행동을 지적할 때 대개 아이를 주어로 이야기할 때가 많은데, '너'를 주어로 이야기하면 듣는 사람은 비난과 지시, 위협으로 받아들이게 된다. 예를 들면, "너 공부하기 싫어서 그러는 거지?", "네가 뭘 안다고 그래?"

만약 부모의 지적이나 생각이 옳더라도 마음을 다치면 부정적 감정을 갖게 된다. 그러므로 자녀의 행동을 지적하면서 부모가 느끼는 감정과, 바람직한 행동에 대한 바람을 자녀인 '너' 대신 부모인 '나'를 주어로 표현해 보자.

이때 들어가야 할 요소는 자녀가 수정했으면 하는 행동인 비수용적 행위와 그 행위의 구체적 결과, 그리고 부모의 감정과 느낌의 표현이다. "네가 공부는 하지 않고 컴퓨터 게임만 하니까 이번 시험성적이 떨어질까 봐 엄마는 몹시 걱정이 되는구나. 게임하는 시간을 줄이고 이제 공부했으면 좋겠다", "네가 제 시간에 밥을 먹지 않으니까 엄마 출근 시간이 늦어질까 걱정되는구나. 밥 먹을 때는 장난치지 말고 밥 먹는 것에 집중하면 어떨까?", "네가 스마트폰에 너무 집중하니까 대화시간이 부족해서 아쉽구나. 스마트폰 사용시간을 좀 줄였으면 좋겠어"라는 표현처럼 구체적인 자녀의 태도와 부모의 감정, 자녀에게 바라는 것 순서로 말한다.

★ 손을 내밀어 타협한다

부모가 자녀에게 "내가 이렇게 노력할 테니, 너도 이런 점은 이렇게 해줄 수 있겠니?"라고 먼저 이야기해 본다. "식사 끝나고 스마트폰을 사용하게 해줄 테니, 식사시간에는 가족들과 대화에 집중하면 어떻겠니?" 자녀에게 부담되는 일방적인 노력을 강요하는 것이 아니라, 부모가 먼저 타협할 수 있는 부분을 제시해 준다면 자녀도 나름 해결방안을 생각하게 될 것이다. 그런 과정에서 더 바람직한 해결점을 찾아 문제점도 더 빨리 수정해 나갈 수 있게 된다. 평상시에 부모와 자녀 간의 갈등을 해결하는 가장 좋은 방법은 수시로 대화할 뿐 아니라 꾸준히 가족회의를 하는 것이다. 가족 모두 가능한 일정 기간을 주나 월 단위로 정하여 가족회의를 하는 날을 지정한 후, 회의 때마다 가족 간의 문제점이나 해결방안에 대해 토의한다. 그럴 때 자녀들도 자신이 결정한 내용에 책임감을 갖게 되기 때문이다.

<자녀와의 갈등을 해결하는 긍정적인 의사소통>

1. 긴 설교나 훈계 대신 10단어 이내의 짧은 말을 사용한다.
2. 부정적인 말이나 느낌 대신 감정으로 표현하는 법을 배운다.
   "넌 왜 항상 그 모양이니?!" ⇨ "ㅇㅇ이가 ~할 때는 엄마는 ~하게 느끼고 있어."
3. 모호한 표현 대신에 특정 행동을 직접 지칭하라.
   "마음에 안 든다." ⇨ "누나 괴롭히는 것은 나쁜 거니 그만해라."
4. 상대방의 생각을 임의로 추측하지 말고 실제 이야기를 해본다.
5. 다른 곳을 쳐다보거나 침묵하고, 팔짱을 끼는 등의 행동은 피하고 적극적으로 듣고 고개를 끄덕인다. (예 자녀와 눈을 마주 보고 이야기하기)
6. 본인의 이야기를 시작하기 전에 자녀의 말을 끝까지 들어준다.
7. 내뱉은 말과 행동을 일치시킨다. 사랑한다고 말할 때는 환한 미소를 짓는다.
8. 쌀쌀하거나 부모의 위협적인 말투를 피하고 건설적인 대화를 한다.
   "너 때문에 골치가 아프다." ⇨ "난 네 성적이 조금 걱정이구나."
9. 고함을 지르기보다는 중립적이고 객관적인 목소리를 유지해 준다.
10. 지나간 일은 들추지 말고 현재의 상황에만 집중한다.

출처 : 김봉수 학습클리닉. 자녀와의 갈등을 해결하는 긍정적인 의사소통.

초연결사회와 디지털 리터러시

초연결사회에 새롭게 등장한 개념이 디지털 시민성이다. 김봉섭 등(2017)은 미래 초연결사회에서 새롭게 요구되는 시민성의 변화에 대한 관심은 개인적 덕성의 면보다는 개인이 혹은 집단이 외적으로 입증해야 할 역량의 측면에 더 초점을 둘 것을 강조한다. 올바른 정보의 수집과 획득, 정보의 진위와 가치에 대한 현명한 분석과 판단, 정치적으로 의미 있는 정보유통 등의 정보처리 역량에 대한 강조와 자발적이고 자생적인 집단의사 형성 및 집단행동 조직 역량에 관한 새로운 양태와 가능성에 주목하는 논의들은 산업사회와는 크게 달라진 지능정보사회의 특성에 기인한다고 하였다. 이러한 디지털 시민성은 미래를 대비하여 디지털 기술을 미리 준비하고 또한 현재 이용하는 디지털 기술을 이해하기 위한 것으로 지식정보사회를 살아가는 삶의 행동 방식이자 지능정보사회 구성원들이 갖추어야 하는 역량으로 볼 수 있다.

초연결사회 '디지털 시민성' 역량

김봉섭 외(2017)는 미래시민사회의 변화에 대해 다음과 같이 제시하고 있다.

1인 미디어시대 비판적 정보 수용과 자발적 복종

정보유통의 채널 독점 문제와 관련하여 의미 있는 변화로 손꼽을 만한 것이 있다. 정보유통의 구조 측면에서는 매스미디어 시대에서 대안미디어 시대를 거쳐 1인 미디어 시대로의 변화가 일어난다. 또한 정보를 활용하고 소비하는 시민들의 태도와 역량 측면에서는 소수의 정보원천에 대한 맹목적이고 무비판적인 정보 수용과 추종의 자세에서 다양한 다수 정보원천에 대해 선택적이고 비판적인 정보 수용과 자발적 복종 내지 헌신의 자세로의 변화가 일어나고 있다. 거대 신문과 공중파 방송에만 집착하지 않고, 인터넷 뉴스 매체와 팟캐스트, 블로그, SNS 등을 선택적으로 활용하는 정보소비의 양태가 늘어나고 있다. 정보의 원천이 소수의 거대 미디어였을 때에는 정보유통의 공정성이 중요한 문제였지만, 워낙 다양한 정보 원천들이 경쟁하는 마이크로 미디어들의 시대에는 공정성보다는 다양성 정보에 대한 접근기회 보장이 더 중요한 문제가 되고 있다.

자생적 집단지성의 출현과 개방적 의견 수렴

순식간에 뭉쳐서 목적한 행동을 완수한 뒤에 유유히 사라져 버리는 '플래시몹'의 사례에서 보듯이, 일시적으로 특정 문제해결만을 목적으로 하여 단기간에 조직을 형성하고 순식간에 의사소통과 행동을 완료하는 형태의 조직들이 많다. 이러한 조직 내에서 구성원들 간의 관계는 중앙 집중적인 명령과 복종의 위계 조직과는 거리가 멀다. 특정한 리더의 의사결정에 따라 조직 전체가 움직인다기보다는, 시스템 이론이나 생물학에서 많이 논의되는 생명체의 자기조직화와 같은 모습들이 사이버 공간의 시민들에게는 자연스러운 사회적 관계로 볼 수 있다. 다양한 수준의 NGO들이 제각기 다른 주제와 문제의식을 가지고 늘어나고 있으며, 이들의 운영 양식 자체는 점차 개방적이고 민주적인 것으로 공식화되고 있다. 특정한 사건이나 문제에 대한 관심이 비슷한 사람들이 우연히 모여들어서 모임이 시작되기도 하고, 서로 다른 관심을 가진 사람들이 여기저기서 그들끼리의 대화를 나누다가 서로 접점을 찾고 연결을 거듭하면서 큰 조직으로 뭉치기도 한다. 또한 모인 이들은 무엇을 논의할 것인가라는 의제 자체를 스스로 생성해낸다. 의제를 논의하는 방식 자체도 스스로 선택하여 결정한다.

'스마트 몹(smart mob)'으로 대표되는 새로운 형태의 행위 집단의 등장

초연결사회를 살아가는 시민들에게 필요한 것은 올바른 정보를 취사선택하는 안목과 능력이며, 자신이 중요하게 여기는 문제에 대한 정보를 산출하고 유통시킬 수 있는 정보처리 역량이 필요하다. 이를 위해서 자신과 같은 관심과 이해관계를 가진 사람들과 함께 연대하고 능동적으로 문제해결을 위해 나설 수 있는 사회적 실행 능력이 필요하다. 신속한 정보 획득과 전파를 가능하게 하는 디지털 정보기술로 무장한 세대들은 정치적 의사결정과 결집의 속도에서 유능했을 뿐만 아니라, 조직의 결성 방식과 가치관 공유 등의 측면에서도 이전의 시민들과는 큰 차이점을 보여준다. 정당과 같이 딱딱한 틀 속의 규율과 정체성에 얽매이려 하지 않고 유연하게 이합집산하면서 개인으로서의 분산적 독립성과 집단으로서의 정치적 영향력을 동시에 누리려는 성향을 가진다.

출처 : 김봉섭 외(2017). 4차 산업혁명 시대의 디지털 시민성.

초연결사회를 살아갈 사회 구성원들은 디지털 기술을 효과적이고 적절하게 사용하고 활용하기 위해 기술과 기술 활용에 대한 이해는 물론 이를 활용함에 따른 책임 있는 행동 규범이 필요하다. 또한 미디어 환경 변화에 따라 네트워크화된 공간에서도 시민으로서 그에 맞는 지식과 기능 · 태도를 갖추고 적극적으로 참여하며, 타인에 대한 관용성을 지니고 실천(자신의 의사를 적절하게 표현 · 실행)할 수 있어야 하며 지능정보사회에 맞는 방법으로 구성원 간에 소통하고 협업할 수 있어야 한다. 이러한 것들이 가능하기 위해서는 적어도 다음에 제시한 역량들을 키워줄 수 있어야 한다.

디지털 윤리(Digital Ethics)

- 안전하고 올바른 디지털 기기 및 인터넷 사용과 바람직한 소통 등의 역량
- 새로운 형태의 정치 참여, 경제 활동, 사회문화적 쟁점에 관한 민감성
- 온라인 커뮤니티에서 개인이 가지는 권리와 책임성 · 책무성(Responsibility)

디지털 · 미디어 및 정보 리터러시 (Digital · Media and Information Literacy)

- 기술적인 인터넷 접근 및 활용 능력, 정보 검색 능력(Competency)
- 비판적인 사고(Critical Thinking)를 통한 미디어 이해 능력(미디어를 통한 글쓰기 능력까지 포함)
- 소설 네트워크를 통한 의사소통(Communication) 능력이나 협업(Collaboration) 능력

온라인 참여(Participation/Engagement)

- 정치, 사회경제, 문화적 차원의 능동적인 온라인 참여와 바람직한 실행력

비판적 저항(Critical Resistance)과 능동성(Actualizing)

- 기존의 사회 내에서 발생하는 정치 · 경제 · 사회 · 문화적 문제를 민주적으로 해결하고 사회의 체제 변화 및 사회 변화를 요구하는 능동성, 역동적 실천성

디지털기술 변화에 따라 새롭게 요구되는 역량

개별적인 연구자 차원이 아닌 집단적인 차원에서의 역량의 제시는 ISTE(International Society for Technology in Education)가 디지털 기술의 변화에 따라 새롭게 요구되는 역량을 제시해 왔으며, 지능정보사회에 새롭게 학생들이 갖추어야 할 핵심 역량 또는 미래 가치를 7가지로 제안하고 있는데 그 내용은 다음과 같다.

첫째, '능력 있는 학습자'이며, 학생들은 학습과학에서 알려준 대로 자신의 학습목표에서 역량을 선택하고 성취하고 개발하기 위한 적극적인 역할을 수행하기 위해 기술을 활용할 것을 제안한다. 이를 위해, 개인적인 학습 목표를 정교하게 세운다. 그것을 성취하기 위해 기술을 활용하는 전략을 개발하고, 학습결과를 개선하기 위해 그 과정에 대한 탐색이 필요하다. 네트워크를 구축하고 학습과정을 지지하는 방식으로 학습 환경을 최적화하며, 자신의 행동을 알리고 개선하는 피드백을 추구하고 다양한 방식으로 자신의 학습을 증명하기 위해 기술을 이용해야 한다. 또한 기술 작동의 근본적인 개념을 이해할 것을 제시하고 있다. 그리고 현재 기술을 선택, 이용, 그리고 조정하기 위한 능력을 증명하고 새로운 기술을 탐험할 수 있도록 하는 데 기술을 활용해야 한다.

둘째, '디지털 시민'으로, 학생들은 권리, 책임 그리고 삶의 기회 등 상호 연결된 디지털 세계에서의 학습과 일 등을 인식하고 안전하고 법적이며 윤리적인 방식으로 행동하고 따를 것을 요구한다. 이를 위해, 자신의 디지털 정체성과 평판을 관리할 것과 디지털 세계에서 자신의 행위가 지워지지 않음을 인지해야 한다. 네트워크

기기를 이용할 때 긍정적이고 안전하며, 법적이고 윤리적인 행위에 참여해야 한다. 지적 재산권을 유지하고 공유하기 위한 권리와 의무에 대한 준수와 이해를 증명해야 한다. 디지털 프라이버시와 안전을 유지하기 위해 개인정보를 다루어야 하고 자신들의 온라인 행적을 살피기 위해 데이터 수집 기술을 알아야 한다.

셋째, '지식 구성자'로서 지식을 구축하기 위해 디지털 도구들을 이용하여 다양한 자원을 비판적으로 관장한다. 자신과 타인을 위해 창조적인 작품을 생산하고 의미 있는 학습 경험을 만들 것을 제시하고 있다. 지적이고 창조적인 추구를 위해 정보와 다른 자원들을 위치시키는 효과적인 연구 전략을 계획하고 적용해야 하며 정보, 미디어, 데이터 그리고 다른 자원들의 정확성, 시각, 신뢰성 그리고 관련성 등을 평가해야 한다. 다양한 툴과 방법을 이용한 디지털 자원으로부터 의미 있는 연결과 결론을 증명하는 작품의 집합을 창조하기 위해 정보를 관장해야 한다. 현실의 이슈와 문제들을 활발히 탐구하고 아이디어와 이론들을 개발하며, 답과 해결의 추구를 통해 지식을 구축해야 한다.

넷째, '혁신적인 디자이너'로서, 디자인 과정에서 새롭고 유용하며 혁신적인 해결 방법을 창조함에 의해 문제를 규정하고 해결하기 위해 다양한 기술을 이용하는 능력이 선행되어야 함을 강조한다. 이를 위해 아이디어를 도출하고, 이론은 검증하며, 혁신적인 작품을 창출하고 심각한 문제를 해결하기 위해 계획적인 디자인 과정을 알고 이용해야 한다.

다섯째, 학생들은 '컴퓨터적인 사고자'로서, 문제를 개발하고 검증하기 위한 기술적 방법의 힘을 끌어올리는 방법에서 문제를 이해하고 해결하는 전략을 개발하고 채택할 것을 주문한다. 이를 위해, 먼저 데이터 분석, 문제를 탐색하고 발견하는 데 필요한 추상적 모델과 알고리즘적 사고와 같은 기술 지원 방법에 적합한 문제 정의들을 형성해야 한다. 관련된 데이터 단위들을 수집하고 규정하며, 그것을 분석하기 위한 디지털 툴을 이용한다. 문제해결과 의사결정을 유용하게 하기 위해 다양한 방법에서 데이터를 재현해야 한다. 문제들을 구성요소들로 해체하고, 주요한 정보를 추출하며, 복잡한 문제들을 이해하고, 문제해결을 유용하게 하는 기술적 모델을 개발해야 한다. 자동화가 어떻게 작동하는지를 이해하며, 자동화된 솔루션을 창조하고 검증하기 위해 단계적 상황을 개발하는 알고리즘적 사고가 필요하다.

여섯째, 학생들은 '창조적 의사소통자'로서, 명확하게 의사소통하고 스스로 자신의 목표에 적합한 플랫폼, 툴, 스타일, 포맷, 디지털 미디어를 이용하여 다양한 목적을 위해 스스로 창조적으로 표현할 것을 주문한다. 자신의 창의와 의사소통의 요구된 객관성에 부합하는 적합한 플랫폼과 툴을 선택하여야 하며, 오리지널 작업을 창조하고 책임 있게 디지털 자원을 새로운 창조로 용도변경하고 재조합하는 능력이 필요하다. 시각화, 모델, 시뮬레이션과 같은 다양한 디지털 대상을 이용하거나 창조하여 명확하고 효과적으로 복잡한 아이디어를 의사소통하며 의도하는 청중들을 위해 메시지와 매체를 최적화하는 콘텐츠를 발표할 수 있어야 한다.

일곱째, '글로벌 협력자'로서, 자신의 시야를 넓히는 디지털 툴을 이용하고 타인들과 협력하고 효과적으로 지역과 지구적 관점에서 작업하면서 자신의 학식을 확대할 것을 요구한다. 이를 위해, 다양한 배경과 문화를 가진 학습자들과 상호 이해와 학습을 넓히는 방식으로 그들과 참여하고 연결하는 디지털 툴을 이용할 수 있어야 한다. 다양한 시각으로부터 이슈와 문제들을 실험하기 위해 동료, 전문가, 혹은 공동체 구성원을 포함하여 타인들과 함께하는 협력적인 기술을 이용해야 한다. 공통된 목표를 향해 효과적으로 일할 수 있는 다양한 역할과 책임들을 가정하면서 건설적으로 프로젝트 팀에 기여해야 하며, 지역적이고 지구적인 이슈들을 탐색하고 해결책을 찾기 위해 타인들과 함께 일하는 협력적인 기술을 이용해야 한다.

참여하고 실천하는 사람이 성숙한 시민이 된다

우리 사회는 좋은 시민을 기대한다. 좋은 시민이란 국가권력에 대항하여 시민의 권리와 의무를 옹호하는 것도 중요하지만 지역사회를 자신의 삶의 터전으로 여기고 지역 안에서 지역 주민들과 소통하는 가운데 지역사회 발전 비전을 지니고 지역사회의 문제를 스스로 찾아 해결할 역량을 지닌 시민이다.

여기에 필요한 시민적 역량은 비판적 사고력, 문제해결력, 의사소통 능력, 존중, 참여, 실천 등 공동체적 삶에 필요한 것이다. 이러한 시민의 덕성과 소양은 지식으로서도 중요하지만 민주주의를 생활 속에서 체험함으로써 습득된다. 학생들이 어릴 때 민주주의를 경험하지 못한다면 성인이 되어서도 민주적 삶을 구현할 수 없다.

자녀는 미래 길러져야 할 시민이 아니라 현재를 살고 있는 시민이다. 따라서 자녀들이 삶으로서의 민주주의를 체험할 수 있도록 환경을 만들어 주어야 하며, 학부모는 자녀에게 잠재적 시민교육의 대상이 된다는 것을 자각하고 성숙한 시민으로서의 모습을 보여줄 필요가 있다.

초등학생의 노력으로 국립중앙박물관에 점심 먹는 공간이 생기다

국립중앙박물관에 가면 점심을 먹을 수 있는 공간 '도란도란 도시락 쉼터'가 마련되어 있다. 그런데 이 공간은 애초에 건물을 설계할 때부터 계획된 것은 아니다. 우리가 아주 미숙한 존재라 생각되는 초등학생들의 노력으로 이 공간이 마련되었다고 하면 믿을 수 있을까?

2012년 서울의 모 초등학교 학생들이 국립중앙박물관으로 체험학습을 갔는데 날씨가 매우 궂고 비가 왔다. 박물관 식당에는 외부 음식물을 가지고 들어갈 수 없는 규정이 있고, 또한 비가 내려 야외 광장에서 도시락을 먹을 수 없어 학생들은 결국 차가운 돌계단에 앉아서 점심을 먹었다. 이를 경험한 몇몇 학생들이 "많은 학생과 유치원생들이 체험학습을 가는 국내 최대의 박물관에 도시락을 먹을 실내공간이 없다는 것은 이해할 수 없다"며 해결책을 찾기로 의견을 모으고 '박물관에서 도시락 편하게 먹기' 프로젝트를 진행한다. 이 학생들이 주로 한 활동은 이렇다.

우선 다른 박물관 사례를 조사하여 많은 수의 박물관들이 실내에서도 도시락을 먹을 수 있는 공간이 있다는 것을 확인하였다. 그리고 다른 관람객들도 식당 때문에 국립중앙박물관 측에 불편을 호소하고 있는 것을 확인하였다. 다른 반 친구들의 서명까지 받아 박물관 홈페이지에 민원을 제기했다. 그러나 박물관 측에서는 "박물관의 쾌적한 전시환경과 유물 보존 때문에 실내에서 도시락을 먹을 공간을 마련하지 않았다"고 답변했다. 학생들은 여기에서 멈추지 않고 국립중앙박물관장에게 편지를 썼다. 초등학생의 편지 한 통이 국립중앙박물관을 움직였다. "관장님, 비바람을 피해 도시락 좀 먹을 수 있게 해주세요"라는 초등학교 6학년생의 편지를 받은 국립중앙박물관이 체험학습실을 점심시간에 개방하기로 했다. 이후에도 제대로 된 식사 공간이 만들어질 때까지 이 노력은 계속 진행 중이다.

'민주주의'는 교과서나 문제집에 자주 등장하는 단어다. 말로는 많이 들어 봤지만, 학생들은 시험 문제를 풀기 위해 외웠을 뿐, 이 단어가 진정 어떤 의미가 있으며 이를 우리 생활에 적용하려면 어떻게 나서야 하는지 제대로 알지 못하는 경우가 많다. 그래서 학생들, 그것도 초등학생이 직접 나서서 민주주의의 원리를 실천해 많은 사람들이 겪는 어려움과 문제점을 바꾸고, 변화를 만들어 냈다는 것은 매우 의미 있는 일이다. 하지만 어른들은 어린이가 어른보다 부족한 존재이므로 어린이들이 나서서 사회 문제를 바꾸는 것은 힘들고, 지금은 차라리 공부를 더 열심히 하는 게 낫다고 생각하기 쉽다. 학생들을 지도했던 담당교사는 "세상을 바꾸는 주인공은 바로 어린이라고 말한다. 장차 시민이 될 어린이들이 자신이 겪은 불편한 문제를 불평하는 데서 끝내지 않고, 해결하기 위해 할 수 있는 일이 무엇인지 생각해 보고 실천한다면 우리가 사는 세상이 바뀔 수 있다"고 말한다.

사회에 관심을 가지고 사람들이 불편해하는 문제를 해결하기 위해 적극 참여하는 사람이야말로 진정한 시민이다. 가정에서 자녀들이 민주주의와 민주시민이란 어떤 것인지 쉽게 이해하고 이를 실천할 수 있는 경험을 제공해 주는 것이야말로 미래사회의 시민을 육성하는 일이다. 사회참여 활동에서 가장 소중한 성과는 아이들의 변화이다. 실제로 필자의 자녀 역시 필자의 권유로 고등학교 시절 사회참여동아리 회장을 맡아 활동하였다. 주로 가난한 국가 여아들에게 생리대를 보내는 운동을 전개하고, 캠페인 활동 등을 통해 많은 학생들의 참여를 이끌었다. 그 이전까지 이 아이도 그냥 입시를 준비하는 다른 학생들과 다르지 않았지만 2년여의 활동을 통해 국제 NGO활동과 관련 있는 대학 학과 진학을 고민할 만큼 참여활동에 많은 관심을 가지게 되었다. 비록 교육 관련 학과에 진학하였지만 여전히 소녀상 지킴이 활동, 위안부 문제 해결 등의 활동에 적극적으로 참여하고 있으며, 대학 1학년 때부터 학생회 활동을 하는 등 사회참여 의식이 많이 성장하였다.

처음 사회참여 활동에 참여하는 학생들의 반응은 대체로 '우리도 할 수 있을까?'이다. 그러나 사회참여활동을 하게 되면 아이들은 많이 변한다. 무엇보다 세상을 읽는 눈과 사회현상에 대해 비판적인 시각으로 이를 개선하기 위해 노력하려는 의지를 가지게 된다.

사회참여활동, 어떻게 실천할까?

가정에서 자녀와 함께 우리 주변의 문제를 찾아 해결해 보는 사회참여활동을 하는 데 참고가 될 만한 프로그램이 있는데 미국에서 학생들을 대상으로 운영한 '프로젝트 시티즌'이다. 프로젝트 시티즌은 네 단계로 매뉴얼화되어 있다. 생활 주변에서 불합리한 문제를 찾아내고, 제기된 문제를 꼼꼼히 연구하여 대안을 제시하고, 대안으로 제시된 해결책을 정책으로 평가하고 발전시켜 정책을 만들고,

이 정책을 당국이 채택하도록 행동하는 청소년용 사회참여 프로그램이다. 자세한 내용은 '민주화운동기념사업회' 홈페이지에서 볼 수 있으며, 이 네 단계가 실제로 어떻게 실천될 수 있는지 개략적인 내용을 예시를 들어 설명해 보면 다음과 같다.

★ 1단계-문제점 찾기 : 무엇을 주제로 선정할까?

문제를 해결하는 가장 첫 번째 단계는 학교나 지역의 문제에 관심을 가지고 많은 사람을 불편하게 만드는 문제가 무엇인지 찾아보는 것이다. 큰 주제는 문제 접근도 어려울 뿐더러 실행하기가 어려운 부분이 있으므로 작은 주제를 선정하는 것이 좋으며 그것이 왜 문제이며 원인이 무엇인지 토론해 보는 시간을 가져본다.

○○고등학교 학생들은 시각장애인들의 외출 시 안내자라고 할 수 있는 점자보도 블록이 심각하게 훼손되어 있는 것을 발견하고 시각장애인 분들의 안정한 보행을 위한 문제에 관심을 갖게 되었다. 현장 이곳 저곳을 돌아다니며 훼손된 곳을 사진을 찍으면서, 횡단보도로 연결되어야 할 점자블록이 도로로 연결되어 자칫하면 아찔한 사고가 일어날 가능성이 있다는 것을 발견하였다.[2)]

2) 위 실천사례 예시는 경기도 덕계고등학교 학생사회참여동아리에서 활동한 자료를 인용한 것임.

★ 2단계-제기된 문제점에 대해 연구하고 대안 찾기

발견한 문제점과 관련된 정책을 조사를 해본다. 관련 정책, 제도 통계, 연구자료 등 다양한 자료를 찾아보고, 신문기사나 논문, 해외 사례가 있는지도 조사해 본다. 또한 정책과 제도가 있음에도 왜 문제가 해결되지 않는지, 현재 정책과 제도는 어떤 한계를 가지고 있는지를 꼼꼼히 따져 자녀와 이야기해 본다.

★ 3단계-해결방법 만들기

조사한 자료와 다양한 사례를 바탕으로 공공정책을 제안하거나 기존에 만들어진 공공정책 변경을 요청해 본다. 해결방법이 모든 사람들을 만족시킬 수 있는지, 또 다른 누군가에게 문제를 야기하지는 않는지를 꼼꼼히 따져본다.

★ 4단계-개선을 위한 행동하기

자녀와 함께 만든 공공정책이나 해결방안이 실현될 수 있도록 다양한 방법을 찾아본다. 공공정책과 관련된 정부기관, 지방자치단체 담당 부서에 여러분이 만든 공공정책을 보내거나, 지방의회나 국회에 청원서를 작성해서 보내는 활동을 해본다. 활동을 알리는 것도 중요한데, 서명지를 만들어서 서명 받기, 보도자료를 만들어서 언론사에 배포하기, SNS를 통해서 활동을 알리고 지지받기 등의 행동을 실천해 본다.

① 서명받기

ㅇㅇ고등학교 학생들은 마을 주민 분들과 시각장애인 분들의 의견을 듣고 시설 개선을 요구하는 서명을 받기로 했다. 실제 마을 주민 분들을 만나 의견도 듣고, 서명도 받으며 많은 이야기를 나눌 수 있었다. 특히 한 할머니께서는 우리가 이 서명운동을 하는 이유와 목적을 듣고 크게 공감하시면서 할머니도 "훼손된 점자블록 때문에 넘어질 뻔한 적이 많으셨다"고 하시며 하루빨리 복구되었으면 좋겠다고 하셨다.

② 해당 기관에 민원제기하기

ㅇㅇ고등학교 학생들은 그동안 모아놓은 증거자료들과 점자보도블록의 오류를 알리는 민원을 해당기관에 정식으로 접수하였다.

"훼손된 장애인 보도블록이 제대로 안전하게 정비된다면 시각장애인 분들이 외출하실 때 안전하고 편하게 다니실 수 있을 거라고 생각합니다. 또한 훼손된 점자블록으로 인해 생기는 안전사고와 부상을 예방할 수 있는 효과도 기대합니다. 저희의 민원이 받아들여져 하루빨리 ㅇㅇ시청에서 어떠한 조치를 내릴 것을 기대합니다."

참여하고 실천하면 이런 성장을 기대할 수 있다

실제로 이 활동에 참여한 ㅇㅇ고등학교 학생들의 이야기를 통해서 학생들의 생각의 성장을 읽을 수 있다.

학생1

"이번 활동을 하면서 처음으로 서명을 받으러 다니기도 하고 처음으로 시청에 민원제기도 해보았다. 이런 활동을 통해서 내가 우리 지역의 일원으로서 우리 지역의 일에 참여할 수 있구나 라고 생각했고 내가 하는 활동이 우리 지역의 문제점을 해결하는 데 주도적인 역할을 할 수 있구나 라고 생각되어 뿌듯했다 ..... 내가 이런 활동을 했다는 것에 대해 보람차고 뿌듯했다. 그렇지만 훼손된 점자블록 복구운동은 쉽게 해결되지 못했다. 시청에 민원을 넣었지만 신속한 조치를 바라기엔 무리가 있었다. 하지만 이런 우리의 노력이 헛되지 않았던 것은 분명하다."

학생2

"이번 사회참여 활동을 통해 평소 내가 너무 무심했던 것 같아 반성을 하게 되었다. 맨홀 뚜껑이 어떤 각도로도 하수구에 안 빠지게 하려고 동그란 모양을 하고 있는 것처럼 우리 사회에 모든 것에는 그럴 만한 이유가 있다고 생각이 든다. 다만, 사람들이 자기에게만 필요한 것만 알려고 하고 자신에게 별 도움이 되지 않는 것을 알지 않으려고 해서 모르고 지나치는 것이 많은 것 같다. 이제는 나보다는 남을 먼저 생각하고 이것들이 왜 있는가를 생각하고 이것이 있어서 누구에게 도움이 되는지를 생각해야겠다."

학생3

"실제로 훼손된 점자블록 때문에 걸리고 넘어질 뻔했던 적도 꽤 많았었고, 시각장애인 분들의 불편함과 서러움이 동시에 느껴졌다 ..... 서명을 받으면서 이런저런 의견들을 받다 보니 이 사회참여 활동을 하고 있는 내 자신이 매우 뿌듯했다. 앞으로도 꼭 수행평가 때문이 아니더라도 사회 다방면에 관심을 갖고 내가 할 수 있는 한 많이 고쳐 나가야겠다고 생각했다. 그리고 이렇게 민원도 넣어보고 서명운동도 하면서 사회 문제를 해결하는 방법에 대해 막연하게 생각했는데, 구체적인 방법들도 알아나가고 어떻게 보면 힘들기도 했지만 재밌고 뿌듯한 시간이었다. 또한 조별 활동이다 보니 친구들과의 협동심 같은 것도 기를 수 있었다. 각자 시간이 안 맞아서 힘든 점도 있었으나 서로서로 배려하며 해나가 이렇게 결국 끝을 맺으니 정말 다시 한번 뿌듯하다."

발달단계 특성을 이해하면 자녀가 보인다

'인간은 아는 만큼 느끼고, 느낀 만큼 보인다'라는 말이 있다. 우리 자녀의 숨은 재능, 기초잠재력 중 또 하나는 자기주도성을 들 수 있다. 초등학교 시기에는 자신이 원하지 않고, 즐거움을 주지 않는 일이라 하더라도 참고 이겨냄을 배워야 한다. 왜냐하면 학교에서 제시하는 숙제나 시험과 같이 스트레스를 주는 활동도, 어려움을 참고 견디어 냄으로써 성공 경험을 하게 되고 이러한 성공 경험이 아동의 긍정적인 자아존중감을 형성하는 기반이 되기 때문이다. 이와 반대로, 자신의 욕구를 적절하게 조절하지 못하여 학교 공부에서 반복된 실패 경험을 하게 되면 열등감을 갖게 된다.

초등학교 시기는 자기주도성을 가지고 또래들과의 갈등 해결을 통해 자신의 능력을 적절하게 발휘하는 방법을 배우게 되고, 하나씩 성취를 이룸으로써 자신감을 갖게 된다.

모자라지 않게 넘치지 않게! 우리 아이 숨은 재능!

'물고기를 잡아주지 말고 물고기 잡는 법을 알려주라'는 말은 옛말이다. 이제는 '고기 잡는 법을 알려주기 전에 고기를 잡고 싶은 마음이 들게 하라'고 한다. 여기에는 많은 뜻이 내포되어 있다. 동기화, 창의성, 자아정체성, 자존감, 그리고 자신감이다.

학령기에 해당하는 아동 중기(만 5~16세)는 자아존중감이 형성되는 시기로서 자아존중감은 아동이 스스로에 대하여 갖게 되는 가치이다. 나를 가치 있게 만드는 자기관리의 모든 것, 즉 자아존중감이란 자신이 가치 있는 존재라고 믿는 것이다. 즉, 자신이 필요로 하는 것과 원하는 것을 주장할 자격이 있고 나의 노력으로 얻은 결과를 즐길 수 있는 권리도 있으며 나의 행복은 스스로 만들어 갈 수 있다는 믿음이다. 서점에 가면 수많은 자기계발서들이 범람하고 있다. 모두 인생의 정답을 알려주고 있는 듯하다. 이러한 책들의 내용은 일맥상통한다. 모두 긍정적으로 자신의 아이에게 의미 있는 타인은 부모, 선생님, 친구라고 말한다. 타인의 평가를 통해서 자기 자신을 본다는 것은 자존감이 사회적 산물이며 사회적 상호작용 속에서 형성되기 때문이다. 자존감을 구성하는 두 가지 기본 요소는 자기가치에 대한 생각과 자기효능감에 대한 생각이다. 쉽게 설명하면 자기가치감은 한 개인이 자신의 가치에 대해 내리는 평가이고, 자기효능감은 자신의 능력에 대해 내리는 평가를 말한다. 이 두 가지가 합쳐져서 개인의 자존감을 이루는 것이다(양애경 외, 2016).

아이가 자신의 재능을 발휘하기 위해서는 주의집중력이나 기억력, 성취동기, 인내심, 과제집착력과 같은 능력을 갖추어야 한다.

이는 재능을 발휘하는 데 필요한 내재적인 힘, 동기이다. 이러한 내재적 능력을 우리는 '기초잠재력'이라 한다. 아이가 재능을 발휘하고 능력을 키우는 일은 장거리 경주와도 같다, 아이에게 특정한 분야의 재능이 발견된다면 이 재능을 계발할 능력으로 향상시킬 수 있도록 기초잠재력을 키워준다.[3] 기초잠재력이란 아이가 가지고 있는 가능성을 재능으로 발휘하기 위해 기본적으로 갖추어야 할 능력을 말한다. 이를테면 언어나 수학, 과학 등의 재능을 키우기 위해서는 집중력과 기억력, 끝까지 이루어 내려는 인내심과 같은 능력이 필요하다. 아이가 아무리 재능이 뛰어나더라도 이와 같은 기초 잠재력이 부족하면 마음껏 발휘하지 못하기 때문이다(윤여홍, 2003).

칭찬의 놀라운 힘

칭찬은 우리의 삶에 놀라운 에너지를 창출한다. 존 맥스웰(John C. Maxwell)은 대부분의 사람들은 다른 사람의 칭찬과 격려를 통해 성장한다고 하였다. 칭찬의 말 한마디는 짧지만 그 파급효과는 어마어마하다. 칭찬이란 상대방의 성공적 행위에 대한 긍정적인 언어 피드백이다. 그러므로 칭찬은 자신의 행위가 옳고 그른지에 대한 분명한 대답이 될 수 있다. 칭찬은 학습의 목표를 세우고 그것을 실행할 때 바람직한 방향으로 안내하는 나침반 역할을 한다. 칭찬의 내용과 정도, 분위기에 따라 그 위력은 조금씩 차이가 난다. 어떤 칭찬은 어느 정도의 힘과 용기를 주고, 어떤 칭찬은 충분한 힘과 용

3) 윤여홍(2003). 우리 아이 숨은 재능. 명진출판.

기를 주며, 또 어떤 칭찬은 무한한 힘과 용기를 주기도 한다. 그야말로 놀라운 힘을 가지고 있다.

자기효능감과 칭찬은 매우 밀접한 관계가 있다. 긍정적이고 진취적이기 위해 무엇보다 필요한 것은 자신감이다. 칭찬과 자신감은 정비례 관계를 가지고 있다. '자신감'과 '자기효능감'은 얼핏 비슷해 보이지만, 엄밀히 따져보면 미묘한 차이점을 가지고 있다. 자신감이 자신에 대해서 전반적으로 갖는 긍정적인 기분 또는 평가라면, 자기효능은 '나는 어려운 문제도 잘 풀 수 있다'와 같이 보다 구체적인 영역에서 자기 능력에 대해 자신감을 가지고 있는 것을 의미한다.

우리에게는 '나는 뭐든지 잘할 수 있다', '나는 성공할 수 있다', '이번에도 잘 해낼 수 있을 것이다'라는 명확하고 구체적인 자기효능감이 필요하다. 자기효능감이 높은 사람들은 재미없고 어려운 과제라도 오랜 시간 동안 시도하고, 결과에 있어서도 긍정적인 평가를 받는다. 또한 실패한 후에도 좌절하지 않고 최선을 다한다. 자기효능감을 높이는 데 칭찬은 큰 역할을 한다.

"그거 알아? 나는 나에게 가장 사랑받고 싶어 한다는 거…"

『칭찬은 고래도 춤추게 한다』라는 책의 핵심 키워드이다. 삶에서 상대방을 바라볼 때 그 사람의 좋은 점에 초점을 두는 것이 필요하다. 사실 대부분의 부모님들은 자신의 아이들에게 그리 관대하지 않다. 그래서 격려와 칭찬보다는 비난과 질책을 더 많이 한다. 그런데 상대방을 바라보는 초점을 바꾼다면, 즉 긍정적인 면에 초점을 맞춘다면 상황은 어떻게 될까?

이탈리아 나폴리의 한 공장에 성악가를 꿈꾸는 소년이 있었다. 그는 혼자 열심히 노래를 연습하다가 어려운 중에 겨우 첫 레슨을 받게 되었다. 그런데 교사는 그에게 아주 심한 말을 했다. "너는 성악가의 자질이 전혀 없어. 네 목소리는 마치 덧문에서 나는 바람소리 같아." 아이는 크게 실망했다. 다시는 노래를 부르지 않겠다고 결심했다. 그때 소년의 어머니는 실망하는 아들을 꼭 껴안으며 이렇게 말해주었다. "아들아, 너는 세상에서 가장 아름다운 목소리를 지녔어. 너는 할 수 있어, 실망하지 말아라. 네가 성악 공부를 할 수 있도록 엄마는 어떤 희생도 아끼지 않을 거야." 소년은 어머니의 격려와 칭찬을 받고 다시 노래하기 시작했고 마침내 세계적인 오페라 가수가 됐다. 그가 바로 위대하고 훌륭한 성악가 엔리코 카루소이다(이가원의 따뜻한세상 블로그).

자신감에서 가장 중요한 것은 자신 스스로가 그것을 잘 해낼 수 있을 것이라는 자기 확신과 믿음이다. 만약 실패하더라도 전혀 두려울 것이 없다는 긍정적 태도이다. 이때 가장 중요한 것이 칭찬이며, 칭찬은 바람직한 행동에 대한 정적 강화(행동을 보다 빈번하게 만드는 보상)가 되어주기 때문이다.

자신감 쑥쑥! 아이의 행복지수를 높여주세요

지능이 높거나 재능이 많다고 해서 아이가 행복한 삶을 살아가는 것은 아니다. 특별한 재능이나 가진 것이 없어도 충분히 행복할 수 있다. 행복은 미래로부터 오는 것이 아니라 마음으로부터 온다. 아이가 행복하게 자라기 위해서는 부모의 따뜻한 사랑이 담긴 정서교육이 밑받침되어야 한다. 정서적으로 밝고 안정된 아이야말로 자신이 가진 능력을 최대한 발휘하여 하고 싶은 일을 하면서 삶을 긍정적으로 살아갈 수 있기 때문이다.

긍정적인 자아존중감! 아동심리 상담사들이 소아환자들을 심리치료할 때 가장 치료하기 힘든 케이스 가운데 하나가 자신감이 떨어져 매사에 의욕을 잃은 아이들이라고 한다. 이런 아이들은 심리치료의 첫 단계에서부터 어려움에 부딪히게 된다. 교육심리학자이자 학습컨설턴트인 양애경 교수는 "가정에서 아동을 양육할 때 가능한 한 스킨십을 충분히 하고 웃는 표정으로 아이를 대하는 것이 중요하다"고 강조하고 있다.

자존감이 높은 아이는 대체로 친구도 많고 자신의 판단에 대해 확신을 가지고 있으며 새로운 과제가 주어지면 잘 해낼 수 있다는 자신감을 갖는다는 연구결과도 있다. 자신이 다른 사람에게 좋은 영향을 줄 수 있다고 기대하며, 문제가 주어지면 도전의식을 가지고 끝까지 해결하려고 하고, 혹시 실수를 하더라도 이를 순순히 인정하고 좌절하지 않고 새로운 도전에 적극 나선다. 이런 아이들은 공감능력도 높아서 자기와 다른 사람의 차이를 인정하고 타인을 배려하는 자세를 가진다(최유경, 2015).

발달단계별 우리 아이 신체지수?

자존감을 구성하는 두 가지 기본 요소는 자기가치와 자기효능감이다. 자기가치감은 개인이 자신의 가치에 대해 내리는 평가이고, 자기효능감은 자신의 능력에 대해 내리는 평가를 의미한다. 이 두 가지가 합쳐져서 개인의 자존감을 이루는 것이다. 발달단계별 자존감은 어떻게 형성될까?

① 영유아기(출생~6세)

부모와 강한 애착을 형성하고 타인에 대한 신뢰감을 발달시키는 일이 내적 자존감의 기초가 된다. 영아기(0~2세)의 자존감 형성은 애착과 신뢰감 발달로 형성되는 시기이다. 유아기(2~6세) 동안에는 아동이 스스로 신변을 처리하고, 독립적이 되며, 자율적이고 자존감이 발달한다. 이 시기는 또래집단이 중요한 영향을 미치는 시기이다.

② 학령기(6~12세)

아동 중기에 해당하는 학령기는 자아존중감이 형성되는 시기로서 자아존중감은 아동이 스스로에 대하여 갖게 되는 가치이다. 학령기에는 학업을 원만히 수행하고 다른 아동들과 잘 지내는 것이 자존감에 가장 큰 영향을 미친다. 아동기에는 또래집단이 중요한 영향을 미치는 요인이 되므로 단체놀이(team play)에서의 규칙을 습득하거나 바람직한 태도를 형성하도록 적극 지원한다. 또한 서로 간에 팀워크가 중요한 활동이며, 아동은 이러한 단체놀이를 통해서 분업의 원리를 학습한다, 부모나 형제, 교사, 또래로부터 얼마나 인간적인 대우를 받았느냐가 자아존중감 형성에 중요하다.

③ 청소년기(12~18세)

심리적·성적 능력과 인지적 능력의 발달과 더불어 자아정체감, 자아존중감 등 자기개념의 확립을 이루어 간다. 이 시기에 부모는 자녀의 자존감 형성을 위하여 자녀의 존재를 무조건적으로 수용하고 인정해 주어야 한다. 특히 공감, 경청, 칭찬과 격려하기 등을 통하여 긍정적인 자아존중감 형성을 도울 수 있어야 한다.

자존감의 볼륨을 높여주세요!

자존감(자아존중감)은 아동의 발달에 많은 영향을 미쳐 자존감이 낮은 아동은 정서적 부적응을 겪는 경우가 많다. 자존감은 아동의 정서적 부적응을 도와주는 요인으로, 이는 유아기의 애착과 분리, 사회적 지지, 대인간 인지적 문제해결, 성공이나 실패 상황에서의 대처, 행동 패턴의 유형, 우울과 민감성에 대한 대처, 스트레스에 대한 저항과 반항 등이다. 이 중에 가장 주목을 받고 있는 것이 아동이 주변 환경으로부터 받는 사회적 지지이다. 자존감은 한마디로 말하면 인생에서 성공하는 데 꼭 필요한 요소이다. 나는 다른 사람의 사랑과 관심을 받을 만한 가치가 있는 사람임을 인식하고 자신을 스스로 사랑하는 방법을 안다. 이러한 자신감은 곧 자기효능감으로 '나는 주어진 일을 잘 해낼 수 있다'고 확신하는 믿음이다.

아동기에 있어서 사회적 지지는 자아존중감에 중요한 요인으로 작용되고 있다. 가족, 학교, 또래집단과 같은 여러 상황에서 자기인식에 중요한 요인으로 영향을 미친다. 즉, 아동은 주변 사람들과의 관계를 통해 사회적 지지를 지각하는데, 타인으로부터 높이 평가되고 인정받음을 통해 높은 수준의 자아존중감을 형성하게 된다.

아동들의 사회적 지지자원으로는 가족, 친구, 교사들이 있다. 이 중에서 아동이 가장 먼저 접하게 되는 지지원은 가족, 부모이다. 부모가 긍정적인 지지를 제공할 경우, 아동들은 높은 수준의 자아존중감과 자아통제를 갖게 된다.

시회적 요구는 인간이 사회적 존재이기 때문에 발생하는 기본적 요구로서 사회적 상호작용을 통해 충족된다. 이 과정에서 다른 사람과의 의미 있는 상호작용의 결과로 얻게 되는 것이 사회적 지지이다. 사회적 지지는 자신이 타인으로부터 사랑을 받고 존중되며 가치 있다고 여겨지고 또한 의사소통 관계망의 일원이라는 것을 믿도록 하는 정보이다(Cobb, 1976).

학교를 통한 또래와의 관계는 아동으로 하여금 자기 또래의 나이에 맞는 지능과 흥미를 발달시키고 비슷한 감정을 공유하는 기회를 갖게 된다. 아동은 또래관계를 통해 또래와 상호작용하는 방법을 배우며, 긍정적 또래지지는 아동의 자아존중감을 높여주는 주요한 변인이다. 초등학교 아동이 지각하는 또래지지의 영향이 긍정적인지 부정적인지의 여부가 미래 청소년기와 성인기의 대인관계에 많은 영향을 미친다. 사회적 지지는 아동으로 하여금 자신이 관심 대상이고, 사랑 받고 가치 있는 존재이며 의사소통 관계망의 일원이라는 것을 믿도록 하는 정보이다. 아동은 사회적 지지를 많이 받았을 때 자아존중감이 높았다.

목표했던 것을 스스로 해냈을 때 자존감은 높아진다. 자아존중감의 덕목으로는 '경청, 나눔, 배려, 협동, 다름에 대한 이해'가 있다.

자아존중감은 목표했던 것을 성취했을 때, 즉 스스로 해냈을 때 자존감이 더 높아진다. 자아존중감을 높이기 위해서는, 경청(잘 들어주기), 나눔, 배려(칭찬), 협동(긍정적 상호작용), 다름에 대한 이해 등이 중요한 요소로 작용한다. 자아존중감이 높으면 자신을 유능하고 중요하며 성공적이고 가치 있다고 생각하게 되며 사회적 지지를 통해 자신을 긍정적으로 생각한다.

★ 꼭 키워야 할 우리 아이 사회성 : 응답하라!! 공감대화법

'자존감을 높여주는 공감대화법'이란 공감을 잘 하는 부모가 공감 잘 하는 아이를 만든다는 것을 의미한다. 부모로부터 비난, 설득, 권고, 훈계를 듣고 자란 아이는 마음에 방어벽을 높게 치므로 공감능력이 떨어진다. 반면에 공감해 주는 경험이 많은 아이는 자신이 귀하고 존중받는다는 느낌을 갖게 되며, 그것을 바탕으로 친구들과 공감하는 능력을 자연스럽게 갖추게 된다.

자존감이 높은 아이는 자신에 대해 당당하기 때문에 타인 앞에서 방어막을 치거나 방어적 행동을 하지 않는다. 아동의 낮은 자존감을 끌어올리려면 우선 낮은 자아가치를 만든 아동의 방어막을 제거해 주어야 한다. 부모와 자녀 간에 자리 잡은 마음의 방어막이 허물어지면 그다음은 두 마음을 연결하는 공감다리를 건설해야 한다. 공감다리로 마음이 이어지면 비로소 진정한 소통이 가능해진다. 부모와 자식 간에 진정한 소통의 대화가 오가면 부모와 아동의 자존감은 함께 쑥쑥 올라간다. 부모가 아이의 말에 공감한다는 것은 아이의 눈높이에서 아이의 감정과 생각을 이해해 주는 것이다. 아이와의 진정한 소통을 위해서는 부모가 먼저 자신의 속마음을 솔직히 드러내는 것이 무엇보다도 중요하다. 또한 아이의 자존감을 높이기 위해 칭찬을 아끼지 않는다. 칭찬을 많이 받은 아이는 자신 안에 잠재해 있는 무한한 가능성을 발휘해서 자신감 있게 인생의 역경을 헤쳐 나간다.

아이의 자존감을 높이는 7단계 대화법[4)]에는 어떤 것이 있을까?(최유경, 2015)

아이의 자존감을 높여주는 7단계 대화법

① 공감대화 1단계 : 속마음을 드러내라

아이와 진정한 소통을 위해서는 부모가 먼저 자신의 속마음을 솔직하게 드러내 보여주는 것이 효과적이다. 아이의 행동에 대한 구체적인 관찰에 이어서 부모의 속마음을 드러내 주면 아이는 부모의 마음에 더 쉽게 공감하고 마음의 문을 열게 된다.

② 공감대화 2단계 : 진심으로 부탁하라

부모가 아이에게 무엇을 원하는지 진심을 표현하면 부모의 기대가 충족될 가능성이 높아진다. 왜냐하면 부모의 마음을 솔직하게 표현하는 부탁은 아이의 공감을 얻어내기가 쉬우며, 부모가 굳이

4) 최유경(2015). 아이의 자존감을 높이는 7단계 대화법 일부 발췌, 양애경 · 장원동 · 최희양(2016). 창의인성론 재구성.

명령이나 강요를 하지 않아도 상황이 자연스럽게 흘러가 아이에게 교훈을 주기 때문이다.

③ 공감대화 3단계 : 마음을 읽어주라

현명한 부모는 자녀 내면 안에 감춰진 어두운 감정들을 찾아내 '공감'해 준다. 그러면 아이의 어두운 감정들은 언제 그랬냐는 듯이 사라진다. 아이와의 갈등은 대부분 두 번째 단계에서 해결된다. 아이의 감정에 함께 동참만 해도 문제가 바로 해결되는 경우가 많다. 이것은 아이의 감정을 들어주는 일 자체가 많은 에너지가 필요하다는 뜻이다.

④ 공감대화 4단계 : 질문하라

아이에게 상상의 날개를 달아주려면 질문을 많이 한다. 부모가 아이에게 유용한 질문을 많이 할수록 아이의 생각에 호기심을 달아줄 수 있다. 아이의 마음을 보다 쉽게 읽으려면 아이가 말하는 의도가 무엇인지 물어보고 아이의 페이싱(pacing)에 맞춰서 소통한다.

⑤ 공감대화 5단계 : 칭찬하라

부모의 칭찬은 아이가 자신감을 얻도록 만드는 활력소이다. 부모의 칭찬 한마디로 아이는 위축되지 않고 자존감을 충전하게 된다. '칭찬은 고래도 춤추게 한다'라는 말처럼 칭찬은 아이에게 긍정적인 자아상을 형성시키고 거기에 적합한 습관을 만들도록 도와준다. 칭찬은 아이의 미래에 풍성한 결실을 맺게 해준다. 단, 주의할 것은 칭찬은 구체적이고 일관성이 있어야 한다.

⑥ 공감대화 6단계 : 안 된다고 말하라

아이에게 자신의 욕구를 참도록 가르치는 것, 자기통제는 자기조절력을 성장시키는 기회이자 성공을 위한 과정이다. 정해진 규칙을 어기면 어떤 결과가 나오는지 깨달으면서 아이들은 자란다. 아이의 행동에는 울타리를 치는 것과 같은 규칙과 룰이 필요하다. 아이는 규제 없이 방임 속에 놓이면 무절제 속에 불안해하며 방황한다. 적당한 한계를 정해야 안정감이 생긴다.

⑦ 공감대화 7단계 : 상상하라

부모의 양육태도와 아이의 습관은 상상훈련을 통해 바람직하게 바꾸는 것이 대화법의 핵심이다. 현명한 사람은 미래를 꿈꾸며 현재를 살아간다. 이들의 미래는 현재에 설계했던 꿈이 그대로 펼쳐지는 것이다. 미래 속에 사는 현재는 미래를 새롭게 재창조한다. 이것이 바로 현재에 하는 상상의 법칙이다.

아이에게 톡톡 튀는 선물을 해보세요

엄마가 아이에게 주는 선물이나 아이가 엄마에게 주는 선물로 쿠폰을 만들어 활용해 보자. '안마하기', '뽀뽀 10번 하기', '한 시간 동안 함께 축구하기', '간식 만들어 주기' 등의 쿠폰을 만든 뒤, 엄마나 아이가 필요할 때 쿠폰을 제시하여 사용하도록 하는 것도 매우 창의적인 선물이 된다. 부모가 창의적인 행동을 많이 할수록 아이 역시 자유롭고 창의적인 생각이나 행동을 많이 한다.

미술교육은 언제부터 시작하는 것이 좋을까?

아이에게 미술교육은 재능을 발견하고 키워주기 위해서뿐만 아니라 정서나 인지발달 등 여러 면에서 필요하므로 가능한 한 일찍부터 다양한 활동을 시작하는 것이 바람직하다. 특히 소근육 발달이 활발하게 이루어지는 만 3~6세부터 초등학교 저학년까지가 아이의 미술적 지능을 개발하기 가장 좋은 적기이다.

발달단계별 특징과 부모와의 상호작용[5)]

아동기의 발달적 특징

아동기는 '또래집단' 시기이다. 만 5세 이후 아동이 초등학교에 입학하게 되면서 또래 친구들과의 관계를 통해 자신의 인지적 · 사회적 기능을 습득하는 시기가 된다. 아동기에는 많은 행동이 형성되고, 신체적 · 심리적 의존상태에서 차츰 벗어나게 된다. 아동기, 즉 학령기는 성장잠재기로서, 이 시기의 아동은 유아기나 청년기에 비해 성장속도는 느리지만 상당한 성숙을 이루고 운동기술이 발달된다. 또한 정서적으로도 보다 분화되어 정서표현방식이 달라지는가 하면 또래 집단에의 애착이 형성되어 사회적 관계가 확대된다. 학교에서 제시하는 숙제나 시험과 같이 스트레스를 주는 활동도 어려움을 참고 견디어 냄으로써 성공 경험을 하게 되고 이러한 성공 경험이 아동의 긍정적인 자아존중감을 형성하는 기반이 된다. 이와 반대로, 자신의 욕구를 적절하게 조절하지 못하여 학교 공부에서 반복된 실패 경험을 하게 되면 열등감을 갖게 된다.

아동기의 발달적 특징을 살펴보면(이명희 · 양애경 · 강신천 · 김수진, 2013),[6)] 초등학교의 취학연령인 만 5세 이후 초등학교 시기에는 연령이 증가할수록 신장과 체중에서 현저한 증가를 보이고 외모에서는 유아 티를 벗어난다. 학령기가 되어 초등학교에 입학하는 것은 많은 아동에게 하나의 새로운 경험이 된다. 여러 교사와 성인들이 부모의 권위인 양육자로 대두된다. 또한 학교에 입학하면 다양한 성격, 사고, 행동양식을 보이는 다양한 친구들의 또 다른 사회적 집단이 아동의 발달에 영향을 미치는 요인으로 대두된다. 또래집단으로 불리는 이 집단은 또래나 친구가 될 수 있는 연령이나 능력이 비슷한 아동들로 구성된다.

아동의 인성발달과 사회도덕성 발달은 매우 중요한 발달과업이고, 어린 시기부터 길러진 방식이나 사회적 기준의 내면화가 중요한 역할을 한다. 아동기의 애정 정서는 단순한 감정 상태로서 주변 사람들로부터 사랑을 받음으로써

5) 양애경 외(2016). 창의인성론 재구성; 양애경 외(2017). 부모교육론 재구성.

6) 이명희 · 양애경 · 강신천 · 김수진(2013). 부모의 자녀교육 지원을 위한 정책연구 재구성.

발달된다. 즉, 부모와 자녀 간의 애정관계가 원만치 못할 때 아동들은 문제행동 · 부적응 · 이상행동을 하여 애정을 갈구하는 반면, 자녀에 대한 부모의 애정이 익애적이면 아동의 사회성 발달을 지연시키고 자율성을 가로막는 결과를 가져온다.

아동기는 인지적 발달에 따라 옳고 그름에 대해 적극적으로 생각하게 되고, 사회적 상황에 대한 조망능력과 추론이 가능해지면서 사회도덕적인 이해가 향상된다. 아동기는 지금까지 주된 생활 중심이었던 가정에서 벗어나 학교라는 집단생활로의 변화를 맞게 된다. 초등학교에 다니게 되면서 학령기 아동들의 전반적인 생활은 달라지고, 학교 및 가정에서의 교육을 통해 학령기 아동은 성장하며, 이는 이후 발달의 기초가 된다.

★ 아동기의 부모-자녀 간 바람직한 상호작용[7)]

학령기의 부모-자녀 관계는 상호 호혜적 특성을 가지므로 부모는 학령기 아동의 발달 및 적응에 중요한 역할을 해야 한다. 이 시기의 아동은 자신의 재능을 발휘하는 일에 몰두한다. 아동은 자신이 무엇을 할 수 있는지를 중심으로 자기평가를 하며, 그러한 기준에 합당하지 못하면 열등감을 갖게 되고 부정적인 자아개념을 형성하게 된다(정옥분 · 정순화, 2012). 이 시기의 아동들은 자신의 성취를 인정받고자 하는 욕구로 주위 교사나 부모에게 끊임없이 질문하고, 인정받기를 원한다. 그러므로 부모는 아동들에게 다양한 기회를 제공하고, 성취한 결과에 대해 인정하고 격려해 주는 일이 중요하다. 이 시기에 성취한 결과에 대해 무관심하거나, 성취할 기회를 주지

7) 양애경 외(2016). 창의인성론 재구성; 양애경 외(2017). 부모교육론 재구성; 이명희 · 양애경 · 강신천 · 김수진(2013). 부모의 자녀교육 지원을 위한 정책연구 재구성.

않거나 너무 무리한 요구를 하게 되면, 아동은 실패라고 느끼게 되고 열등감을 형성하게 된다.

아동은 재미를 느끼는 일, 자신의 재능에 맞는 일을 할 때 좋은 결과를 얻을 수 있으므로 우선 부모가 아동의 관심사와 재능을 파악하고, 그에 따라 아동이 할 수 있는 활동을 제시해 주어야 한다(김경중 외, 2012). 단순한 지식의 습득이 아니라, 체험을 바탕으로 즐겁게 경험하여 몸에 익히도록 유도해야 할 것이며, 배우는 것 못지않게 자신이 주체적으로 노는 것도 중요하다. 학업성취에서 성공하는 경험을 할 수 있도록 부모 자신이 바람직한 학습자 모델이 되어 자녀의 학습동기를 높여주어야 한다(이순형 외, 2012).

자녀는 부모의 애정적 양육태도에 의해 긍정적인 영향을 받는다. 부모가 자녀에게 다른 사람의 입장에서 생각하는 기회를 주거나 솔선해서 역할모델을 하면 사회도덕성 발달에 긍정적인 영향을 미친다. 부모가 신체적 처벌 및 심리적 통제와 같은 강압적 훈육방식을 사용할 때, 자녀의 적대감이 높아지고 부모와의 부정적인 애착관계가 형성되므로, 부모는 강압적 훈육방식보다는 민주적인 훈육방식을 사용하는 것이 효과적이다.

자녀의 양육에 있어서 강제적이고 통제성이 높으면 부정적인 영향을 줄 수 있지만, 아동기에서 청소년기 자녀의 경우 적절한 규칙과 피드백, 자기통제는 매우 중요하다. 아직 인지적 · 정서적인 발달이 미숙한 상태이므로 어느 정도 한계를 구분 짓는 성인의 역할이 필요하고, 성인의 행동을 보고 학습하여 성인으로서 자신의 생활을 관리하는 방법을 배우는 기회가 된다.

이 시기 학교에서의 학업은 아동의 발달에 중요한 역할을 하므로, 아동이 자신의 욕구를 참고 자신이 해야 할 일을 이루어 냄으로써 기초학력을 갖출 수 있도록 지도해야 하며, 결과만 강조할 것이 아니라 학업하는 과정의 중요성과 학업동기와 태도를 길러주어야 한다. 자녀의 학습지도를 위해 우선 중요한 것은 학습의 기초를 만들어 주는 것이다. 학령기 아동들을 음악, 미술, 무용, 수영, 그리고 집단활동 프로그램 등과 같은 광범위한 영역의 학습에 참여하게 한다면 도움이 될 것이다(양애경 외, 2016). 이러한 경험들은 자신의 노력과 기술로 성취되는 자신의 능력에 대한 개념을 발달시키는 데 자신감을 준다. 아동의 발달심리에 맞추어 학습동기를 유발하고 스스로 능률 있는 공부를 할 수 있도록 환경을 조성해 주는 것이 가장 중요하다.

청소년기의 발달적 특징[8)]

이 시기의 청소년들은 집단구성문화(group identity)를 갖고자 한다. 청소년들은 아동기와는 반대로 먼저 가능한 것에 대한 가설을 설정하고, 가능한 것으로부터 현실적인 것으로 사고가 진전된다. 이 시기의 발달적 특징은 다음과 같다.

청소년기에 나타나는 가장 현저한 변화는 생식기능의 발현이다. 이 시기에는 성기관의 발달이 뚜렷하며 뇌하수체(pituitary)의 활동이 시작되어 전엽에서 분비되는 호르몬의 작용으로 2차 성징(secondary sexual characteristics)이 나타난다. 청소년기의 정서는 과격하여 질풍노도의 시기라고 하였으나 점차 자기애(narcissism) 상태 또는 자기중심성(egocentrism)에서 벗어나 정서적으로 성숙된다.

8) 양애경 외(2016). 창의인성론 재구성; 양애경 외(2017). 부모교육 재구성; 이명희 · 양애경 · 강신천 · 김수진(2013). 부모의 자녀교육 지원을 위한 정책연구 재구성.

정서적으로 성숙했음을 나타내는 정도는 첫째로 자기도피에 빠지는 일이 없이 어떠한 현실이라도 직시할 수 있게 되는 것이고, 둘째로 자기의 주관을 객관적으로 평가할 줄 알고, 셋째로 자기 능력의 한계를 인정하여 더욱 노력의 의욕을 가질 수 있게 된다는 것이다.

청소년기 초기에는 이 시기의 중요한 정서적 특징 중의 하나인 자기중심성으로 인해 자신을 우상화하고 타인을 상상적 관객으로 여기는 현상이 나타난다. 자신만이 특수한 존재이고 자신의 감정이 특이하고 유일하다고 생각하므로 일기를 열심히 쓰며 일기에 자신의 사고 · 경험 · 애착과 좌절을 의식하여 타인들이 모두 자기행동을 평가할 것이라고 여겨 행동과 옷차림에 과도한 신경을 쓴다. 이러한 자기중심성도 청년 후기가 되면 점차 사라지고 서로의 흥미를 존중하는 안정된 상호관계를 확립시켜 나간다.

이 시기에는 부모 · 교사들의 의견에 귀 기울이기보다 친구들의 의견을 따르게 되며, 그들로부터 많은 것을 배우고 서로 영향을 주고받음으로써 사회적 통찰력을 발달시키는 계기가 마련된다.

청소년기는 진학과 진로선택의 문제와 이성문제 등, 수많은 선택과 의사결정을 해야 하기 때문에 자신에 대한 정체성을 갖추지 못하면 위기를 경험할 수 있다. 에릭슨(Erikson)은 이 같은 청소년기의 심리사회적 위기를 역할혼미라고 불렀다. 이 시기의 청소년들이 가지는 가치관은 이들의 행동을 결정하는 데 매우 중요한 요인이 된다. 청소년기의 사고는 전체적으로 왕성하고 논리적이며 추상적이다. 그러나 실제적이면서도 이상적인 특성에 따른 비판적이고 독단적인 주관에 의해 부정적 경향을 보인다. 그러므로 부정적 감정을 인정하고 수용해 주며 정리해 줌으로써 긍정적인 행동의 변화를 가져온다.

★ 청소년기의 부모-자녀 간 바람직한 상호작용[9)]

청소년기는 자신에 대한 자기효능감과 자아정체성이 확립되는 시기이므로 인성교육에 대한 올바른 인식이 무엇보다도 중요하다. 청소년기의 가장 두드러지는 욕구는 부모로부터 분리되는 것이다. 개인으로 자신의 삶을 준비하고자 하고 이런 과정에서 '자신이 누구이며, 자신이 앞으로 어떻게 살아야 할지'에 관한 정체성을 고민하게 된다. 정체성은 기존에 부모와 연결되어 있음에서 벗어나 분리되는 과정에서 자연스럽게 발생하는 결과일 수 있다. 따라서 삶의 철학과 가치관이 성립되는 중요한 시기이므로 청소년기의 생활습관과 태도가 중요한 덕목이라 할 수 있다.

자녀가 학령기~청소년기에 들어서면 대부분의 부모들은 자녀교육, 특히 학교교육에 관심을 가진다. 자녀의 학교생활에 대한 적응, 교우관계, 자아개념 형성 등의 문제에 직면하게 되는데 이것이 부모-자녀 관계에 있어서 갈등을 일으키는 원인이 된다. 이 시기의 부모에게는 보다 성숙된 부모의 역할수행이 요구된다. 부모는 단순한 양육자로서의 역할이 아니라 보호자로서, 동일시 대상으로서, 그리고 상담자이며 때로는 친구관계로서의 역할을 담당하게 된다. 그러므로 독립된 인격체로서 이해받기를 원하고 가정에서의 위치와 자신의 역할을 감당하고자 하는 자녀와 상호작용하며 부모 역할을 담당한다(이명희 · 양애경 · 강신천 · 김수진, 2013).

청소년기에는 자신의 부모들에 대한 부정적 또는 긍정적 감정이 사상적 · 인지적 동일시에 중요한 결정요소가 된다. 쿠퍼(Cooper)와

9) 양애경 외(2016). 창의인성론 재구성; 양애경 외(2017). 부모교육론 재구성.

블레어(Blair)에 의하면 부모들에 대해 긍정적으로 느끼는 청소년은 그들의 부모들과 매우 비슷한 사상적 표현을 한다고 한다. 부모는 자녀가 독립적인 성인이 될 때까지 이런 상황에 맞게 부모로서의 역할을 조정해 나가야 한다. 자녀의 성장에 필요한 도움은 주되 자녀를 독립된 개체로 존중해 줌으로써 부모는 자녀와 적절히 분리되고 부모-자녀 관계는 새로운 모습으로 발달해 나가게 된다(이순형 외, 2012). 청소년기는 부모와 자녀 모두가 과도기로서의 어려움을 경험한다. 따라서 청소년기의 자녀를 둔 부모는 성인으로서 모범적인 생활태도와 부부관계가 필요하며, 즐겁고 온화하고 화목한 가정 분위기 조성을 위해 노력해야 한다. 부모결손 등의 가정적 조건의 결함, 가정에서의 자기역할과 위치가 없거나 모호한 경우, 가정의 불안정한 분위기 등은 문제자녀의 원인과 조건이 됨을 항상 고려해야 한다.

자녀와의 바람직한 발달적 상호작용은 자녀로 하여금 유능하고 책임 있는 존재로서 성장하고 새로운 역할에 적응할 수 있게 한다. 이를 위하여 온정적이고 수용적이며 그들의 자율성을 인정하는 양육태도, 격려자 그리고 상담자로서의 부모역할이 요구된다.

독서는 책읽기가 아니라 체험이다

'처음 책을 읽을 때는 새로운 친구를 만난 것이고 두 번째 읽을 때는 옛 친구를 만난 것이다'라는 말처럼 독서는 단순한 책읽기가 아니라 삶의 여행이고 체험이다. 책 읽는 법을 아는 사람은 자신의 인생을 풍부하고 우수하게 그리고 재미있게 만들 수 있는 힘을 가지고 있다. 책을 읽는다는 것은 내가 나를 찾아가는 것이다. 심리학자들은 완전한 독서는 '꿈의 성취'와 같다고 표현하였다.

21세기를 살아가는 청소년이나 젊은이라면 무한 경쟁 속에서 살아남기 위해 지식뿐만 아니라 창의성이 필요하다. 이처럼 독서를 통해 우리는 창의적 사고능력을 키울 수 있고 간접경험을 통해 삶을 배울 수 있어서 독서교육이 중요하다. 인성을 실천한 위인(偉人)들, 공자, 세종대왕, 이순신, 페스탈로치, 듀이, 최현배, 반기문, 닉부이치치 등을 보면 성공의 기초로 독서를 최우선 덕목으로 삼았다. 이처럼 바른 인성을 키우기 위해서 독서는 매우 필요하다. 우리는 독서를 통해 간접체험을 할 수 있고, 진로와 전문성을 키우는 바탕이 된다. 또한 독서를 함으로써 그림으로 표현하기, 독서 감상화, 시화 그리기 등의 활동을 통해 미적 감각을 기를 수도 있다. 이처럼 독서는 책읽기가 아니라 체험 그 자체이다.

기초가 튼튼할 때 우리 아이 재능은 쑥쑥!

빌 게이츠는 "오늘날 나를 있게 한 것은 우리 동네 도서관이었다"라고 언급하면서 "하버드대학 졸업장보다 더 소중한 것이 독서하는 습관이다"라고 독서의 중요성을 강조하였다. 빌 게이츠는 우리가 알고 있는 전 세계적인 부자이다. 그가 만든 컴퓨터 프로그램이 지금 전 세계에서 사용되고 있다. 마이크로소프트 창업자이자 소프트웨어 개발자인 빌 게이츠! 그는 전 세계인들의 부러움을 한몸에 받고 있는 롤모델이다. 그렇다면 빌 게이츠가 말하는 성공비결은 무엇일까? 그것은 바로 '독서'이다. 독서는 책을 즐겼던 그의 습관이었다고 말하고 있다. 책에는 수많은 지식이 있고, 질문이 있고, 의문이 있다. 아이나 성인이나 독서는 성공의 필수조건이라 표현해도 과언이 아닐 것이다. 살아가면서 정말 중요한 것들은 학교에서 가르쳐 주지 않는다. 책을 읽고 쓰는 목적은 결국 자신의 인생을 변화시키기 위한 것이다.

영국 아이들의 약 90%는 매일 밤 부모의 이야기를 들으며 잠든다. 매년 3월 한 주를 아예 '잠들기 전 책 읽어주기 주간'으로 정해 놓고 실천하는 가정도 있다.

이것은 전통적인 '이야기 말하기'의 형태로 아이들을 편안한 상태에서 재우자는 목적이 있다. 부모가 귀찮은 일로 여기기 쉬운데, 이야기와 말하기는 부모와 아이 모두에게 좋은 영향을 미친다. 전문가들은 가정 안에서 규칙적으로 이런 시간을 마련해 꾸준히 실천하면 아이가 긴장을 풀고 숙면을 취할 수 있다고 한다. 부모의 달래주는 듯한 목소리가 편안한 상태에서 잠드는 데 도움을 준다는 것이다. 부모와 아이 사이에 끈끈한 유대감도 형성할 수 있다. 실제 책을 읽어주면서 평소 몰랐던 아이의 고민이나 감정을 들여다보게 될 때도 있다. 아이들은 잠들기 전에 부모와 함께하는 시간을 기다리게 되고, 이는 자연스럽게 가정의 독서문화로 자리 잡게 된다.

데니스 세커지안(Denise Shekerjian)은 자신의 책인『천재들의 생각 수업』에서 이런 말을 했다. '당신은 어떻게 실망을 극복하나요?' 브로드스키는 다른 모든 방법을 압도하는 최고의 대답을 해주었다. '잊어버리려고 하죠. 가능한 한 빨리. 그런 다음 다른 일을 해야죠.'

이처럼 책은 우리에게 지식뿐만 아니라 마음속 심리까지도 치유하는 마법의 약이다.

현대사회는 지식과 정보의 소유 자체보다는 필요한 만큼의 정보를 어디에서 얼마만큼 빨리 입수하고 그것을 자신의 삶에 어떻게 적용하느냐가 개인뿐 아니라 국가 전반의 성패에도 관건이 되고 있다. 한 인간으로서 전인적인 인격을 완성하기 위해 독서는 필수불가결하다.

책을 읽는다는 것은 나를 찾아가는 것이다

생각의 힘을 키우는 것이 자신의 인생에서 얼마나 중요한지 우리는 잘 알고 있다. 독서는 우리에게 많은 교훈을 준다. 책이 사람을 만든다. 지혜를 접해본 사람이 지혜를 만들어 낸다. 책은 마음을 단단하게 만든다. 책을 통해 인생을 바라보고 성장한 사람은 인생의 시련에도 결코 쉽게 좌절하지 않는다. 책을 통해 한번 더 크게 특별하게 인생을 살아갈 것을 확신한다.

21세기 지식정보사회는 토론, 탐구, 실험 등 다양한 방법에 의한 학생 중심의 자기 주도적 학습이 강조되고 있다. 현대 정보사회는 단순한 지식전달을 넘어 비판력, 문제해결 능력, 창의력 등 종합적인 사고능력을 요구하고 있다. 또한 패러다임의 변화는 비판적 사고능력, 문제해결 능력 등, 분석하고 평가하고 소통하는 높은 수준의 지적 능력과 창의력을 발휘할 수 있는 인재를 필요로 한다.

최근 기업들은 성실성을 높이 사다가 창의성을 중시하게 되었고, 여러 정보와 지식을 바탕으로 한 활용능력과 표현능력을 요구하게 되었다. 이러한 창의성과 문제해결 능력을 다루는 가장 핵심적인 것이 바로 '독서'이다. 그렇다면 책을 읽는다는 것! 독서의 효과는 무엇일까?(양애경 외, 2016)[10)]

10) 양애경 · 장원동 · 최희양(2016). 창의인성론 재구성.

★ 독서는 간접체험이다

한 번도 보지 못한 장면들을 책 속에서 상상할 수 있고 마음속에 떠올릴 수 있다. 책 읽기의 중요한 이유이자 목적은 즐거움을 얻기 위함이다. 이야기 글뿐만 아니라 지식 정보의 글을 통해서도 앎을 더해가는 즐거움을 느낄 수 있다. 이처럼 독서는 인간의 생활 영역을 확장시키고 현대를 살아가는 데 필요한 품성과 교양을 쌓게 하는 간접체험이다.

★ 독서는 지식이나 정보를 얻는 데 최고의 전략이다

4차 산업혁명 시대를 맞이하여 급변하는 세계에 대응하기 위해서는 국가나 개인 모두 자신만의 생존 전략이 필요하다. 대안은 어떤 상황에서도 대응할 수 있는 실력을 쌓는 일이다. 실력의 원천은 독서로 형성된다. 그것은 학교 수업에 의존하던 차원을 뛰어넘어 독서를 통해 꾸준히 실력을 배양하여 평생교육으로 가는 일이다.

★ 독서는 두뇌를 계발시키고 언어발달을 촉진한다

독자는 글에 나오는 배경과 사건, 주인공과 인물들의 성격, 행동을 이해하고, 이들의 사회적 관계에서 일어나는 복잡한 인간관계를 이해해야 한다. 또한 글 속의 실제적인 내용으로부터 글을 쓴 필자의 의도도 추리해야 한다. 그런데 이런 독서의 과정 속에는 회상, 비교, 대조, 분석, 연상, 상상, 비판. 종합 등의 인지적 작용이 적절하게 수반된다. 또한 독서에서 얻은 어휘나 언어 구조 등은 언어발달을 도와주고, 말하기, 듣기, 쓰기의 활동과 상호작용하여 언어발달을 촉진한다.

★ 독서는 사고력을 향상시킨다

'사고력'과 '창의력'은 이 시대가 미래인재에게 요구하는 핵심 역량이다. 독서습관은 고등학생 때에 비해 시간적 여유가 있는 초등, 중학교 시절부터 꾸준한 독서와 토론을 통해 기를 수 있다. 창의력은 한순간에 형성되는 것이 아니라 앞서 간 사람들의 생각을 수렴하고 섭렵하여 그 지식이 오랜 시간을 거쳐 축적되어 자신만의 방법으로 표현되는 것이다. 이러한 사고력 교육의 가장 효과적인 방법은 독서 체험과 독서스터디, 독서 토론 · 토의 활동, 논리적 글쓰기 등의 생활화 훈련이라고 할 수 있다.

★ 독서는 다른 세상을 이해하는 힘과 능력을 기르게 한다

독서는 책 속의 인물이나 사건에 공감하면서 감정 이입하는 과정이다. 독자는 주인공의 생각, 감정, 행동, 갈등 등에 공감하며 세상을 이해하고 경험한다. 기쁨과 슬픔 등의 감정을 경험하면서 정신적으로 성숙한다. 또한 독자는 자신의 내면을 들여다보고 다른 세상을 바라보는 과정에서 인격이 형성되고 전인적인 인간 형성을 이룬다. 이처럼 다른 세상에 대한 공감능력은 전인적인 인간 형성에 도움이 된다.

★ 독서는 세계를 변화시킨다

좋은 책에 대한 많은 사람의 공감, 인류 문화는 문화를 공유함으로써 변화 · 발전한다. 우리가 어떤 시선으로, 어떤 마음으로, 어떤 생각으로 세상을 바라보느냐에 따라 우리 삶도 달라진다. 감사와 같은 긍정적인 생각들이 우리의 인생을 변화시키고 더 나은 방향으로 나아갈 수 있게 한다.

톡톡 튀는 독서지도 노하우

'책만 많이 읽어도 절반은 성공'이라는 말이 있다. 어릴 때부터 책을 많이 읽은 아이들은 사고력과 표현력이 발달되고 정서가 풍부하다. 독서능력을 어떻게 하면 더 좋게, 더 낫게 발전시킬 것인가 하는 교육방법, 교육자료, 교육평가 등의 문제가 그 핵심이 된다. 요즘 엄마들이 가장 관심을 가지고 있는 분야가 바로 '독서교육'이며 독후감 쓰기, 논술지도, 북메이킹, 토론교육 등 다양한 독서활동에 관심이 집중되어 있다. 독서지도는 '학생들이 독서를 어떻게 하면 효과적으로, 더 잘 할 수 있게 도와줄 것인가?', 즉 독서지도는 '방법(how)'에 관한 탐구라고 할 수 있다.

독서가 학습능력 향상에 주는 효과, 첫 번째는 이해력 향상이다. 독서를 통해 길러진 어휘력과 이해력은 학업과 연계되어 학습성취도를 높이는 데 효과적이다. 독서 능력이 있다는 것은 단어의 개념에서부터 문장, 문단 그리고 전체 내용을 이해할 수 있다는 것이므로, 학습에 있어 효과적이다.

두 번째는 통합적인 학습능력 향상이다. 청소년기는 무한 경쟁 속에서 공부나 지식보다는 사고력과 창의성이 중요하다. 독서의 경우, 장면을 직접 떠올리게 되므로 창의성을 높이는 데 매우 효과적이다. 즉, 단편적인 학습이 아닌 다양한 각도에서 접근하는 통합적인 학습을 가능하게 한다.

세 번째는 학습태도 형성의 원동력이다. 독서를 꾸준하게 할 수 있는 능력은 학습을 꾸준히 이어가는 힘이다. 독서를 통해 길러진 사고력은 자녀의 다중지능 발달, 자기주도적 학습능력 향상에 매우 효과적이다.

21세기를 살아가는 청소년이나 젊은이라면 경쟁 속에서 살아남기 위해 지식 이전에 창의성이 필요하다. 그리고 독서를 통해서 지식과 정보뿐만 아니라 논리적 근거 제시 등, 자신의 주장도 높일 수 있다. 책을 읽게 되면 자신감이 생기고, 상대를 설득할 수 있으며, 이러한 능력은 무한경쟁 속에서 필수 요소이다. 자녀의 독서습관을 향상시켜 주기 위해서는 초등 4학년 때까지 부모가 책을 읽어주는 것이 좋다. 하지만 이후 시기에라도 부모가 직접 책을 권하면 자녀의 독서 관련 관심을 지속시키는 데 유용하다. 그렇다면 독서지도는 왜 필요할까?

책을 많이 읽게 되면 통합적 사고력이 향상된다. 전문가들은 책을 고를 때 도서관에서 다양한 그림책을 펼쳐보고 탐색한 뒤 서점에 가서 책을 구입하는 방법을 적극 추천하며, 아이에게 스스로 책을 선택할 수 있는 기회를 주는 것이 좋다고 조언한다. 자녀가 책장을 넘겨보며 등장인물을 살피고 어떤 색으로 표현되었는지 등을 보고 책을 골라오면 칭찬해 주는 것이 좋다. 또한 부모와 아이가 책을 한 권씩 골라 읽는 방법도 바람직하다.

부모와 자녀가 함께 도서관 활동을 하면 아이가 다양한 언어와 문화를 체득할 수 있다. 도서관 문화행사, 그림책 작가 강연 등에 참여하는 것도 좋다. 도서관 옆에 공원 등이 있으면 자연관찰과 함께 사계절의 변화도 살펴볼 수 있다. 책을 통해 글자를 인식할 수 있고 흥미 있는 책을 보면서 책읽기도 즐기게 된다. 책에서 스스로 자료를 찾을 수 있는 능력과 함께 더 넓은 지식과 정보를 찾아보는 문제해결 능력이 신장된다.

아인슈타인은 "지식보다 상상력이 중요하다"고 전하고 있다. 문학, 독서를 통하여 명상을 하고 힐링하면 삶의 여유와 즐거움을 더할 수 있다. 자녀가 초등 고학년, 심지어 중학생이 됐는데도 여전히 독서에 흥미를 붙이지 못했다 하더라도 학부모는 독서 교육의 끈을 놓아서는 안 된다. 책읽기는 평생에 걸쳐 필요한 습관이다. 따라서 상황을 장기적으로 판단하고 독서 교육에 대한 안목을 튼튼이 길러두는 것이 중요하다. 독서를 통하여 마음을 들여다보고 마음을 정화하는 치유적 접근이 필요하다.

책과 친해지기

독서는 곧 '습관'이며, 독서도 '연습'할수록 더 향상된다. 책과 친해지는 방법을 살펴보면 다음과 같다(양애경 외, 2016).[11]

★ 글씨가 크고 얇은 책부터 시작하기

자녀가 이제 막 독서를 시작하고 흥미를 붙이려는 시기에 있다면, 우선적으로 글씨가 많은 책을 피하고 그림책이나 재미있는 책을 추천한다. 처음에 독서에 흥미를 붙이려면 책의 두께가 두껍지 않은 것부터 시작하는 것이 바람직하다. 왜냐하면 이런 책들은 책장을 넘기는 재미가 있기 때문이다. 따라서 처음 시작할 때는 글씨가 크고 책 두께가 얇은 책부터 시작한다면 쉽게 읽을 수 있다.

★ 쉬운 책, 관심분야의 흥미 있는 책부터 시작하기

독서를 할 때 어떠한 책을 선택하느냐가 아주 중요하다. 특히나 처음 본격적으로 독서 습관을 들인다면 쉽고 자신이 잘 아는 관심분야의 책을 고르는 것이 좋다. 관심분야의 흥미롭고 쉬우며 재미있는 책부터 시작해 본다. 그리고 처음 한 권을 다 읽고 났을 때 그 성취감은 그 이후에도 책을 완독할 수 있다는 자신감으로 이어진다. 독서에서 가장 중요한 것은 성취감이다.

11) 양애경 · 장원동 · 최희양(2016). 창의인성론 재구성.

★ 자투리 시간을 활용하기

독서를 하기는 해야겠고 중요한 것도 알겠는데 시간이 없을 수 있다. 그렇다면 자투리 시간을 활용하는 방법이다. 등하교 시, 학원을 오가는 버스나 지하철, 쉬는 시간이나 점심시간 등 그냥 흘려버리는 시간들이 의외로 많다. 그런 자투리 시간을 모아보면 의외로 시간이 꽤 많다는 것을 알 수 있다. 자녀에게 이렇게 자투리 시간들을 활용해 보도록 권해주는 것도 바람직하다.

★ 지적 호기심에 노출하기

정기적으로 자녀와 함께 서점이나 도서관을 탐방하여 책을 읽으면 효과적이다. 좋아하는 책, 읽고 싶은 책의 종류, 제목, 서평 등을 보는 것을 추천한다, 새로 나온 책이나 베스트셀러, 자신의 관심분야를 찾아보고 새로운 영역에도 관심을 가짐으로써 독서에 대한 흥미를 높인다. 독서계획을 세우면 계획을 세우지 않았을 때보다 훨씬 많은 책을 읽게 된다. 전공분야별로 목록을 만들어 읽거나 한 작가의 책을 읽을 수도 있다. 한 줄이라도 독서노트에 기록하는 습관을 들이고 각 분야의 전문분야를 탐독하는 주제별 독서활동도 바람직하다.

★ 나만의 공간, 시간을 확보하기

독서를 할 때, 읽는 대로 머릿속으로 들어오지 않고 흘러가 버리는 등 전혀 집중이 되지 않을 때가 있다. 그럴 때는 자녀가 책을 집중해서 읽을 수 있는 독서 공간과 시간을 확보해 줄 필요가 있다. 머리맡에 항상 책을 두고 있다가 잠자리에 들기 전에 읽는 것이다. 아주 편한 자세로 읽을 때 집중도 잘 되는 법이다. 일정하게 책을 읽을 수 있는 나만의 공간, 시간을 확보해 보도록 한다.

★ 책의 핵심내용에 표시하거나 포스트잇 붙이기

책에 자신만의 방식으로 표시하는 것은 자신의 개성을 드러내는 방법이며, 포스트잇을 붙이는 것은 중요한 내용 등을 기록으로 남기는 방법이다. 책을 읽은 후에 연필, 볼펜, 포스트잇 등으로 표시하고 별, 동그라미, 네모, 세로줄, 가로줄을 표시하거나 중요도에 따라 접기를 다르게 해주면 효과적이다.

★ 다양하고 폭넓게 읽기

벤저민 디즈레일리(Benjamin Disraeli)는 한 권의 책만 읽은 사람을 경계하라고 했다. 자신의 주장에 동조하는 책만 읽는다면 편견에 치우쳐 편협한 인격의 소유자가 될 수 있음을 경계한 말일 것이다. 자신의 한계를 벗어난 새로운 분야에 도전하면 독서 영역이 넓어지고 새로운 세계를 맛보게 된다. 여러 책을 두루 섭렵하는 것은 자신만의 울타리를 무너뜨려 더 폭넓은 사람으로 만들어 준다.

자녀가 어느 분야의 책을 많이 읽는지, 어느 분야의 독서량이 부족한지 확인하여 골고루 책을 읽도록 독서지도를 하면 효과적이다.

★ 완독한 책은 포스트잇 활용 및 메모하기

독서활용 방법 중 하나는 다 읽은 책은 독서카드에 제목과 지은이를 메모해 두는 것이다. 그리고 독서카드에 다 읽은 책 제목을 하나씩 기록할 때의 성취감도 만만치 않게 기분을 좋게 해준다. 무엇이든 메모하는 습관이 좋다는 것은 알고 있지만 메모하는 습관을 길들이는 것은 쉽지 않다. 포스트잇을 활용하여 책 서평이나 책을 구입한 날짜 등을 기록하고, 포스트잇의 여러 도구를 사용하면 책 읽기의 효과를 더해줄 수 있다.

좋은 책 선정하기

아이들이 읽고 있는 책이나 이야기가 좋은 것인지 알 수 있는 가장 좋은 방법은 그 책을 직접 읽어보는 것이다. 가능한 한 자주 아이들이 읽어야 할 책을 읽어보고 다음과 같은 질문을 해보면 효과적이다.[12)]

12) 한국교육개발원(2002). 스스로 공부하는 아이가 21세기를 지배한다-우리 아이 어떻게 키워야 할까?.

★ 재미있는가?

좋은 아동 도서는 어른들이 읽어도 재미있다. 그것은 우리 모두가 가지고 있는 감수성을 자극하는 것이기 때문에 나이를 뛰어넘어 감동을 줄 수 있기 때문이다

★ 이 책을 읽으면서 아이는 무엇을 발견할 수 있을까?

아이에게 중요한 무엇인가를 가르칠 수 있을까? 좋은 책은 인간의 진실과 미덕 그리고 보편적인 진리, 즉 사랑과 명예, 경건함과 자존심, 동정심과 희생에 관해서 전해준다.

★ 고전에 속하는 책인가?

시간은 문학작품을 검증하는 좋은 방법이다. 가장 좋은 것만 보존하기 때문이다. 우리 아이가 꼭 읽어야 할 책은 고전에 속하는 것이 많을수록 좋다.

★ 당신이 어렸을 때 이 책을 좋아했는가?

부모와 선생님으로서 우리들이 해야 할 일 중 하나는 우리 스스로 소중하게 여겼던 책들을 아이들에게 읽히는 것이다. 우리가 사랑했던 것들은 다른 사람들도 사랑할 것이기 때문이다.

★ 풍부하고 다양한 언어가 사용되고 있는가? 마음에 담아둘 수 있는 인물이나 행동, 혹은 교훈이 있는가?

우리 아이가 읽고 있는 책이 모두 이 수준에 도달하지는 않을 것이다. 학년이 올라가면서 아이가 학교에서 읽게 되는 더 많은 책들도 그 내용이 가치 있는 것이어야 한다. 이렇듯 책의 선택은 대단히 중요하다.

★ 아이들에게 소리 내어 책을 읽어줄 때, 혹은 아이가 읽는 것을 들을 때 다음과 같은 방법을 사용할 수 있다

우선적으로, 이야기에 관해서 준비하게 한다. 아이와 함께 책을 읽기 전에 새로운 단어와 개념을 미리 설명해 준다. 중심생각과 인물에 대한 배경 정보를 제공하면 책을 읽으면서 아이들이 혼동하는 것을 막을 수 있고 전체내용을 논리적이고 체계적으로 이해하는 데 도움을 줄 수 있다.

다음으로, 이야기를 읽고 나서 토의한다. 이야기를 읽고 난 후 구성, 인물, 주제에 관해서 질문해 본다. 어린아이들이 이야기의 내용을 제대로 파악하려면 그 이야기의 여러 가지 측면에 관해서 생각할 수 있는 분명한 단서가 필요하다, 단순히 암기해서 내뱉는 것이 아니라 정보를 얻고 이해하는 것임을 깨닫도록 한다.

우리 아이 독서습관 들이기

혼자서 책을 읽을 수 있는 고학년 아동들에게도 부모가 같은 책을 읽고 생각하게 하는 질문을 하면 도움이 된다. 이런 질문들은 주제나 문제 같은 문학적 요소에 대한 감상을 하게 하고 이해를 더 잘하게 할 수 있다. 읽기와 마찬가지로 문학적 요소에 대한 논의 역시 빨리 시작할수록 효과적이다. 개편된 초등 1 · 2학년 교과서를 보면 독서의 중요성을 실감하게 된다. 바뀐 교과서는 여러 과목 내용이 통합되고 스토리텔링 기법까지 도입되어 그 내용을 이해하려면 독서력(力)을 갖추는 것이 필수적이다.

자녀가 초등 저학년생이라면 부모가 아이를 무릎에 앉힌 채 직접 책을 읽어주는 것도 좋은 방법이다. 이것은 자녀의 심리 안정에 도움이 될 뿐 아니라 집중력을 길러주어 독서에 대한 흥미를 돋우는 데 효과적이다. 초등 고학년생 자녀의 경우, 독서에 흥미가 없다면 독서에 흥미를 느끼도록 도와주어야 한다. 학교에서 운영하는 권장 · 필독 도서 목록부터 함께 훑어보는 게 좋다.

첫째, 부모는 자녀가 책에 흥미를 느낄 수 있도록 유도해야 한다. 초등 4학년 때까지는 부모가 책을 읽어주는 게 좋다. 하지만 이후 시기에라도 부모가 직접 책을 권하면 자녀의 독서 관련 관심을 지속시키는 데 유용하다.

둘째, 인터넷과 TV는 가능한 한 멀리해야 한다. 영상매체는 중독성이 매우 강하므로 자녀가 책을 스스로 찾아 읽을 때까지는 영상매체 사용을 통제하는 것이 바람직하다. 집안 곳곳에 책을 비치해 놓아서 자녀가 원할 때마다 책을 꺼내어 읽고 집중할 수 있는 환경을 조성해 주자.

셋째, 부모는 자녀와 함께 도서관을 가서 직접 책을 고를 수 있는 능력을 키운다. 그리고 자녀가 좋아하는 책은 되도록 사주는 것을 원칙으로 삼는다. 본인 소유의 책은 빌린 책보다 훨씬 애착이 가게 마련이기 때문이다. 최근 책을 읽기 위해 도서관으로 향하는 학부모가 많다. 이때 자녀가 미처 다 읽지 못한 책이 있다면 '구입해 다시 읽고 싶은 책'을 여러 번 볼 수 있도록 유도하는 것이 효과적이다. 자녀가 언제든 독서에 빠질 수 있도록 집에도 책을 충분히 비치해 두는 것도 중요하다.

초등학교부터 중고등학교까지 단계별 지도방법에 대해 탐색해 보자(양애경 외, 2016).[13)]

★ 초등학교 독서법 : 다독 · 다작 습관을 어려서부터 길러주세요

초등학교 때 읽고 쓰기에 흥미를 붙이지 못하면 학년이 올라갈수록 격차를 좁히기 힘들다고 전문가들은 말한다. '다독 · 다작'은 학년에 상관없는 제1원칙이다. 초등학교 1~2학년 때는 자기 생각을 표현하는 법을 익혀야 한다. 글쓰기에 익숙하지 않다면 말이나 그림으로 대신한다. 또래끼리 한 주제를 가지고 자유롭게 이야기하고 토론할 수 있는 기회를 가진다.

3~4학년부터는 '세상이 어떤 것이다'에 대한 관심을 가지고 사소

13) 양애경 · 장원동 · 최희양(2016). 창의인성론 재구성; 전문가컬럼/ 자녀독서력 키우는 3대 원칙 (http://news.chosun.com/site/data/html_dir/2013/06/23/2013062300793.html).

한 것도 의심해 보는 습관을 들여야 한다. 부모가 아이에게 '쓰레기 분리수거는 왜 할까?'와 같은 질문을 던지거나 문제의식을 느낄 만한 주제를 가지고 부모와 대화하는 기회를 늘린다.

5~6학년은 본격적으로 읽기 · 쓰기에 돌입하는 단계다. 무조건 많이 읽으라는 강요하기보다는 자녀가 관심을 가지는 책부터 시작하여 광범위하게 읽어 나가도록 지도한다. 좋은 책을 정독하게 해야 한다. 10권을 빨리 읽는 것보다 1권을 꼼꼼히 읽고 고민해 보는 게 좋다. 책을 읽은 후 토론과 글쓰기를 통해 반드시 '자기화'의 과정을 거쳐야 한다. 일기쓰기, 자기만의 문집 만들기도 좋은 방법이다.

★ 중학교 독서법 : 신문읽기로 근거 펴는 연습을 길러주세요

전문가들은 "중학교 때야말로 좋은 책을 물리도록 읽어야 할 시기"라고 입을 모았다. 어느 정도 이해력이 생기는 데다 대입 부담이 상대적으로 적은 시기이기 때문이다. 문학과 역사, 철학 서적을 6 : 2 : 1의 비율로 읽는 게 좋다. 문학작품은 시공(時空)을 초월해 인간이 안고 있는 가장 본질적인 문제를 다루기 때문에 통합논술을 준비하는 데 가장 좋은 읽을거리다.

초등학교 때 자기 생각을 거리낌 없이 표현하는 게 중요하다면 중학교 단계부터는 '근거가 있는' 자기 생각을 펼치는 훈련을 해야 한다. 책을 읽은 뒤 알맹이 없는 '느낌'만 늘어놓기보다는 한 주제에 대해 문제의식을 가지고 근거를 펴는 연습이 필요하다. 전문가들은 이를 위해 '신문 읽기'를 추천했다.

단, 너무 시사적이고 전문적인 것보다 중학교 수준에서 이해할 수 있고, 어느 정도 배경 지식이 있는 이슈를 다루는 것이 좋다. 학교 교과와 관련된 주제를 택해 배경 지식을 넓히면서 논술을 써보는 것도 좋은 방법이다. 논술형식에만 얽매이지 말고 인터뷰나 기사형식으로 다양한 글쓰기를 시도해 본다. 중학교 때부터 독서와 글쓰기의 '부익부 · 빈익빈'이 심해진다는 것을 잊지 말자.

★ 고등학교 독서법 : 흐름이 긴 책을 읽는 연습을 길러주세요

고등학교 1학년 때부터 단계적인 기초작업이 선행되어야 한다. 대학별 논술 유형을 따라가기보다 텍스트를 제대로 읽을 수 있는 능력을 키워야 한다. 상위권 대학 논술 시험관들은 응시자의 대부분이 텍스트의 글을 제대로 이해하지 못하고 기술하는 경향이 많다고 지적하고 있다. 통합교과형 논술은 문제마다 평가하려는 항목이 다르기 때문에 문제를 제대로 파악하는 사고력이 필수다. 그렇지 않으면 아무리 좋은 글을 써도 헛일이다. 수능에 나오는 짧은 글뿐 아니라 흐름이 긴 책들을 읽어야 한다. 문학, 역사, 철학을 1 : 2 : 6으로 읽는다. 독서는 다양한 인용거리를 만들어놓기 위한 배경지식을 익히는 방법이기도 하다. 천편일률적인 인용이 아닌 자신이 공감하고 재해석한 인용구가 설득력을 높인다.

고등학교 2~3학년 시기에는 한 문장이라도 핵심만 밀도 있게 쓰는 훈련에 집중한다. 교과서의 매 단원 마지막에 나오는 주관식 심화문제를 놓고 한 단락으로 자신의 생각과 주장을 쓰는 연습을 해야 한다. 전문가들은 "통합교과형 논술이란 지문의 핵심을 정확히 파악해 문제를 해결하는 능력, 즉 한 문제에 대해 얼마나 깊이 있고 다각적인 시각을 가지고 있느냐를 보는 것이다"라고 강조한다.

2004년 '올해의 세계지도자상' 수상, 타임지가 선정한 세계에서 가장 영향력 있는 인물 100인 등, 100여개국에서 방송되고 있는 '오프라 윈프리쇼'의 오프라 윈프리는 "독서가 내 인생을 바꿨다"라고 독서의 중요성을 강조하였다. 그녀는 일주일에 1~2권씩 의무적으로 책을 읽고 그 책에 대한 서평을 작성했다고 한다. 세계 제일의 부자인 마이크로소프트사의 빌 게이츠 역시 "하버드대 졸업장보다 독서하는 습관이 더 중요하다"고 강조하였다. 이처럼 독서의 중요성은 아무리 강조해도 지나치지 않을 것이다.

『책으로 노는 집』 김청연 · 최화진 공저

『책으로 노는 집』은 자연스레 책을 접하며 가족만의 독특한 독서문화가 있는 아홉 가정의 이야기를 담아낸 책이다. 책 속의 아홉 가정은 독서를 따로 시간을 두고 특별한 활동으로 하는 것이 아니라 독서 그 자체가 삶에 녹아 있다.

참/고/문/헌/

김봉섭 외(2017). 4차 산업혁명시대, 지능정보사회의 '디지털 시민성 (Digital Citizenship)'에 대한 탐색. 한국교육학술정보원.

김봉수 학습클리닉. 자녀와의 갈등을 해결하는 긍정적인 의사소통.

김청연 · 최화진(2012). 책으로 노는 집. 푸른지식.

매경이코노미(2018. 3). 1949호.

보험일보사, Fn insurance(2018. 4). 통권 289.

보험일보사, Fn insurance(2018. 8). 통권 294.

안종배(2017). 4차 산업혁명에서의 교육 패러다임의 변화. 미디어와 교육, 7(1), 21 – 34.

양애경 · 송영선 · 김주섭 · 최종철(2018). 사람중심 리더십. 공동체.

양애경 · 장원동 · 최희양(2016). 창의인성론. 동문사.

양애경 · 정정옥 · 최희양 · 송영선(2017). 역량강화를 위한 부모교육. 도토리 날개.

윤여홍(2006). 우리 아이 숨은 재능. 도서출판 명진.

이명희 · 양애경 · 강신천 · 김수진(2013). 부모의 자녀교육 지원을 위한 정책연구. 교육과학기술부.

이순형(2012). 부모교육. 학지사.

이코노미스트(2018. 6) 통권 1436 제35권 제22호.

정옥분 · 정순화(2016). 부모교육. 학지사.

조영달 · 김재근(2017). 4차 산업혁명 시대, 시민교육의 지향과 과제. 시민교육연구, 49(4), 219 – 239.

최유경(2015). 아이의 자존감을 높이는 7단계 대화법. 프리뷰.

최혜순(2016). 이제는 성품이다. 더로드.
한국과총Webzine(2017). 4차 산업혁명 시대, 포용적 성장과 혁신 : 초연결 · 초지능 사회 어떻게 대비할 것인가?.
한국교육개발원(2002). 스스로 공부하는 아이가 21세기를 지배한다. 테크빌교육(즐거운학교).
Wealth Management(2017. 6). vol. 138.
Wealth Management(2018. 8). vol. 152.

[웹사이트]
경향신문 언론보도자료(2017. 10. 1). http://news.khan.co.kr/kh_news/khan_art_view.html?artid=201710011935005&code=210100
국민일보 언론보도자료(2018. 7. 16).
서울신문 언론보도자료(2018. 7. 9). https://www.seoul.co.kr/news/newsView.php? id=20180710008004
세계일보 언론보도자료(2018. 10. 17). http://www.segye.com/newsView/20181017004035?OutUrl=naver
세계일보 언론보도자료(2018. 2. 1). http://www.segye.com/newsView/20180131004214
세계일보 언론보도자료(2018. 9. 5). http://www.segye.com/newsView/20180905005267?OutUrl=naver
아이뉴스24 언론보도자료(2017. 5. 29). http://www.inews24.com/view/1025711
여성가족부 홈페이지(대한민국 부모학교) www.mogef.go.kr/kps/mail.do
이가원의 따뜻한세상 블로그. https://blog.naver.com/barrie7/221490184524
조선닷컴. http://news.chosun.com/site/data/html_dir/2013/06/23/2013062300793.html

http://news.kmib.co.kr/article/view.asp?arcid=0923980518&code=11131100&cp=nv
http://online.kofst.or.kr/kofstNewsDetail.do?pageIndex=1&key=215609&cate2=COM045_EZmyQIE&listType=T.

저/자/약/력

양애경

현재 한서대학교 융합교양학과 교수로 재직 중이며 홍익대학교에서 교육학 박사학위를 받았다. 대학생들의 꿈스케치와 비전교육인 '사람중심 리더십' 자기계발서 작가이며 여러 신문의 오피니언으로 활동하고 있다. 한국교육개발원(KEDI) 연구위원을 역임하였고 홍익대학교, 한세대학교, 숭의여자대학교 겸임교수, 오렌지 Montessori어린이집/ 유치원장 등 교직생활 25년을 지냈다. 교육부장관 표창을 수상하였으며 한국방과후학교학회 상임이사 및 학술대회위원장, 학습컨설턴트 전문가이다. 교육부 대학평가위원 및 한국교육개발원 공동연구진, 전국 시도교육청 및 서울시교육청 전문위원으로 활동 중이다. 주요 저서로는 『감동학습 플랜』, 『교육학개론』, 『부모교육』, 『방과후학교 교육개론』, 『창의인성론』, 『보육학개론』, 『사람중심 리더십』 등이 있으며 이 외에도 다수의 논문을 발표하였다.

최종철

1992년 경기도에서 교사생활을 시작으로 경기도교육청 장학사로 5년간 근무, 홍익대학교, 경인교육대학교, 한성디지털예술대학교 등에서 강사로 활동하였고, 현재는 검산초등학교 교감으로 재직 중이다. 교육자로서의 전문성을 쌓기 위하여 홍익대학교에서 평생교육 · 교육사회 전공으로 박사학위를 받았다. 지금까지 많은 교사와 학부모, 교육 관련 종사자들을 대상으로 강의를 해 오고 있다. 저서로는 『사람중심 리더십』, 『각국의 평생교육 정책』 등이 있으며 이 외에도 주로 민주시민교육, 사이버교육, 평생교육 분야에서 다수의 논문을 발표하였다.

김주섭

평생을 교육자로서 2세 교육을 위해 노력했다. 재직기간 중 경기도교육청장학관, 안산 시곡초등학교, 안양 안양부안초등학교 교장, 경기도부천교육지원청 교수학습국장, 경기도김포교육지원청교육장을 역임하였다. 현재는 수원검찰청 안산지청 형사조정위원, 더-사랑다문화교육연구원 대표이사, 방과후학교학회 부회장으로 활동하고 있으며 학생, 학부모를 대상으로 다문화교육, 인구교육, 인성교육 강사로 활동하고 있다. 저서로는 『방과후학교 교육개론』, 『사람중심 리더십』이 있다.

송영선

유아교육을 전공하고 단국대학원에서 행정학 박사를 취득했다. 서울 강남에서 국공립어린이집 교사로 시작하여 성남시 국공립어린이집에서 원장 역임, 미미월드아동연구소장과 가천대 외래교수로 경력을 쌓은 후 현재 서울 송파구 국공립 가락본동 어린이집에서 원장으로 근무 중이다. 지금까지 많은 원장과 교사를 대상으로 인성교육과 인성체험 연구를 하였으며, 강남을 비롯한 경기권 육아종합지원센터에서 강의와 연구모임을 진행하였다. 클로버 부모교육 강사로 남양주와 성남시 육아종합지원센터에서 활약하였다. 평가인증컨설턴트와 장애특별직무교육 강사로, 성남시육아종합지원센터 취약보육 자문위원으로 활약하였다. 저서로는 『프로젝트접근법』, 『아동관찰행동연구』, 『역량강화를 위한 부모교육 현장중심의 장애통합 길라잡이』, 『사람중심 리더십』이 있다.

엄빠는 '낀' 세대, 자녀는 '깬' 세대

| 공저자 | 양애경 · 최종철 · 김주섭 · 송영선

| 1판 1쇄 | 발행 2019년 8월 20일

| 발행인 | 김동훈
| 발행처 | **공동체**

| 주소 | 경기도 고양시 일산동구 호수로 358-39 동문타워 I 905호(백석동)
| 전화 | 031)920-8305(대표)
| 팩스 | 031)920-8308
| e-mail | compub@naver.com
| 출판등록 | 2005년 10월 6일
| 등록번호 | 제396-2005-6호

| ISBN | 979-11-6105-484-1
정가 15,000원